启　智

QIZHI

刘贵丽 著

黄河出版传媒集团
阳光出版社

图书在版编目（CIP）数据

启智 / 刘贵丽著. -- 银川：阳光出版社，2024.

8. -- ISBN 978-7-5525-7497-5

Ⅰ. G62

中国国家版本馆CIP数据核字第2024RD9760号

启　智

刘贵丽　著

名师系列策划　赵维娟　申　佳
责 任 编 辑　丁丽萍　马伟锴
封 面 设 计　石　磊
责 任 印 制　岳建宁

黄河出版传媒集团
阳 光 出 版 社　出版发行

出 版 人　薛文斌
地　　址　宁夏银川市北京东路139号出版大厦（750001）
网　　址　http://www.ygchbs.com
网上书店　http://shop129132959.taobao.com
电子信箱　yangguangchubanshe@163.com
邮购电话　0951-5014139
经　　销　全国新华书店
印刷装订　宁夏凤鸣彩印广告有限公司
印刷委托书号　（宁）0030749

开　　本　787 mm×1092 mm　1/16
印　　张　21.25
字　　数　300千字
版　　次　2024年8月第1版
印　　次　2024年8月第1次印刷
书　　号　ISBN 978-7-5525-7497-5
定　　价　52.00元

序

当我有幸受邀为《启智》撰写序言时，心中满是欣喜与期待。

在教育的广袤天地中，吴忠市利通区第七小学宛如一颗璀璨的明珠，闪耀着独特的光芒。学校以"培根铸魂、启智润心"为办学目标，积极创建"启智"文化，为师生们打造了一个充满智慧与活力的成长乐园。

这本《启智》书稿，是作者多年来引领、指导、总结学校"启智"文化创建的实践及思考成果的结晶。它按照"启智"文化思考、"启智"文化实践、"启智"文化育人案例三个部分，系统地整理了学校在"五育"融合、智慧阅读、新课程改革、课程思政建设、铸牢中华民族共同体意识及"五育"启智、数字化赋能、生命健康教育等方面的思考、实践与案例成果。160 余篇的精彩内容，犹如一颗颗璀璨的珍珠，串联起学校"启智"文化创建的壮丽画卷。

"启智"文化，犹如一盏明灯，照亮了学校前行的道路。在"启智"文化的引领下，学校将坚持核心素养目标导向，促进"五育"融合，培养学生全面发展；推动智慧阅读，通过"读本阅读"、"数字阅读"及学校智慧阅读中心、校园数字图书馆等阵地建设，让书香弥漫校园，让阅读成为利通区第七小学的校风；积极进行新课程改革，认真落实新课程标准，推进新时代教育评价，紧跟新时代教育改革发展步伐；加强课程思政建设，构建课程思政育人体系，提升学生思想及人文素养，培养有理想、有道德、有文化、有纪律的社会主义建设者和接班人；铸牢中华民族共同体意识，构建中华民族共有精神家园，让民族团结之花在校园绽放。同时，"五育"启智、数字化赋能、生命健康教育等方面的实践创新，为学生的全面发展、健康成长提供了全方位的支持。

这些思考与实践成果，是基层学校"培根铸魂、启智润心"，落实立德树人根本任务的具体体现。它们不仅为学校的发展注入了强大的动力，也为其他学校提供了科学、有效的指导和借鉴。相信《启智》的出版，将进一步丰富学校"启智"文化创建成果，推动学校"启智"文化创建行稳致远，为学校的内涵发展、高质量发展贡献力量。

让我们一同走进《启智》，感受吴忠市利通区第七小学"启智"文化的魅力，共同探索教育的无限可能。

贺 欣

2024年9月10日

（贺欣，正高级教师，吴忠市教育督学。）

目　录

"启智"文化实践

"启智"文化育人案例

"启智"文化思考

党建引领 促进学校"启智"文化创建

2021年3月6日下午，习近平总书记看望参加全国政协十三届四次会议的医药卫生界、教育界委员，并参加联组会，发表重要讲话。习近平总书记指出："要从党和国家事业发展全局的高度，坚守为党育人、为国育才，把立德树人融入思想道德教育、文化知识教育、社会实践教育各环节，贯穿基础教育、职业教育、高等教育各领域，体现到学科体系、教学体系、教材体系、管理体系建设各方面，培根铸魂、启智润心。"

习近平总书记的讲话告诉我们：教育的一切行为，其落脚点都在"培根铸魂、启智润心"上。

为了落实好"培根铸魂、启智润心"育人观，利通区第七小学党支部引领创建"启智"文化，以"培根铸魂、启智润心"为办学目标，积极打造"启智"文化，融合学校书香文化、好老师文化、美育文化、绿色生态文化、生命健康文化、廉洁文化及中华民族共同体文化，构筑"七彩"育人文化，帮助学生培养优秀品格，提升核心素养，成为德智体美劳全面发展的社会主义建设者和接班人。

在党建引领学校"启智"文化创建过程中，我们重点从"五育"启智和文化"启智"两个方面入手，通过德、智、体、美、劳"五育"启智和"七彩"育人文化，帮助学生润心增智，培根铸魂，促进学生全面发展，以达到为党育人、为国育才的目的。

在实践、思考和探究中，利通区第七小学党支部逐步形成了党建引领

"启智"文化框架图。

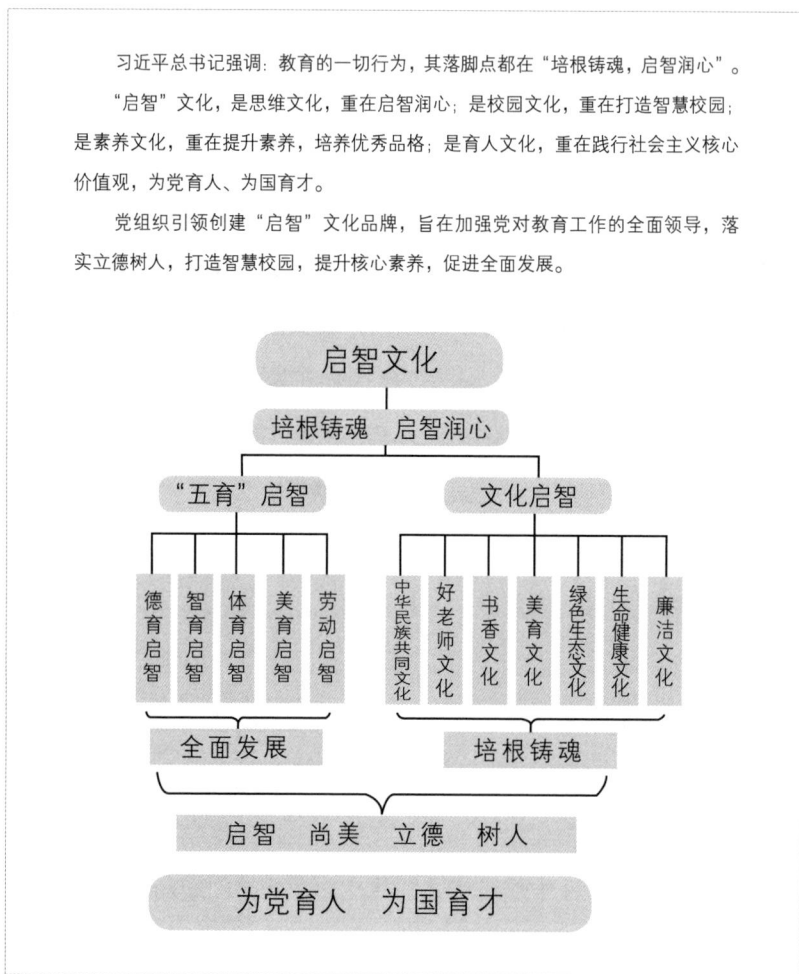

习近平总书记强调：教育的一切行为，其落脚点都在"培根铸魂，启智润心"。

"启智"文化，是思维文化，重在启智润心；是校园文化，重在打造智慧校园；是素养文化，重在提升素养，培养优秀品格；是育人文化，重在践行社会主义核心价值观，为党育人、为国育才。

党组织引领创建"启智"文化品牌，旨在加强党对教育工作的全面领导，落实立德树人，打造智慧校园，提升核心素养，促进全面发展。

启智文化

培根铸魂 启智润心

"五育"启智 — 文化启智

德育启智 智育启智 体育启智 美育启智 劳动启智 中华民族共同文化 好老师文化 书香文化 美育文化 绿色生态文化 生命健康文化 廉洁文化

全面发展 培根铸魂

启智 尚美 立德 树人

为党育人 为国育才

图 1 党建引领"启智"文化框架图

在随后的"启智"文化育人实践中，党支部积极引领"启智"文化创建，定期开展"启智"文化创建专题研讨、课题研究，创办《启智》校刊，引领学校"启智"文化创建作为学校特色文化，行稳致远，不断取得新的成果。

党建引领"五育"启智　促进学生全面发展

党的二十大报告强调：办好人民满意的教育。全面贯彻党的教育方针，落实立德树人根本任务，培养德智体美劳全面发展的社会主义建设者和接班人。利通区第七小学党支部把党建引领校园文化创建作为践行党的二十大精神的重要举措，聚集立德树人，积极创建学校"启智"文化，以"五育"启智为抓手，全面落实党的教育方针，促进学生德智体美劳全面发展，健康快乐成长。

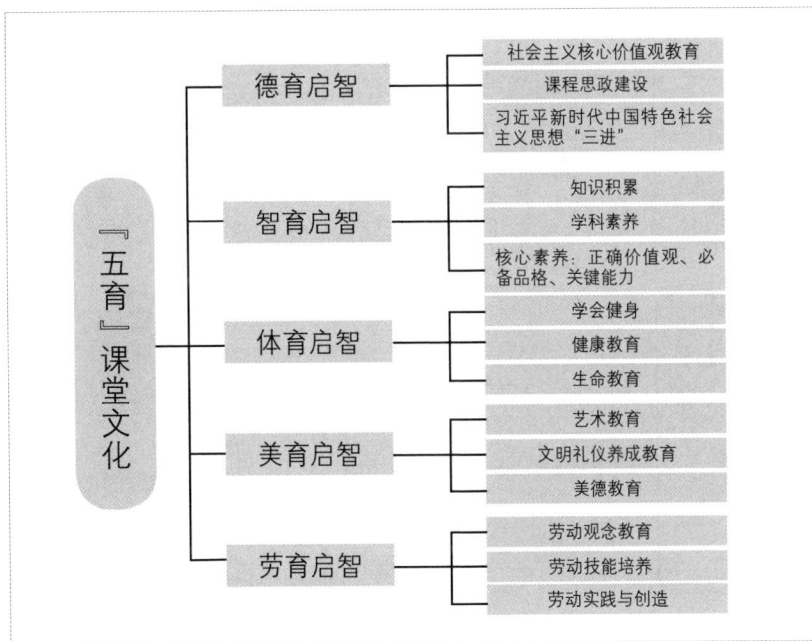

图 1　"五育"课堂文化

一、德育启智重导航

德育是"五育"之首，是贯彻落实新时代党的教育方针，促进学生德智体美劳全面发展的重要保障。利通区第七小学以"七彩"德育文化创建为抓手，弘扬中华民族共同体文化、好老师文化、书香文化、美育文化、绿色生态文化、生命健康文化和廉洁文化，教育引导小学生传承爱国基因、赓续红色血脉，铸牢中华民族共同体意识，树立正确的人生观、价值观，守初心、担使命，为党育人、为国育才，积极培育新时代好少年，培养社会主义合格建设者和接班人。

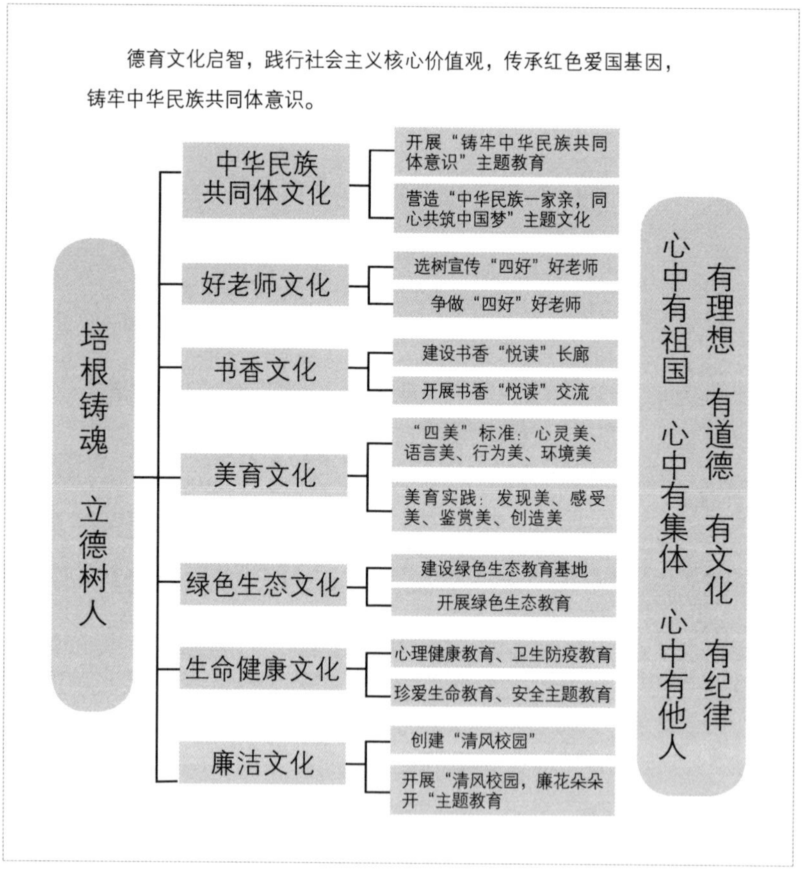

图 2　德育启智导图

二、智育启智打基础

智育是提高才智、发展智力的教育。利通区第七小学以新课程改革、新时代教育评价改革为契机，坚持"五育"并举，树立核心素养目标导向，教育引导学生在学科学习中培养正确价值观、获得必备品格和关键能力。学校坚持教学创新，结合新课程改革目标任务，积极开展"七彩"课程，推进"七彩"阅读，引导学生在全面、系统掌握各学科基础知识的同时，注重知识的融合、应用和拓展，积极启智润心，发展智力，养成科学态度和勇于探索、勇于实践的科学精神，全面提升各学科核心素养，为学生终身发展、健康成长夯实基础。

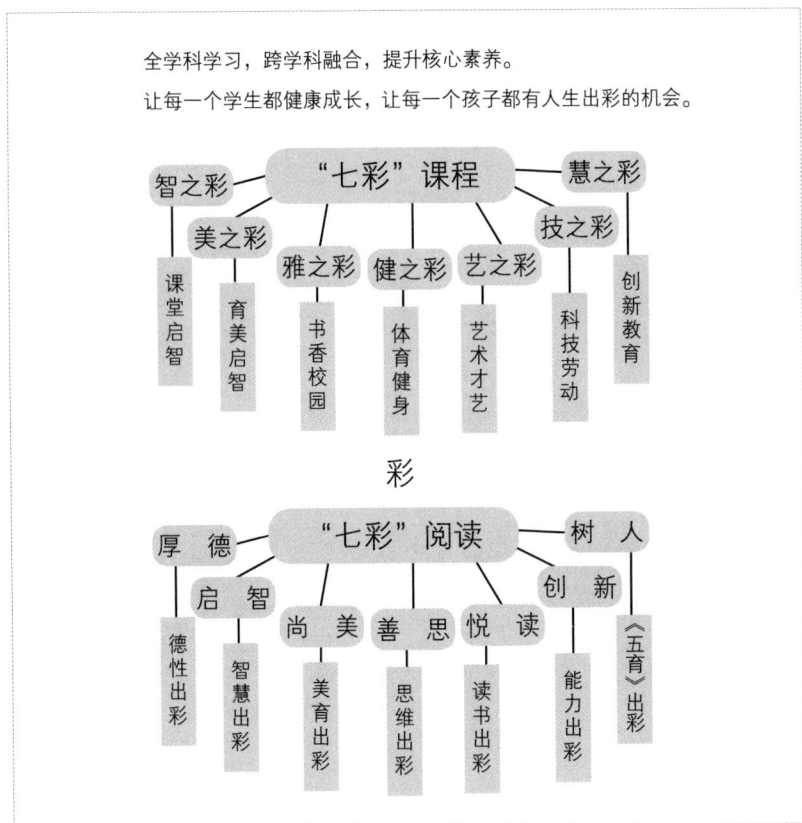

全学科学习，跨学科融合，提升核心素养。
让每一个学生都健康成长，让每一个孩子都有人生出彩的机会。

"七彩"课程

智之彩　慧之彩
美之彩　技之彩
雅之彩　健之彩　艺之彩

课堂启智　育美启智　书香校园　体育健身　艺术才艺　科技劳动　创新教育

彩

"七彩"阅读

厚德　树人
启智　创新
尚美　善思　悦读

德性出彩　智慧出彩　美育出彩　思维出彩　读书出彩　能力出彩　《五育》出彩

图 3　智育启智导图

三、体育启智育身心

体育是以发展体力、增强体质为主要任务的教育，是促进学生身心健康、全面发展的重要育人目标。利通区第七小学以体育课教学为基础，以"快乐大课间"、"阳光体育运动"及体育社团活动为载体，在认真上好每一节体育课的基础上，常态化、创造性地开展跳绳、艺术操、篮球、足球、乒乓球、武术等课程，开展丰富多彩的体育社团活动，唱响"我运动 我健康 我快乐"主旋律，营造"阳光"体育运动氛围，增强学生体质。

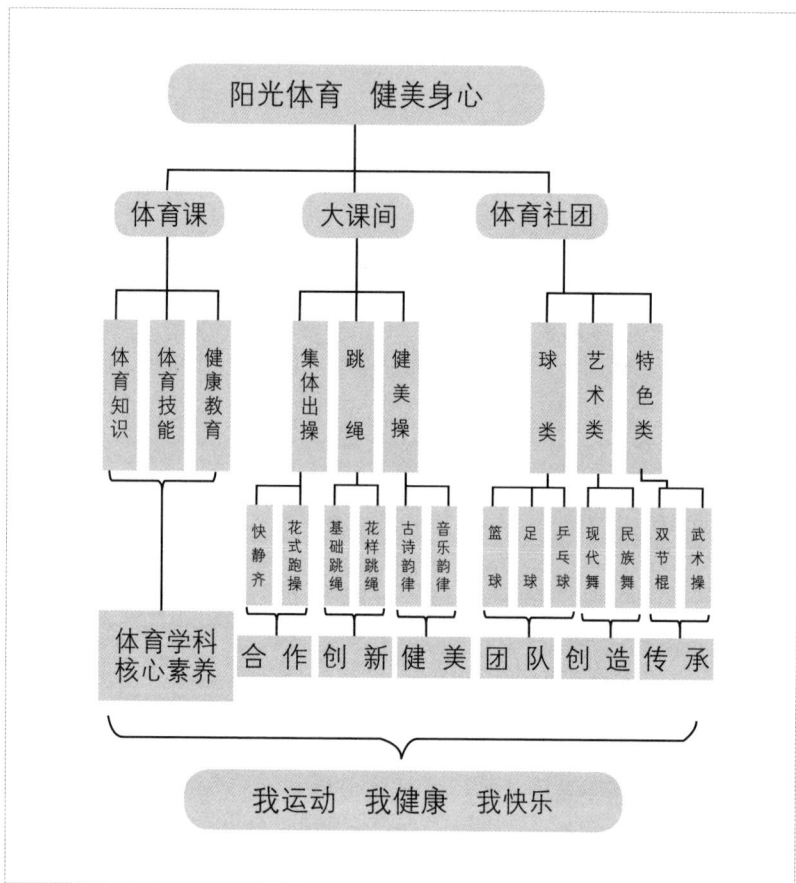

图 4 体育启智导图

四、美育启智提素养

美育是引导学生发现美、感受美、欣赏美、创造美的教育，又称美感教育或审美教育，是学生全面发展不可缺少的重要组成部分。利通区第七小学通过美育专题教育、"育美"课堂实践和美育环境创建，充分挖掘美育资源，全面提升师生的美育素养，让美育在教育理念中蕴含，在课堂教学中传播，在主题活动中渗透，在榜样力量中推广，在师生生活中弘扬。实现了"美育"文化"处处能显现，处处能育人"的良好育人效果。

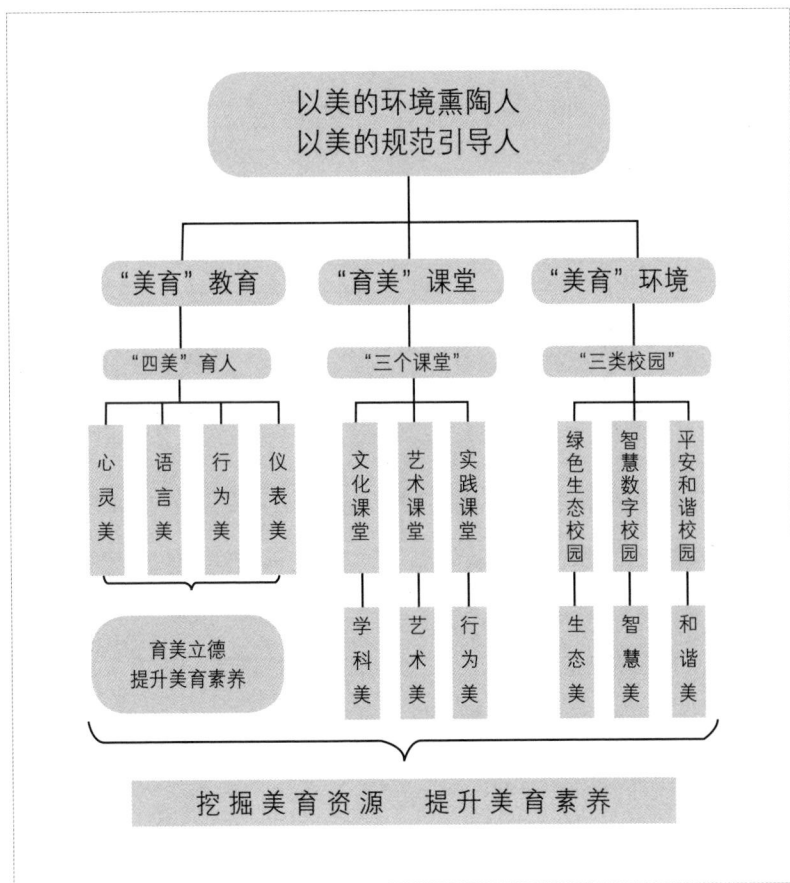

图 5　美育启智导图

五、劳育启智促实践

劳动教育是坚持"五育"并举，落实立德树人，促进学生德智体美劳全面发展的重要育人目标和落脚点。利通区第七小学通过开设劳动课程，创建"七彩劳动园"，通过"二十四节气"等劳动知识宣传，开展家务劳动、手工制作等劳动技能展示及红领巾劳动章、评选劳动之星等活动，弘扬劳动最光荣、劳动最伟大、劳动创造人类文明、劳动创造幸福美好生活等思想，培养同学们从小热爱劳动、学习劳动技能、热爱劳动人民的思想感情。

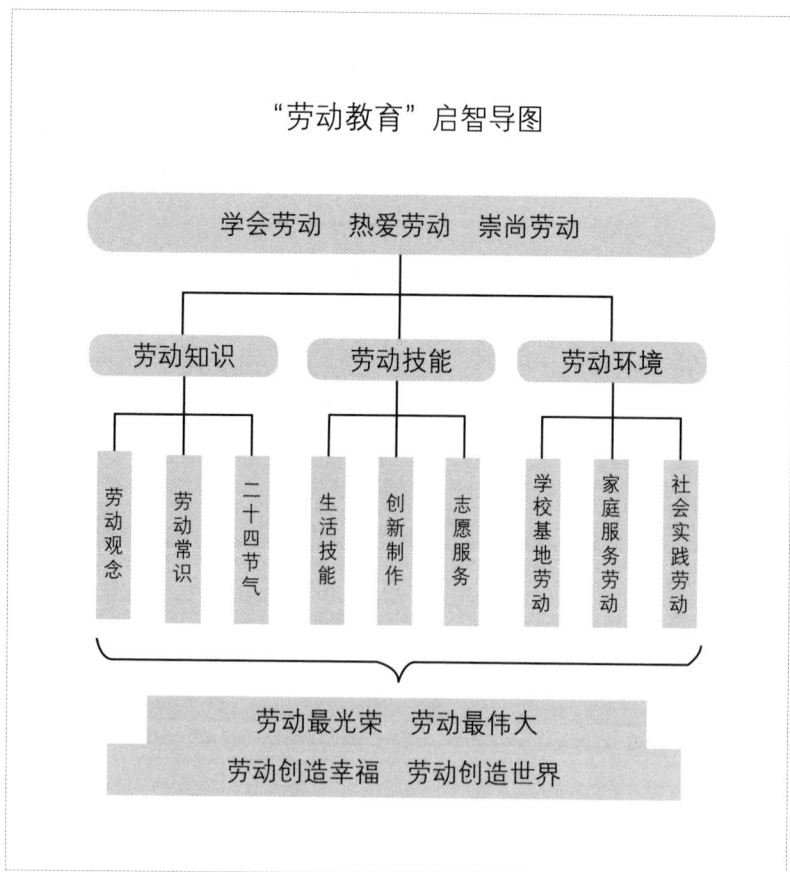

图 6　劳育启智导图

"五育"启智作为利通区第七小学党建引领"启智"文化创建的重要内容，在党的二十大精神引领下，学校"五育"启智正在与新课程改革、课后延时服务、校本课程开发及生命健康教育、劳动教育、综合实践活动、志愿服务活动等有机结合，深度融合，激发出无限的教育生机与生命活力。

"五育"启智重融合　全面发展提素养

对基础教育而言，全面提升教育质量，就要以党的二十大精神和新时代党的教育方针政策为指引，将学校高质量发展的目标任务和要求，转化为具体的思路和举措，落实到办学治校、教书育人的各个环节，为每一名学生提供适合的教育，促进学生全面而有个性地发展，办好人民满意的教育。本文以"坚持'五育'融合　发展核心素养　推动基础教育高质量发展"为主题，解析学校如何提升基础教育质量。

一、以核心素养目标为导向，推动教育高质量发展

核心素养目标是新时代基础教育改革发展的重要导向。利通区第七小学主要通过"四个注重"，发展学生核心素养，推动教育高质量发展。

一是注重"五育"联动。党支部聚焦立德树人根本任务，引领学校树立大教育观、教育整体观，坚持"五育"并举，实施"五育"联动，通过生活"育德"、课堂"育智"、健身"育体"、文化"育美"、劳动"育心"等创新举措，切实把核心素养的目标要求落实到每一学科、每一节课中，做好不同学科、不同学段教育的有效衔接和深度融合，整体推进核心素养导向目标的有效落实，促进学生全面发展，健康快乐成长。

二是注重发挥课程的育人功能。充分发挥课程育人的主渠道功能，积极构建全员、全过程、全课程育人格局，形成课程思政建设协同效应，通过"四个课堂"（创新社会化"小课堂"、拓展社会化"大课堂"、搭建网络化"云

课堂"、开发系列化"微课堂"），扎实做好党的二十大精神微宣讲，铸牢中华民族共同体意识及道德模范、师德典型宣传，落实立德树人根本任务，促进学生全面发展。

三是注重项目式学习推动。以"核心素养导向下的课堂教学"为实践课题，把项目学习落实到日常教学中，围绕核心问题，精讲精练，设计活动（删"繁"就"简"，话题提炼突出"精"字；由"薄"变"厚"，资源整合突出"巧"字；由"静"变"动"，实践方式突出"活"字）；由老师深度引领，培养学生深度参与、深度思考、解决问题的能力（教学改革的核心是促进学生学习，是让学习深度发生，贵在参与，重在思考，妙在引领，巧在拓展）；加强师生的跨学科意识，增强学科开放度，促进学科间知识的拓展与融合，把四五年级"BYOD"项目纳入项目组，实行整体管理和推进，丰富课堂样态，促进课堂学习方式的创新，提高课堂学习兴趣和效率。

四是注重"启智"文化创建。党支部以"培根铸魂、启智润心"为目标，通过"培"字导向、"铸"字导行、"启"字导育、"润"字导教，把好"启智"文化创建方向，积极创建"四种"基础文化："七彩"德育文化（书香文化、好老师文化、美育文化、绿色生态文化、生命健康文化、廉洁文化、中华民族共同体文化），"七彩"课程文化（以"智之彩、美之彩、雅之彩、健之彩、艺之彩、技之彩、慧之彩"为主要内容），"七彩"阅读文化（确定"厚德、启智、尚美、善思、悦读、创新、树人"为"七彩"阅读目标，引领学生读书筑梦），"五育"启智文化（构建党建＋德智体美劳"五育"启智开放书架，宣传"五育"成果，引领"五育"实践），不断丰富和拓展学校"启智"文化内涵，推动教育科学发展。

二、以教育教学质量提升为目标，推动教育高质量发展

对标新时代教育评价改革、教育"双减"服务、新课程改革等教育改革新政策、新目标、新任务，学校聚焦立德树人，转观念、促改革、求发展，为全面提升教育教学质量，做了以下几点。

一是聚焦教学规定，规范教学行为。坚持"教学工作不放松、质量意识不动摇、规范管理不松手、严格考核不松口"的管理理念，突出教学质量中心，进一步完善教育教学常规管理制度，细化过程管理，教学管理做到"四个坚持"：坚持推门听常态课，及时点评引导，让师生少走弯路；坚持引导青年教师上"照镜子课"，推广自主反思＋团队合作，增强青年教师自信心；坚持善用国家智慧教育平台优质资源，激励党员名师骨干上好示范课，发挥辐射带领作用；坚持引导青年教师每学期至少上一节达标课。课堂教学做到"三个交给"：把问的权利交给学生，把讲的机会让给学生，把做的过程放给学生。

二是向作业管理要质量。学生作业管理做到"四个优化"，即作业"即时生成"创新化、"限时巩固"高效化、"及时总结"系统化、"按时探究"实践化，不断优化作业设置，尊重差异，分层帮扶，根据学生的学习能力，制定"一班一案、一生一策"。提倡作业设计多样化、多元化和多层次，充分调动学生做作业的兴趣和学习积极性，促进学生个性化发展。

三是向"互联网＋教育"应用要质量。积极推进"专递课堂、互动课堂、名师课堂"常态化，构建大数据动态应用和互联互通、资源共享的应用生态。以"赛"促教，面向全校教师开展"互联网＋创新素养"优质课评比，通过互动课堂、教学设计、教学展示及实践应用反思、论文等展评活动，激励教师形成"互联网＋创新素养教育"应用新常态，促进信息化应用，赋能课堂教学质量提升。

四是向"课后服务"要质量。在课后服务中落实"五育"并举，课程设计满足学生阶段发展个性需求，突出启智、健体、尚美、崇劳，普惠性课程与个性化发展课程相结合，低年级的魔方、围棋，每周一节的阅读课、写字课，中高年级的大课间双节棍武术操、分段式花样跳绳及版画、缠花、合唱社团、武术社团、军事素养、跆拳、书法社、英文小剧场、英语配音、心理剧社、辩论社、舌尖上的地理、奇妙的生物等33个社团活动内容，学校通过外聘专业教师，帮助在校师生发展培养个性特长，极大地提升了课后延时服务质量，增强了师生和群众满意度。

五是向智慧阅读要质量。学校以"智慧校园"、"书香校园"创建为抓手，制定智慧阅读方案，构建"1234+N"智慧阅读策略体系（把握好"一个主旨"，即阅读启智，书香校园；落实好"两个抓手"，即传统节日、法定节日；建设好"三个阵地"，即课堂教学、学校空间、家庭空间；管理好"四个层面"，即学校层面、教师层面、学生层面、家校层面；"N"指拓展性阅读活动，即学生读书活动、教师读书活动、家庭亲子共读活动等），搭建"教学评"一体化智慧阅读教学体系，通过组织实施整本书精品课程、发布阅读任务、查看阅读测评报告、分级阅读、多元化表达训练及整本书阅读指导、每月一次的智慧阅读分享、主题汇报交流等，激励师生时时读书、处处读书，养成阅读习惯。目前，学生阅读认证总册数达到78460册，生均认证册数达53册，切实落实"把读书当作一件大事来抓"。

教育高质量发展的号角已经吹响，站在迈向第二个百年奋斗目标的新征程上，运行于学校高质量发展跃升的时间轴上，让我们以课程应答素养，以课堂展现品质，用我们扎实的教研教学功底、开阔长远的教育视野格局，用学校学子健康自信的学风学貌、厚德天下的品行情怀、面向未来的眼界能力，迎接美好未来，交出新时代教育的高质量答卷。

学校"启智"文化的创新与拓展

党的二十大报告强调，要加强党对教育工作的全面领导，要注重创新驱动，创新是第一动力，要建设"高质量教育体系"。

当前，利通区第七小学党支部引领"启智"文化创建，凸显了党组织对学校文化建设的领导。其中，"五育"启智、"七彩"德育文化、"七彩"课程、"七彩"阅读启智等的创建目标、思路框架，就是创建高质量教育体系，体现出创新驱动意识。

作为一种创新文化，需要在理念认识、教育实践、成果检验等方面不断创新、丰富和拓展。下面是对学校党建如何有效引领"启智"文化创建的几点思考。

一、党建引领"启智"文化创建方向

以"培根铸魂、启智润心"为目标，抓住四个关键词——培、铸、启、润，把好"启智"文化创建方向，落实立德树人根本任务。

1."培"字导向

以全面落实新时代党的教育方针为重点，传承爱国基因，赓续红色血脉，做到为党育人、为国育才。

2."铸"字导行

以践行社会主义核心价值观为重点，增强文化认同、文化自信，弘扬中华优秀传统文化，铸牢中华民族共同体意识。

3. "启"字导育

以"五育"启智为重点，坚持"五育"并举，抓好"五育"融合，促进学生全面发展、健康快乐成长。

4. "润"字导教

以提升学生的美育素养、核心素养为重点，落实新课改理念，促进学生自主建构知识体系，学会自主学习，人物变得阳光自信，利于自我成长和发展。

二、"启智"文化的创新实践

以学校"启智"文化为统领，积极创建"四种"基础文化，夯实学校文化创建根基。

1. 创建"七彩"德育文化

把"七彩"德育作为学校落实立德树人根本任务的重要保障，积极创建"七彩"德育文化，即书香文化、好老师文化、美育文化、绿色生态文化、生命健康文化、廉洁文化、中华民族共同体文化。通过"七彩"德育文化培根铸魂，践行社会主义核心价值观，培植红色爱国基因，铸牢中华民族共同体意识，培育社会主义的合格建设者和接班人。

2. 创建"七彩"课程文化

按照习近平总书记"让每一个学生都健康成长，让每一个孩子都有人生出彩的机会"等指示，积极创建"七彩"课程文化，以"智之彩、美之彩、雅之彩、健之彩、艺之彩、技之彩、慧之彩"为主要目标，结合国家课程、校本课程和各类社团活动类课程等，为每一个孩子的健康成长创造公平的机会，营造和谐的氛围。

3. 创建"七彩"阅读文化

结合学校书香校园建设，融合智慧校园、智慧阅读新理念，确定"厚德、启智、尚美、善思、悦读、创新、树人"的"七彩"阅读目标，引领学生爱读书、善读书、读好书，在读书中提升核心素养，在读书中成就人生梦想，构建"七彩"幸福人生。

4. 创建"五育"启智文化

"五育"启智文化是学校"启智"文化创建的重要支撑，与"七彩"德育文化共同构成了"启智"文化的基础。学校党支部通过章程建设、制度规划、教研引领、课堂实践、教研评价、家校共育等方式，促进"五育"融合，通过"五育"开放书架，及时宣传"五育"启智文化及育人成果，将启智、尚美、立德、树人的理念传达给学生，促进学生全面发展。

三、坚持"五育"启智，促进全面发展

党的二十大报告提出，要促进教育公平，加快义务教育优质均衡发展。因此，我们要全面贯彻党的教育方针，牢记为党育人、为国育才的使命，坚持"五育"并举，推进"五育"融合，促进全面发展，培育时代新人。

1. 学校章程规划中体现"五育"融合

在制定学校章程、三年发展规划中，注重与全面落实党的教育方针相结合，与学校发展基础和未来发展目标方向有机结合，突出"五育"融合；在办学理念上，强调让每一个学生都能够出彩；在教育实践中，开齐课程，丰富校园生活，让学生在校园的每一天都多姿多彩。不断以制度建设规范学校发展，推动"五育"融合，促进学生全面发展。

2. 在教学管理中促进"五育"融合

在学校课程建设和课堂教学中，坚持德智体美劳"五育"并举，开齐课程、开足课时、配强师资、不分主次。同时，结合新课程改革核心素养目标导向，在备课、上课及教学评价中，注重学科间横向融合、纵向发展，提倡综合评价、发展性评价，落实大主题、大单元、大课堂、大教育观等

新课改理念。学校围绕新课程改革，通过线上线下多种方式，开展专题培训、"启智"教育教学论坛，积极展示课改精品课、制作并印发《启智》校刊及文化宣传册。

3. 在课堂教学中落实"五育"融合

以"核心素养导向下的课堂教学"为实践课题，开展项目式学习论坛、项目上学习教学设计、案例分析，结合劳动实践、体育锻炼、书香阅读、智慧教育等开发项目式学习专题，引领学生在项目式学习实践中启智润心、培根铸魂，培育正确价值观，获得必备品格和关键能力，提升核心素养；在课堂教学实践中，推进"以德润心、以学促智、以练健体、以美培元、以劳育能"五育课堂实践，围绕核心素养导向，创建智慧课堂、启智课堂、育人课堂，录制五育融合精品课，制作校园"五育"开放书架，设计制作"五育"宣传彩页，制作"五育"课堂美篇，开展"美育与教学融合实践"课题研究。

4. 在教学评价中激励"五育"融合

在教学评价中，改变过去以单一学科、单一分数、单一结果、终端评价作为师生主要成绩、绩效的评价方法，按照新时代教育、新课程改革目标要求，在教育评价中采用多元评价、发展性评价、过程性评价、综合性评价等新评价观，引领教师积极走向跨学科教学，树立大单元思维，提炼大单元主题，设计大教育、大教学课堂，体现学科教学的综合性、课堂教学的完整性、学生成长的主体性，让师生在正确的教育激励评价中共同成长。

以校本化助力学校"启智"文化
促进学生健康成长

《义务教育课程方案和课程标准（2022年版）》颁布后，国家课程校本化越来越受到重视，但校本化什么，怎样校本化，却需要学校管理者认真审视并积极探索。

学校创建"启智"文化，落实"培根铸魂、启智润心"育人目标，就要抓住"校本化"这一着力点，通过不断深化校本化，助力学校"启智"文化建设，促进学生启智润心、全面健康成长。

一、校本化课程内容，课程启智

实现课程校本化，需要基于国家课程，将相关内容借助学校原有的特色课程进行整合，可以是学科内的，也可以是跨学科的，从而融创出更适合学校、适切学生的课程内容。也就是说，学校需要依据新课标提出的目标与要求，将课程内容变为学习内容，立足学习者的发展需求，基于学校的实际情况，寻找适合学生学习、易于操作的学习内容，从而贴近生活、贴近学生，便于学生了解、实践与学习。

例如，学校落实"以美育人"理念，充分利用艺术类课程、行为习惯养成教育类"德育"课程，将其中与"以美育人"密切相关的课程内容作为专题，进行系列主题单元式的校本化建构，通过重置单元教学目标、重组单元学习板块、重设单元学习任务及评价，形成了"以美育人"系列课程内容。这样的校本化课程内容建构，关注学校美育品格培养过程中的现实生活与真实成长，提高了国家课程的实施质量。

二、校本化课堂教学，能力启智

每个学生在学习上往往有自己的优缺点，比如在记忆力、理解力、思维能力、表达能力及动手实践能力等方面存在个体差异。因此，就需要学校搭建平台，为不同特点、不同学习风格的学生提供多样化的学习方法及学习途径，或小组学习，或自主学习，或体验式学习，或探究式学习，让学生通过自己感兴趣或擅长的学习方式提升核心素养。

三、校本化学习工具，思维启智

语文新课标中提出学生应"学习记笔记、列大纲、写脚本、画思维导图等整理和呈现信息的方法"。记笔记、列大纲、写脚本、画思维导图，这些都是学生梳理信息、整理思路的方法，而"画思维导图"更是一种最典型的思维工具。思维工具根据学科的特点和学习的要求有着不同的外显形式。比如：科学学科中特别注重使用"自然笔记"，以便提高学生的科学观察能力；在数学学科中特别注重"线段图"等学习工具的使用，便于学生发现数量关系；在文学阅读课程中特别注重使用"情节折线图"，便于学生梳理复杂的线索和把握人物的形象等。

四、校本化学习空间，环境启智

在新课标实施的背景下，学校管理者、教师必须将学校空间赋能儿童学习，创设"处处能学、时时可学"的学校环境。通过丰富多元的非正式学习空间，让学生与真实世界联结，与真实世界对话，通过创设开放的情境，支持学生直观、具体观察、体验、探究、交流、分享等，并通过与正式学习空间的结合，实现学习空间的延展。

加强学校学习空间建设，让空间情境承载起文教功能，使学生看到的、听到的、触摸到的、感受到的、体验到的以及创造的过程都转化成为以文化人、体验成长的过程。

此外，学校虚拟学习空间也是重要的阵地。要通过技术赋能的虚拟学习空间这一新型学习空间的建设，使学生拥有更丰富的资源与工具，也为教师关注每名学生的学习提供可能。

五、校本化学习资源，资源启智

学校要根据学生核心素养的发展需要，加强与外界各类可用可行的资源合作，"不求所有，但求所用"，灵活多样地实施柔性引资引源，共建共享，创设更多可能的学习场域，建设更为多元的综合实践活动基地，以弥补学校学习资源、学习空间建设不足的问题。

六、校本化学习评价，评价启智

要问国家课程校本化的闭环在哪里，那一定是国家课程校本化的评价方式。作为国家课程校本化实施路径中的关键一环——学习评价是终点，也是起点。

因此，做好校本化的评价方式需要结合学校的实际情况，基于学生的成长与发展：既要有总结性的评价，也要有过程性的评价；既能够有对学生未来做出的增值性的评价，也能够有考虑到学生现状的表现性评价等。通过这种评价方式的改革，让学生在成长中找到适合的评价支点，找到不断成长的方向。

打造"启智"文化　培根铸魂促发展

利通区第七小学党支部引领学校"启智"文化，围绕"培根铸魂、启智润心"育人观，在"五育"启智，促进学生全面发展的基础上，聚集"德育"启智，融合学校"七彩"阅读文化、"七彩"育人文化，全面落实立德树人，积极践行社会主义核心价值观，培养德智体美劳全面发展的社会主义建设者和接班人。

一、加强理想信念教育

开展"喜迎二十大"、"开学第一课"、"七彩少年心向党，筑梦启航新征程"、开展"传承红色基因，争做强国少年"军训活动、开学典礼、庆祝教师节、欢度中秋节、"九一八事变纪念活动"及国防教育活动，教育学生从小爱党、爱国、爱人民，争做新时代好少年。

二、加强传统文化思想教育

"启航明礼，梦想从这里启航"新生入学仪式、中华优秀传统文化教育、诵读经典读书活动，教育学生从小热爱中华传统文化。

三、加强生态文明教育

开展"厉行节约，杜绝浪费教育"、"垃圾分类教育"、"保护环境，低碳生活"等活动，倡导绿色消费，引导学生形成健康文明的生活方式。

四、加强课程育人

注重思政课程体系建设，做到每门学科在教学中都有德育渗透。全体教师都要在课堂这个主渠道上开展德育教育，逐步形成人人育人、处处育人模式。

五、加强劳动教育

将基地劳动、家庭劳动、手工劳动、志愿劳动相结合，开展劳动教育，为学生建立劳动教育记录卡。激励学生崇尚劳动，在劳动中增长知识。

六、加强心理健康教育

开展心理健康讲座、"国旗下"主题教育活动、心理健康咨询服务，培养学生做一个心理健康、积极向上的好少年。

七、开展"铸牢中华民族共同体意识"教育

开展"中华民族一家亲，同心共筑中国梦"主题教育活动，在全校师生中广泛开展"铸牢中华民族共同体意识"主题队日、主题演讲、主题征文、故事会、读书会等活动，唱响民族团结进步主旋律，唱响"五个认同"、"五个维护"、"三个离不开"。使民族团结友谊之花在校园根深叶茂、处处绽放。

八、抓好文明常规教育管理

禁止楼道追逐打闹行为，提倡轻声慢步，有措施、有落实、有检查、有奖惩，使学生养成轻声慢步好习惯。严禁随地乱丢垃圾，班班设立室内外卫生巡查员在课间巡查，每日室内外需做到两扫，年级组、班主任要加强引导，树立学生卫生意识。强化路队管理，做到有组织、有队列，安全有序，举止文明。

九、抓好少先大队自主管理

加强对少先队干部的培养，定期对少先队干部进行培训，明确职责，培养他们公平公正地对各班级各年级进行检查评比，通过六项检查评比，努力使学生由"被管"向"自主管理"转变。让少先大队干部成为学校德育管理的新鲜血液。开启红领巾广播站，从各方面对全校师生进行宣传教育。

十、抓好家校合作协同育人

不断拓展家校合作项目，提升家校合作质量。利用家庭教育讲师对学校年轻教师进行培训，内容包括如何与家长沟通，如何开展读书沙龙、亲子活动等。定期组织召开家长会，在线上推送家庭教育讲座，让家长不断学习，达到协同育人效果。开展课外亲子实践活动，促进家长、学校之间沟通。借助家庭教育讲师到社区开展家庭教育讲座。

灵活利用校园空间　增强启智育人功能

校园空间是学校文化的重要载体，灵活利用校园空间，使其承载德育文化、精神文化，浸润学校特色文化元素，从而有效落实校园环境育人目标。学校创建"启智"文化，就要积极打造校园文化，充分发挥校园空间启智育人的功能，培根铸魂、启智润心，促进学生健康成长。

一、改造物质场所，完善空间育人功能

利通区第七小学通过制作校园宣传广告栏、创建德育文化走廊、制作校园开放图书架等多种方式，重点宣传社会主义核心价值观主题文化、办学理念（校风、校训等）主题文化、"四有"好老师主题文化、"铸牢中华民族共同体意识"主题文化、"七彩耕园"绿色生态种植文化等，不断完善校园空间育人功能，实现校园文化"处处能显现、处处能育人"的空间育人功能。

二、创建主题式共享空间，深化学生人文底蕴

创建主题式共享空间，可以提升主题教育实效。利通区第七小学聚集立德树人和新课改核心素养导向，积极创建多个主题式共享空间。创建智慧阅读连廊，引领学生爱读书、读好书、善读书，把阅读作为一件大事来抓；建设绿色生态种植园"七彩耕园"，开展劳动教育、绿色生态教育及生命健康教育；创建"五育"启智开放图书架，宣传"五育"并举育人导向，展示"五育"亮点成果，营造"五育"发展良好氛围。

三、建设多功能开放空间，增强实践创新能力

针对学校功能室不足等现状，积极建设多功能活动室，做到一室多用，为学校功能室赋能、增值。如"育美楼"三楼科创艺术多功能活动室，以科技制作、科技小发明、美术作品创作为主要活动项目，同时开展学生艺术特长展演及大合唱、舞蹈演练、室内乒乓球比赛、课本剧表演、情景剧编排等项目，让有限的学校空间及场地资源最大限度地发挥育人功能。

此外，学校录播室、智慧阅读活动室、党建活动室、心理健康疏导室、教工之家等功能室，均实现一室两用、一室多用，让空间活化，把功能室充分利用起来，发挥育人功能。当然，校园空间应该是立体的，可以是室内物质空间，也包括室外物质空间，比如，操场、楼道、楼前活动场地、校园绿地及墙体墙面等。

灵活利用校园空间，用好用活校园空间资源，构建主题鲜明、立体多元、充满生命活力、育人功能强大的校园空间育人文化，是校园治理能力的重要体现，也是推动学校高质量发展的教育需求。

美育教学"七"融入　润心启智促成长

　　学校打造"启智"文化，要从美育入手，把美育与教学融合实践作为切入点和主阵地，让美育理念、美育文化与学科教学有机融合，深度交融，不断深化美育实践，提升学生美育素养，让学生在美的环境中启智润心、培根铸魂，健康成长。

一、制度理念融入

　　在制定学校章程、三年发展规划及学校各类计划中，把美育作为重要目标项目纳入其中，建立美育与教学融合的长效机制，务实推动，高效落实。

二、课程思政融入

　　美育有机融入德育思政，结合新时代德育工作、课程思政体系建设等德育新目标，从爱党、爱国、爱人民、爱家乡等层面，有机融入美育理念，培养审美情感，提升学生美育素养。

三、课堂教学融入

　　以音乐、美术、体育等美育基础学科为主，结合语文、数学、科学、道德与法治等文化类学科，从课堂教学资源美、教学设计美、师生语言美、课堂氛围和谐美等审美角度，挖掘课堂美育资源，让美育与课堂教学深度融合。

四、主题活动融入

从班队会课、铸牢中华民族共同体意识"三进"课堂及非遗项目（缠花编织、剪纸、版画）及书法、花样跳绳、双节棍武术操、民族器乐、舞蹈等民族手工艺术、传统舞蹈和体育健身活动，传承中华优秀传统文化，引导学生感受中华优秀传统文化之美和"中华民族一家亲"的和谐美。

五、校园环境融入

从校园美育文化宣传、和谐校园创建、绿色生态校园创建、文明校园创建等层面，融入美育理念，让校园环境作为大课堂、大教材，引领学生感受绿色校园生态美、数字校园智慧美、平安校园和谐美。

六、榜样力量融入

在教师层面积极宣传全国最美教师，选择树立"四有"好老师典型，评选年度最美教师；学生层面开展美德少年、礼仪之星等评选及典型事迹宣传。引领师生发现美、追求美、创造美，积累美育正能量。

七、师生行为融入

在师生生活中弘扬美育，从校内到校外，从外表到内心，从工作学习到校内外生活，做到爱美、尚美、追求美，实现美育与教育教学、与生活学习等有机融合，让美育内化于心、外化于行，变成师生的自觉文化及行为追求，凸显语言美、行为美、仪表美、和谐美。

教师如何启智润心　促进学生健康成长

学校创建"启智"文化，培根铸魂，促进学生健康成长，教师是关键。因此，教师要不断提升师德素养，自觉践行"有理想信念、有道德情操、有仁爱之心、有扎实学识"的"四有"好老师标准，争做学校启智名师，做新时代"四有"好老师。

一、行为世范，做人格之师

有教育名家说过："教师的人格就是教育的一切，只有健康的人格才有健康的行为。"

可见，教师不仅是知识之师，更是人格之师。一名好老师，就要不断通过自身人格的提升，引领并帮助学生养成健康、高尚的人格。

二、教书育人，做学生导师

教师要"做学生锤炼品格的引路人、做学生学习知识的引路人、做学生创新思维的引路人、做学生奉献祖国的引路人！"

教师要有意识地给学生正面引导，让他们在青少年时代形成正确的价值观，养成良好的品行和健康的人格，为学生的幸福奠定坚实基础。

三、终身学习，做好学之师

教师的学习能力是教师终身从教、终身为师的关键能力。因此，教师要明白个人能力的有限性，在思想上要有一个全面、准确的认识，在学习上谦虚好学，善学善思，会研究问题。同时，通过各种方式提升自己，比如参加培训、观摩、研讨活动，多看一些与教育教学相关的书籍等，养成一种好学的精神。

四、培养学生，做素养之师

好老师重要的就是培养学生的核心素养，通过教育教学和实践培养，让学生拥有正确价值观、必备品格和关键能力。其中关键能力包括：生活力、实践力、学习力、自主力、合作力、创造力等。

培养学生的核心素养，课堂是主渠道，要采取启发式、探究式、讨论式、参与式教学，激发学生好奇心，培养学生的兴趣爱好，营造独立思考、自由探索、勇于创新的良好环境，让学生学会合作学习、自主学习。

另外，要引导学生养成写日记、搜集整理学习资料、开展社会小调查、参与社会实践等良好习惯，在学习上"用心"，在生活上"留心"，养成良好的学习习惯和优秀的品质。

课堂启智提素养　全面发展促成长

核心素养指的是能够适应终身发展和社会发展需要的必备品格和关键的能力，主要包括人文底蕴、科学精神、学会学习、健康生活、责任担当、实践创新等方面。核心素养要求学生发展的学习，也是学生所必备的品格。

学校"五育"启智，铸魂增智，要聚焦立德树人，认真落实核心素养导向，全面提升学生的核心素养，促进学生全面发展，尤其要把核心素养目标落实到课堂教学中。

一、师生互动，在评价激励中提素养

学校开展"依标扣本悟理念，素养课堂促成长"等育人实践活动，体现了新课程标准引领下的课堂是教师和学生之间、学生和学生之间互动的过程。素养课堂保证学生的主体地位，激励学生主动参与学习过程，获得成功体验。课堂上凸显尊重学生个性，让学生发挥想象，为学生提供独立的思考空间，同时，教师应对那些积极参与的学生给予多元化评价。如：积蓄能量评价，激励性语言评价，攀登高峰挑战性评价等。让学生在教师的评价中感受到成功的喜悦和自豪。同时，也让学生参与评价，听取其他学生的意见和建议，让学生在评价和被评价中树立自信心。

二、尊重学生主体地位，在自主学习中提素养

为了更好地培养学生的学习主动性及合作意识，激发学生的学习兴趣与积极性，授课教师应注重把问的权利交给学生，把讲的机会让给学生、把做

的过程放给学生。

在教学中注意安排一些选择性的学习活动，让学生自由选择。学生还可以和小伙伴合作运用不同的方法进行练习，以调动学习的主观能动性，增强自信心、愉悦感和满足感。

三、注重交流，在培养学生交际能力中提素养

没有交际能力的人，就像陆地上的船，永远到不了人生的大海。有分工、有协作的合作练习，不仅增长了学生的技能，提高了课堂效率，更重要的是在潜意识里教会学生如何与人相处，促进学生之间情感的交流。

如今的学生大多是独生子女。开展合作学习，让他们并肩作战，一起完成任务，让每个学生都认识到他人的重要性，体会集体智慧的力量，从而培养学生团结互助的好品德，让他们乐于与人交往，善于与人交往。

四、智慧阅读，在整本书阅读中提素养

《义务教育语文课程标准（2022年版）》"倡导少做题、多读书、好读书、读好书、读整本书，注重阅读引导，培养读书兴趣，提高读书品位，培养整本书阅读的习惯"。

在整本书阅读教学中，老师逐步让孩子认识到"童年是最美好的岁月，童书是最美妙的种子"。引领儿童共读一本书，就是在他们的童年播下一粒粒最美妙的种子，那是文化的种子、语言的种子、审美的种子、思想的种子……这些种子里有强烈的信仰。

研究表明，整本书阅读能培养孩子的阅读兴趣，提升阅读能力，增强语言能力，学会与人交往乃至增强文化自信，挺起"精神脊梁"。阅读是培养青少年文化自信的精神摇篮，用阅读丰富青少年的精神世界。让孩子在整本书阅读中受益终身。

课堂教学启智　提升学科素养

启智润心促成长，培育学科核心素养是重点。培养学科核心素养，简单说，就是用学科方法学习知识。

在我们的教学实践中，常常出现用"不言语的方法"学语言，用"不着地的方法"学地理，用"不艺术的方法"学艺术，用"不科学的方法"学科学等，由于缺乏实践、实验和体验，造成了"物理不碰物（物体）"、"化学不见化（变化）"、"生物不懂生（生命）"等背离教学目标、不利于培育学生核心素养的情况出现。

因此，在教学实践中，应该以新课标为目标，积极探讨培养学科核心素养的价值、规律和策略，力求学科核心素养渗透于课堂教学过程的始终，使学科核心素养在与课堂教学环节融合中得到提升，从而促进学生德智体美劳全面发展，推动新课程改革和教育高质量发展。

培养学生学科核心素养，应该强化哪些策略？

一、强化学科功能室建设

科学（物理）实验室、音乐、美术等功能室，体育设施、设备器材及活动场地、场馆建设，学校劳动实践基地建设等，是必不可少的。为学生音体美、劳动教育等学科教学，提供实验、体验、实践活动需要的硬件设施，是满足学生获取学科核心素养的基础条件。

二、完善课程体系建设

确保学生具备思想道德素质、科学文化素质和健康身心素质，在全面保证基础课程质量的基础上，努力丰富和拓展课程的门类，如篮球、跳绳、足球、武术、艺术操等课程，增强趣味性、活动性、可选择性，更好地满足学生的个性化成长需求。

三、提升教师的教学素养

结合新课程改革，强化教师核心素养提升培训，培养高素质的教师队伍。比如，提高教师项目式学习、大单元教学等活动设计能力，高质量作业设计能力、信息技术应用能力、学习评价及教学评估能力等，是提升学生学科核心素养的关键。

四、优化家校合作

学生学科核心素养的提升，离不开家长的理解、支持和配合。比如，家务劳动、智慧阅读、综合实践活动等，家长的积极配合非常重要。学校通过开通家长热线，架起家校沟通桥梁；编制家长手册，增强家长育人智慧；开通云课平台，拓展教育服务；开展家长讲座，呵护学生心理健康；精选家庭教育书单，助力家庭教育等。让家校合作形成育人合力，助力学生核心素养提升。

智慧阅读 启智增慧促成长

开展智慧阅读是推进学校"启智"文化创建的重要步骤。当前，学校智慧阅读结合教育数字化转型，充分利用智慧阅读有效策略及网络、软件等现代化教育设施应用，通过教师、学校两个层面，推进学校智慧阅读行稳致远。

一、教师层面

1. 形成智慧阅读指导手册

更新教师的教学观念，在教学中以学生为主体，将阅读融入教学，引导学生主动积极地在智慧阅读教学中实践、思考和探索，形成教师智慧阅读案例、策略或指导手册。

2. 建立"大阅读"的概念

推进阅读教学创新，使阅读不仅仅局限于语文学科的教学，同时在阅读材料的选择上，逐渐形成跨学科结构化阅读、项目式阅读等"大阅读"观念，促进学生核心素养提升。

3. 培养教师的阅读指导能力

针对不同阅读水平的学生，提供个性化阅读指导策略，在阅读素材的选择、阅读计划的制定、阅读策略的指导等方面，形成促进学生核心素养提升和个性化成长的典型案例。

4. 提升教师的综合执教能力和科研水平

鼓励教师跳出学科框框，多视角引导学生阅读、学习和思考，探索形成促进学生"五育"融合、全面发展的教学策略或典型案例。

二、学校方面

1. 构建浓郁的书香文化氛围

通过智慧阅读功能室、朗读亭、阅读测评一体机及阅读终端等智慧阅读数字化应用硬件及软件环境建设，促进学校智慧阅读数字化应用为师生阅读素养提升、为学校教育教学质量提升赋能助力。

2. 推进智慧阅读数字化应用

结合整本书阅读、项目式阅读、古诗词诵读等阅读创新活动，不断丰富学校阅读资源，形成能够支撑学校高质量发展的教育教学资源库，为利通区第七小学名师工作室建设、结对发展共同体建设助力，成为利通区教育资源库建设的有机组成部分。

3. 推进智慧阅读课程建设

结合智慧阅读数字化应用，探索实践、研究制定出具有学校特色的智慧阅读课程，探究课程开发、实施及评价管理方法，形成利通区第七小学智慧阅读数字化推进学校教学变革实践经验，为推进利通区教育数字化转型及教学改革与创新提供可借鉴的典型经验或案例。

4. 推进智慧阅读家校共育

不断以智慧阅读数字化应用创新成果，促进优质阅读资源共享，推动家校合作共育，为学生提供全天候阅读环境，为实现全民阅读目标助力。

5. 用好智慧阅读评测系统

依据智慧阅读效果监测软件，技术搜集分析师生阅读数据，客观地、科学地分析学校师生的阅读工作开展状态，有针对性地开展阅读策略指导、评判及阅读发展规划等工作，形成利通区第七小学智慧阅读评价标准及体系，推动学校智慧阅读数字化应用科学、规范、常态化运行。

课程思政一体化　铸魂启智促发展

党的二十大报告指出，"要落实立德树人根本，用社会主义核心价值观铸魂育人，完善思想政治工作体系，推进大中小学思想政治教育一体化建设"，为学校深入推进思政课一体化建设提供了根本遵循和方向路径。

创建小学课程思政一体化协同机制，着力构建小学课程思政教育策略体系，做到"课程建设一体化、育人载体一体化、资源共享一体化、线上线下一体化、统筹指导一体化"，不断增强学校思想政治育人的时代性、科学性和实效性，努力形成全员、全过程、全方位的"大思政"育人格局。

一、课程建设一体化

打造小学思政"精品课"，建设大课堂，充分挖掘、整合、利用好小学道德与法治及语文、科学、数学等各学科教学中的思政教育资源，同时结合学校班队课、少先大队活动、升旗活动、社会实践活动等主题教育、德育类课程资源，让学生充分感受到家乡和祖国经济社会发展的脉搏，合力办好"大思政"课。

建立纵向跨学段、横向跨学科的交流研修机制，引导教师了解掌握不同年级和学段的课程目标、课程体系、课程内容等，更好把握教学规律，提高教学能力和水平。同时，不断完善思政课教师评价机制，突出课堂教学质量和育人实效。

二、育人载体一体化

围绕全员思政、全时思政、全科思政理念，针对低段学生年龄特点，以"课程＋活动"为载体，不断打造活力型、创新型思政课堂。

围绕"思政课核心素养"下的教学思想，开展思政课活动型课，构建科学的、个性化的活动课教学模式，促使学生会学、乐学、学会，在学习中提高思想认识和道德水平。

积极开辟第二课堂，以红色教育基地、学校图书资料、主题教育网络精品资料等对学生进行道德与法治、党史知识、红色故事等宣传教育，传承红色精神，培养爱党爱国情怀，实现思政教育提质增效。

此外，依托利通区内的"初心馆"、农耕博物馆、吴忠市文化馆、吴忠市科技馆等各类资源，不断丰富和拓展校外思政课教育实践基地，增强小学课程思政一体化育人实效。

三、资源共享一体化

建立全校思政课教育教学资源共享平台，建设覆盖每门思政课、服务一线教学的课程思政建设及课程思想育人问题库、案例库、素材库，结合所在区域内及全国教育云平台思政课、课程思政线上优质示范课程库等，不断创建并丰富课程思政一体化建设各类优质资源，为小学课程思政一体化建设提供优质资源保障。

建立思政课教师"手拉手"集体备课机制、教学交流机制，充分发挥优秀教师示范引领作用，进一步推进校校合作、校地合作，促进思政课优质教育资源融合共享。

加强课程思政一体化教研，融汇小学道德与法治、德育、政教等小学思政教育各类师资资源，构建小学课程思政"大师资"，夯实小学课程思政一体化建设师资基础。

四、线上线下一体化

开展思政课"线上 + 线下"混合式教学,以学生为中心、以线上为支点、以线下为平台,突出问题意识,有利于思政课优质资源整合,优化思政课教学生态,创新思政课教学手段。

推进思政课或课程思政育人,线上教学采取无纸化网络教学方式,可依托慕课、腾讯、教育云平台等网课平台,搭配云直播、学习通等媒体软件进行,可以在线发言讨论、在线批改作业、语音点评等,打破了传统思政课教学的时空限制,使思政课堂变得"有趣"、"有味"。

线下教学紧扣道德与法治教材内容,紧跟时代步伐,结合时政要闻和学生生活实际,有效组织思政教育,推进课程思政育人。同时,可以结合校内外德育教育基地等资源,不断增强线下思政教学及课程思政育人的实效性。

教学实践证明,思政课"线上 + 线下"混合式教学,符合当前信息化时代思政课教学及课程思政育人体系建设,思政课"线上 + 线下"教学,与时俱进,相得益彰,为推进小学课程思政育人体系建设、提升小学思政教育质量提供了无限可能。

五、统筹指导一体化

在教育局教研室统筹指导、思政骨干教师引导、思政精品课示范及思政一体化示范校辐射带动下,让小学课程思政教研及骨干力量主动"下沉"学校及思政课堂,在推进小学课程思政一体化建设中,输出、共享优质师资和培训资源,同时,引领指导各年级思政课教师常态化开展跨年级、跨学科集体备课,开展思政"大主题"等专题研讨,及时交流、分享课程思政建设经验,将小学课程思政"一体化"建设机制、策略落实到位。

例如,学校采取同课异构等形式,结合学生学段、年龄及认知特点,探索思政课一体化教学新思路。学校积极开展领导干部听思政课、思政课"大练兵"展示活动，有效推进思政课教育教学工作的深入开展。

总之，小学课程思政一体化建设策略及实施，有利于统筹学校思想政治教育资源，形成思想政治育人合力，加强小学生思想政治教育。思想政治教育是系统工程、灵魂工程，我们将在课程思政一体化建设推进工作中，不断与时俱进，务实创新，不断取得新成效，实现新突破。

教育创新启智　数字化教学赋能

当前，教育系统围绕数字化教育，开展了数字教育大讲堂，针对数字时代的教育安全形势、人工智能赋能教育变革与教师发展、教师数字素养提升与区域智慧教育发展，开展了多种形式的论坛讨论。可以说，数字化教育已经来到我们身边，走进了学校。

下面是本人在数字化教育学习和实践中的点滴体会，与大家分享。

一、数字化教育是因材施教的教育

因材施教是中国教育传统思想的重要内容。数字教育能够在个性化地学、差异化地教、科学化地评等各方面发挥独特优势，通过信息跟踪挖掘、数字回溯分析、科学监测评价等，描绘学生成长轨迹，为学生提供个性化的教育方案。

二、数字化教育是绿色发展的教育

教育绿色发展，就是要遵循学生身心发展规律和教育教学规律，实施素质教育，提升核心素养，促进学生的全面发展，丰富和拓展每一个生命内涵，提升教育的幸福品质。

因此，数字化学习应该以学生为中心，注重个性化学习，满足个体需要；应该以问题或主题为中心，注重引发学生深度思考和知识应用。

三、数字化教育是开放合作的教育

数字化学习过程中应该进行信息互动交流，学习者之间应该协商、合作，让学习具有创造性和再生性，让学习可以随时随地发生。数字化教育，让因材施教成为可能，有利于终身学习和学习型社会建设。随着数字化教育的推进，学校教育、人类教育的形态将得到重塑。

四、数字化教育要营造数字化的学习环境

打造数字化学习环境，就是要经过数字化信息处理，让教育教学过程具有信息显示多媒体化、信息传输网络化、信息处理智能化和教学环境虚拟化的特征。

同时，数字化环境硬件建设要超前规划，及时跟进，包括数字化设施、资源、平台、通信和工具等。

五、数字化教育要构建数字化学习资源

数字化学习资源主要指经过数字化处理，可以在计算机上或网络环境下运行的多媒体材料。

数字化学习资源是数字化学习的关键，可以通过教师开发、学生创作、市场购买以及网络下载等方式获取。

六、数字化教育要创新数字化学习方式

数字化学习具有资源利用、自主发现、协商合作和实践创造等多种途径。数字化学习教育，要善于利用数字化平台和数字化资源，在教师、学生之间开展协商、讨论、合作学习，并通过对资源的收集利用探究知识、发现知识、创造知识及展示知识等进行数字化学习，促进学生个性化成长和全面发展。

管理创新启智　提升"双减"质量

"双减"工作是当前我国基础教育领域的一件大事。学校作为落实"双减"工作的主体，应抓住重点环节，引导教师、家长充分认识"双减"的目的和意义，稳扎稳打，努力使"双减"目标一步步落实。

一、党建引领，规范教育教学制度

制度引领是落实"双减"的导向标。学校党组织充分发挥"把方向、管大局、作决策"等领导职责，从落实党的教育方针、坚持"五育"并举、促进学生德智体美劳全面发展的高度，按照"双减"政策新要求，结合学校教育教学实际，制定并逐步健全完善落实"双减"政策的相关制度及规定，引导学校教育以生为本，以学定教，尊重学生个体差异，让教育回归本真，回归教育规律。

二、教学发力，着力提升教学质量

提升课堂教学质量是落实"双减"的重头戏。

一是要加强教学研究，结合新课程改革目标任务，对核心素养导向下的课堂教学与评价等，进行专家引领、专题研究、课例研究等，引领教师真正转变教育教学观念，走进新课改。

二是改进教学方式，聚集新课程改革倡导的主题式学习、项目式学习，以及大单元教学、跨学科教学等，进行教学实践、研究及经验推广，推进新课程改革走深走实。

三是尊重学生个体差异，做到有教无类。用新时代教育评价、新课程改革新理念，指导教育教学及评价，引导学校教育遵循育人规律，平等对待每一名学生。

三、务实创新，提高课后服务质量

丰富和拓展课后服务项目，是落实"双减"的助推器。

一是丰富课后服务供给。通过纵向延伸和横向拓展等方式，不断丰富课后服务供给，让学生能够根据兴趣爱好选择课后服务项目，同时能够根据学习情况，选择、调换新的课后服务项目。

二是增加校内课业辅导，根据学生校内课业完成情况，及时给与有针对性地校内课业辅导，让学生无课业压力，轻松愉快参加课后延时服务。

三是开展教师在线辅导。此服务面向全体学生，根据个别学生课业需求，采取在线预约的方式，组织安排在线辅导，不让任何学生掉队，促进全面发展。

四、家校合作，形成校内外合力

良好的家校合作关系，是落实"双减"的基础。"双减"政策落地，课后延时服务能顺利推进，家长的理解与支持是关键因素。因此，要多方位、多层面强化家校合作，尤其在落实"双减"政策中加强沟通，集智纳谏，宣传家校育人合力。

一是加强政策宣传。通过家长会、家委会平台及家长微信群等多渠道宣传"双减"政策对学生成长、家长及学生减负的益处，让师生、家长充分认同。

二是加强项目推介。及时就学校正在开展或将要开展的课后延时服务项目进行重点推介，让参与的学生和家长充分认识到所参与的"课后服务"项目或社团活动的教育目标及成长价值、发展前景、潜力等，赢得家长支持。

三是注重成果展示。及时就课后延时服务亮点成果，通过成果展评、展演及成长汇报等多种方式进行宣传，营造课后延时服务促成长的良好氛围，形成家庭、学校、社会共同助力促进课后延时服务的教育合力。

五、科学设计作业，为学生课业减负

科学合理地设计和布置作业，是落实"双减"的着力点。

一是各学科组围绕"作业设计"开展校本研修，通过深入解读教材提升备课质量，优化学科作业的针对性以及题型的灵活度。

二是明确班主任在班级作业管理中"总协调者"的身份，全面统筹和协调各学科作业的配比，让作业量更为科学合理。

三是精心设计评价反馈，围绕作业批改、讲评、反馈等环节，制定规范的工作流程和评价体系，引导教师科学评价，规范反馈；加强家校沟通、注重评价反馈的质量和数量。做到控制总量，以质量为先。

创新课堂教学方式　启智润心提素养

新课标要求培养有理想、有本领、有担当的时代新人。那么，怎样落实新课标理念，培育学生核心素养，是每位有良知、有责任、有担当的老师必须面对与解决的问题。

在新课标素养目标导向、问题导向、创新导向的引领下，提升学生学科核心素养，就要积极转变观念，启智润心，转变学生的学习方式，做到"三个读懂"（读懂课标，读懂教材，读懂学生）、"三个坚持"（坚持每周一篇写反思，坚持每学期读一本教育专著，坚持每周一次教研活动）、立足"五个课堂"（示范课自悟，照镜子课自查，达标课自明，展示课自信，磨出精品课自赏），具体做法如下。

一、落实"三个读懂"

读懂课标：课程标准是教师教育教学的行动指南。因此，落实课标就要处理好核心素养与知识、技能的关系，核心素养导向的教学目标是对知识、技能教学目标的继承和发展。

知识、技能是发展学生核心素养的有效载体，核心素养对知识、技能教学目标提出了更高要求。教师需要认真研读新课标，吃透新课标精神，掌握新课标内涵，把握教材本质，在实践中增强用"活"教材能力。

读懂教材："同单元异构"教材分析是较为有效的方法。一是根据任教的学科不同，保证每个年级至少有两位教师参加同单元异构教材分析；二是教师前期需要线上研讨交流教务处选定的单元分析内容；三是线下单元教材分析研讨活动展示。让老师真正体验自己没想到的、没理解的、困惑的问题，通过利用网络资源、信息技术手段、动手操作，打开了紧固的思维，拨开迷茫的云雾，看懂理解教材的"真经"，从而增强转变学生学习方式的自信心。

读懂学生需要教师做到"六个带进"：把思路带进课堂，把预习带进课堂，把微笑带进课堂，把鼓励带进课堂，把竞争带进课堂，把民主带进课堂。同时，还需要做到把问的权利交给学生、把讲的机会让给学生、把做的过程放给学生。切实以问题为导向，培育学生的核心素养。

二、做到"三个坚持"

青年教师坚持每周写一篇教学反思。发在名师工作室群，修改之后上传宁教云个人空间，做到与他人互学、互评、互赏。教学主管者看教学反思，做到"三知"：知教师对教材理解，知教师对学科核心素养培育点，知学科自然生长融合点。便于精准施策，促进"三个读懂"。

坚持每学期读一本教育教学专著。《给教师的一百条建议》、《做一个幸福的教师》、《有效教学的实践与反思》、《叶圣陶教育名篇》、《细节决定成败》《赏识你的孩子》、《问的好才能教的好》等著作，可以给教师多角度、多层面的启示，帮助教师打开思维定式，开拓教学视野，找到解决问题聚焦点、支撑点、突破点。

坚持每周参与一次教研。主题教研与随机教研相结合，课堂上存在的问题及时解决，难点问题列为主题研讨，实践磨课，在改变学习方式中解决问题，从而促进教师专业成长，转变学生学习方式，提升课堂教学质量。

三、立足"五个课堂"

1. 示范课——自悟

课标要求坚持问题导向，在听课中发现问题，解决问题最好的方式就是上示范课，达到"你正好需要，我恰好出现"的效果。

2. 照镜子课——自查

部分青年教师不能直面问题，不能主动分析问题。那就让他们先看到自己的问题。按课表在录播室上常态课，并录制课堂全过程。

在点评指导前给执教老师留有自我反思的时间和空间：第一步做课教师先自观自课，发现问题，找准原因；第二步同学科组同年级组与做课教师进行二次观课、议课、指导；第三步在研讨基础上再次实践，继续录制改进后的课堂，让做课教师看到成功的足迹，享受改进后的精彩。

3. 达标课（常态课）——自明

紧跟课堂，做到评与帮结合、引与导结合、督与查结合，达到课堂达标的目的。

4. 展示课——自信

通过研课与磨课，展课与评课，激励与挑战等多策略推进，引导和促进教师不断挑战自我，改变教学方式，落实新课标，坚持核心素养目标导向，构建高质量素养课堂。

5. 精品课——自立

从名师骨干党员教师示范课、新教师照镜子课、青年教师达标课、展示课发现，学生学习方式的转变有利于学科核心素养培育。备课团队需要找准突破点，进行若干次磨课，推出富有特色、有特点的精品课。

打磨一节课，需要从以下几点考虑：从目标考虑，看是否瞄准了核心素养培育；从学生方式考虑，看是否面向全体学生发展、全面发展、可持续发展；从能力考虑，看是否在技能和综合能力上都得到提高；从环节考虑，看每一个步骤是否符合课标理念，是否符合学生生理、心理；从结构考虑，看课堂设计是否优化，是否重视知识和能力的系统化；从"双主原则"考虑，看教师的主导作用和学生的主体作用是否得到发挥；从课堂效益考虑，看是否用时最少，效益最高，且卓有成效……

为了让课堂更加精益求精，这些都是在磨课中需要思考、斟酌、质疑、反思的问题。

通过转变教学观念，改变学习方式，利通区第七小学素养课堂实现了"五个改变"：变"快思考"为"慢思考"，变"闹思考"为"静思考"，变"浅思考"为"深思考"，变"怕思考"为"乐思考"，变"独思考"为"共思考"。

强化"五个转变" 启智增效提质量

研读课标，掌握提炼各学科核心素养：语文"思维能力"，数学"思维能力"，英语"思维品质"，艺术"创意实践"，道德与法治"法治观念"，劳动课"劳动能力"，体育"运动能力"，信息技术"计算思维"等。

要构建素养课堂，提升学生学科核心素养，就要积极转变学生学习方式，做到"五个转变"。

一、变"快思考"为"慢思考"

"快思考"快的背后意味着学生的学习及思考往往没有经过深思熟虑，没有经过消化、整合、生成的，只是停留在"快言快语"，而不是"入心入脑"。

慢中有真味。从知识形成的过程来看，是一个动态发展的过程。要经历发现问题、提出问题、分析问题、提出假设、进行验证、解决问题的过程。

从学生的思维方式及学习能力来看，也是各有差异，对"慢热型"的学生来说，需要经过耐心地等待与培养，急不可待的做法可能会干扰他的内心与思考。

二、变"闹思考"为"静思考"

"闹思考"是用表面的欢乐、热闹掩盖内在的浅薄与缺乏的底蕴，实则在稀释智慧的含量与思考的浓度。

苏联著名教育家苏霍姆林斯基讲："教室里一片寂静，学生都在聚精会神地紧张思考。教师要珍视这样的时刻。课堂上应当经常出现这样的寂静。"

　　这种学习方式能真正促成学生的自觉活动，激发其心智，形成其对认识的渴望等，最终使他们从掌握真理的过程中获得愉悦。

三、变"浅思考"为"深思考"

　　"浅思考"表现在对问题缺乏敏感性。对许多信息、知识的理解都停留在表面，无法深入核心。学习层次上主要是以记忆为主，最后沦为机械重复的死记硬背。

　　"深思考"，也就是深入持久地思考，盯住某一点，从多个角度进行思考，形成深度思考。

　　在课堂学习中，要以"主问题"的方式呈现出来，让学生通过"思"、"探"、"剖"、"钻"、"韧"的学习方式进行探究，从而获得更深入的理解。

四、变"独思考"为"共思考"

　　独立思考是我们所倡导的，但独立思考并不是自说自话、自以为是，如果没有充分地与他人交流对话，那么自己的思想就会狭隘、片面，独立思考就是要破除思考的迷障，通过不断地与人对话、与人共思，养成清明、清醒、清朗的思想状态。

五、变"怕思考"为"乐思考"

　　"怕思考"主要体现在吃不了思考的苦，受不了思考错遭受的"辱"，怕思考没有结果等。

　　"乐思考"主要体现在以下几个方面：一是被好奇心及问题意识所点燃的一种叩开知识大门带来的兴奋感、急切感、新奇感。二是思考过程中的身心俱忘，全身心地沉浸在思考中，与时间融为一体，与思考的对象融为一体。三是思考过程中的"峰回路转，寻幽探胜"，给人带来丰富的、真切的、深刻的心灵体验，令人流连忘返。

在强化体美劳教育中润心启智促成长

当前，新课改核心素养目标导向，注重培根铸魂、启智润心，培养全面发展的人。这对基础教育学校体美劳教育提出了更高要求，我们应该如何强化学校体美劳教育？

一、推进教体融合

强化学校大课间体育活动，统筹社会资源，不断丰富学校体育社团活动、大课间活动项目及内容，积极推进教体融合，开足开齐体育和艺术课程，认真落实每日校内体育活动不少于1小时的要求。

同时，加强学生体质健康监测、艺术素质测评和心理健康教育，有效防控学生近视，通过健全的教体融合制度体系建设和措施，推动教体融合，促进学生全面发展、健康快乐成长。

二、强化体育艺术展评活动

常态化开展学校体育竞赛和艺术展演展示活动，通过以赛促练、展演激趣、展示评价等多种方式，促进教师体育、艺术课堂质量提升，促进学校体育、艺术活动质量提质增效。

当前，学校开展的趣味运动会、大课间活动、体育社团活动、体育文化艺术节及跳绳、武术等传统体育文化传承活动等，对培养学生体育及艺术兴趣，提升学生身心健康有促进作用。

三、强化劳动教育

制定劳动教育清单，建立校内外劳动教育实践场所，常态化开展家务劳动和校园劳动，定期开展生产劳动和服务性劳动。

中小学劳动教育的内容主要包括日常生活劳动、生产劳动和服务性劳动三大类。其中，日常生活劳动主要包括清洁与卫生、整理与收纳、烹饪与营养、家用器具使用与维护等，注重培养学生的生活能力和良好的卫生习惯，树立自理、自立、自强的意识，养成终身劳动的好习惯。

劳动教育对学生树立劳动最伟大、劳动最光荣等正确的劳动价值观，体悟劳动中人与人、人与自然、人与社会的关系，强化社会责任感等，具有不可替代的重要作用。

躬耕教坛　启智润心育新人

　　坚守三尺讲台，潜心教书育人。从心有大我、至诚报国的黄大年，到心系群众、扎实苦干的李保国，从西安交通大学的西迁教授，到全国各地发挥余热的"银龄教师"……教师群体中涌现了一批优秀教师和教育家。

　　因此，躬耕教坛，强国有我，就要潜心育人，积极做有理想信念、有道德情操、有扎实学识、有仁爱之心的"四有"好教师。在教育教学中积极做到润物无声、以文化人，培根铸魂、启智润心，在学生心中播下启蒙开智的种子，让每个学生都有人生出彩的机会。

　　躬耕教坛，润心启智，树立正确的价值观，培养学生成长与发展所需要的素养，如创新能力、批判思维、合作能力、信息素养等。

　　务实创新，科研兴校，在教育、科技、人才融通一体建设上，结合新课程改革、新时代教育评价理念，注重项目式学习、大单元教学、社会实践及研学体验等，推动教育高质量发展。

　　为党育人、为国育才，在质量变革、效率变革和动力变革上，聚焦立德树人根本任务，实施全过程、全方位、全员育人，推动课程思政育人体系建设，树立全面发展质量观，促进学生健康成长。

　　"五育"并举，提升素养，在深化评价改革，推动中国教育的公平、优质和可持续发展上，坚持"五育"并举，促进"五育"融合发展，树立核心素养导向，注重过程性评价、综合性评价、发展性评价等，促进学生德智体美劳全面发展。

　　注重发展，提升质量，在规范发展、创新发展、内涵发展、提升服务质量上，抓规范、抓创新，重养成、重服务，全面提升学生的核心素养，积极营造家校合作共育及风清气正的良好育人氛围，全面提升育人质量。

培养阅读兴趣　启智增慧促成长

学校创建书香校园,引导学生智慧阅读,开展"好书分享"、"亲子阅读"、"师生共读"等多种形式的阅读分享、阅读展示或讨论,最终目的是让学生爱上阅读,引领学生爱读书、读好书、善读书,让读书成为习惯,让学生在阅读中培根铸魂、启智润心、滋养人生,健康快乐成长。

教师应该如何引导学生爱上阅读?

一、给阅读以广度

阅读的广度,可以是时间广、范围广、方式广,还包括阅读的途径多、渠道及平台多,不管是在书籍中、生活中、信息广告中,还是在微信中、电视中等,处处留心皆学问,只要爱阅读、爱学习,人生处处有书,处处可阅读。

广泛的知识、经典、信息的积累,将汇成学习及生活中的一道道灵光,引领学生开启并展现不一样的人生姿态。

二、寄读书以思考

书籍不只是消遣品,还是求知的工具。要获得真正的知识,需经过思考消化,才能变为自身营养,促进成长。

因此,引导学生爱读书,会读书,需要培养学生的思考能力,让学生养成边读书边思考的习惯,同时养成写读书心得、分享读书体会的好习惯。

在平时的阅读分享中,学生分享的观点未必严谨,但其中闪现的思考光芒，足以让老师和家长欣喜。

在阅读中有了思考，有了自己的思想，在阅读中启智，在阅读中增慧，学生的智慧人生因此开启，足以让老师和家长欣慰。

三、融读书与运用

唯学以致用，方能知行合一。教师在阅读教学中，要善于把书中所学知识与当下的社会生活、教育热点，或学生们亟待解决的问题等糅合在一起，引导学生在阅读中思考、在阅读中联想、在阅读中想象，走进书的世界，读懂人生与世界，丰富精神与灵魂。

当学生能将阅读中的所得运用到每天的生活与实践中，化入自身的言行里时，用所学知识、智慧和道理化解自身心中的困惑时，在阅读中学会思考、懂得阅读与生活的关系时，明白人生的真善美与假恶丑等人生真谛时，阅读就已经走进学生的生活，成为了学生喜欢的形影不离的"好朋友"，学生们会把他们读的书写进习作里，用在语言中，展现在生活中。

德国作家、诗人赫尔曼·黑塞说："世界上任何书籍都不能带给你好运，但是它能让你悄悄成为自己。"

当学生爱上阅读并成为了自己，我们会乐见其成，倍感欣慰。

劳动启智　为学生成长赋能增智

当前，校内外劳动教育综合实践活动受到师生和家长的欢迎，学生在劳动实践体验中学知识、练技能、提素养，同时，在实践所学知识与技能的过程中，培养学生的学习兴趣，树立劳动创造幸福、劳动最光荣、劳动最伟大等正确的劳动观念，为学校高质量发展赋能助力。

一、劳动教育基地，成为学生成长乐园

学校劳动种植园、生态种植园、劳动教育实践基地、红领巾农场等校内劳动教育基地，让学生的劳动教育、科学实验、习作观察、项目式学习等有了自然课堂、生态课堂，学生的学习场景和学习方式发生了巨大的变化，从立体走向了多维，从室内走向室外。学校通过每个班认领劳动实践责任田，组织学生在责任田内开展种植、观赏、观察、记录等劳动体验教育，开展种植节、收获节、劳动观察日记展评等，为各学科项目式学习提供丰富的教育及活动素材。

二、绿色课堂，为课堂教学赋能

积极落实"让孩子回归自然，让课堂走向生活"等绿色课堂教育理念，结合劳动基地活动，开设学校种子博物馆、探究学习区、育苗区、植物生长区等劳动教育主题课堂，依托互联网技术开展环境智能监测、智能物联等智慧教育课堂，引领学校劳动教育与互联网技术平台、智慧课堂等融合

创新，结合教学一体机、3D 虚拟课程资源等设备应用，激发学生的劳动兴趣及创新、创造能力，促进学生德智体美劳全面发展。

三、劳动主题教育，激发学生劳动兴趣

学校开展劳动文化节、校园美食节等劳动主题教育，展示孩子们的劳动知识、劳动创造和劳动成果，培育孩子们的劳动情感和兴趣。例如，开展校园美食节，让孩子们展示或分享参与"烹饪与营养"任务群学习的成果，同学们通过技术赋能，采用线上直播、线下互动的形式，认识了解食材，学习简单的烹饪制作、营养搭配知识，同时，孩子们还将自己和伙伴们制作美食的过程和成果拍照或制作成短视频上传至自己的云空间进行分享，让"互联网 +"为劳动教育赋能。此外，学校开展"家务劳动我参与"技能展评活动，充分调动家长的积极性，让家长成为劳动教育的指导者、参与者和评判者，形成了家庭、学校劳动教育合力。

四、智慧校园数字化评价，为劳动启智赋能

学校依托"智慧校园"数字化评价系统落实劳动素养评价，让"互联网 +"赋予教育评价更多职能。

一是开设劳动素养评价区。利用希沃云班级空间，搭建劳动素养评价应用模块，记录家务劳动、校务劳动、社会实践过程、实践结果，并形成评价指标，依据统计数据每月进行"劳动小达人"、"劳动之星"评选，发挥评价的育人导向和反馈改进功能，促进学生积极参与劳动实践。

二是开设新技术体验与应用数字空间。积极探索实践智能物联、3D 打印、快乐编程、创想智造等新技术体验与应用课程。从田间地头到创想智造，技术赋能，以劳启智，数字化教学引领孩子们全面发展，健康成长。

三是开设项目式学习课程。例如，"传统工艺与制作"项目式学习，引

领学校开展麻编绒绣、花馍制作、泥浆画、布艺创作、仿铜画、剪纸、绢花等劳动项目课程，使学生感受传统工艺的劳动智慧和劳动精神，真切体验到劳动创造美，同时，让劳动教育与美术、科学等学科项目式学习有机结合、深度融合，促进了学生核心素养的提升。

在落实"双减"政策中启智扩优促发展

"双减"政策要求义务教育阶段的学校开展课后服务，学校保证课后服务的时间和质量，促进学生多样化、个性化发展。

课后服务在"双减"政策落实中具有特殊的价值。一方面，学校课后服务承载的最低任务是为学生完成当天的课后作业留有时间，目的在于减轻学生的作业负担。另一方面，除了为学生完成课后作业提供时间、空间外，还要求家校社协同合作，为学生提供多样化、个性化的课后服务。

在减轻学生课后作业负担之余，有利于降低家长寻求课外学科培训的欲望并缓解学生压力，有助于强化学校主体地位，使教育教学任务更多地回归学校。自"双减"政策实施以来，学校落实"双减"政策、开展课后服务的有效策略主要体现在以下几方面。

一、校内资源充分挖掘

充分挖掘校内师资及设施设备资源。一是音乐、体育、美术及计算机编程、电脑绘画、电脑设计等师资及课程资源进一步满足学生成长需求；二是大课间活动进一步得到重视，比如双节棍武术操、全员跳绳及艺术操、舞蹈等项目，让大课间活动变得更加丰富、充实，更有利于学生持续发展和健康成长。

二、校外资源适度引进

学校根据学生成长发展需要，适度引进校外优秀师资资源，如民间传统武术、体育拓展项目、剪纸、围棋、遥控飞行器训练等，学校提供场地及场馆，有效解决学校在社团活动开设中存在的师资力量不足等问题。

三、社会资源积极利用

积极利用社会教育资源，开展各类研学活动。比如，充分利用吴忠市科技馆、吴忠市利通区铸牢中华民族共同体意识文化馆、利通区初心馆、金花园民族团结进步广场及吴忠市特殊教育学校、校外劳动实践教育基地等，开展丰富多样的校园研学及实践体验活动，不断丰富和拓展活动类课程，促进学生全面发展、健康成长。

四、课堂教学提质增效

认真落实新课程改革各项目标任务，做到方向正确，质量提升，成效明显。比如，落实核心素养目标导向下的项目式学习、项目式读书、项目式实践活动，引领学生围绕项目，开展读书、调研、实践及体验活动，不断增强学生应用知识和解决问题的能力，培养学生学习兴趣和关键品质，让学生获得促进其终身成长进步的核心素养。

五、文化引领内涵发展

文化的力量无比强大。文化的种子一旦种下，会产生持续不断的内驱动力。学校在抓好社会主义核心价值观主题宣传的基础上，积极打造美育文化、红色文化、"启智"文化、书香文化、绿色生态文化等特色文化，培根铸魂、启智润心，引领学生爱党爱国爱家乡，勤奋学习、积极乐观、健康向上，成长为合格建设者和接班人。

项目式语言表达　激趣启智促成长

　　学校开展各学科语言表达项目式学习，通过在不同学科中强化语言表达训练，让学生学会表达，以说促学提思维，有效培育学生的表达、思维等核心素养。

一、数学小讲师：学用讲结合，提升综合素质

　　利通区第七小学开展"数学小讲师"展演，让学生亲身实践"学与讲"，不仅展现了对知识的掌握程度，更将知识内化为能力，充分展示孩子们的数学核心素养。

　　优秀的小讲师们，自己选择讲解内容，琢磨讲解过程，尽管学生的讲解水平各有不同，但只要他们能张开嘴，勇敢地进行尝试，就是一个很大的进步。

　　小老师们详细、耐心、全面讲解，让知识更加容易被学生理解，不一样的解题角度让老师听了都啧啧称赞。通过此次展演，不但促进了学生思维的发展，培养了学生学习数学的浓厚兴趣，更提高了学生用数学知识分析问题、解决问题的能力。

二、英语演讲表达：育亲情、提素养、促成长

　　利通区第七小学四年级的孩子们用英语介绍家人，描述家人的活动，不但让他们直观感受到家的意义，增进了与家人的感情，同时还提升了他们的

英语学习能力，培养了他们的英语核心素养，达到学以致用的目的。

一张张灿烂的笑脸，一幅幅生动的画面，一句句流利的语言，无不体现了孩子们乐于观察、勤于思考、敢于表达的品格。

活动不仅有父母家人的参与，还有孩子的自我展示，或是直接介绍，或是有问有答，不同的展现形式，让英语与孩子们的生活联系起来，通过家人的一言一行，体现充满爱的家庭氛围。

在介绍、描述的过程中，孩子们发现家人优点、感悟亲情，表达对家人的关爱，内化所学语言，提升语言表达能力，使得学生能在真实的情境中运用英语，提升学生的综合素养。

每一个视频作品都是孩子们对知识的思索以及情感的表达。他们在作品中彰显智慧，在作品中发展思维，在作品中诠释对英语的热爱。

英语口语表达等项目化学习，展现了孩子们活力与智慧的一面，不仅促进了孩子们学习英语的兴趣，也增强了他们的创新能力。

培养创新人才　以启智润心促发展

在当今时代，创新人才无疑是人才资源中最为珍贵的存在，更是国家核心竞争力的关键要素。面对新时代的召唤，基础教育应当将目光聚焦于创新人才的培养。

一、创新人才培养的"四要素"

依据中国基础教育相关研究资料，创新人才的培养需着重关注以下"四要素"。

其一，志向。志向是通过破解国家重大难题、攻克科技关键难关，从而实现个人价值的远大抱负，这是优秀人才成长过程中必备的"大我"境界，亦是创新人才成长的目标动力源泉。

其二，兴趣。兴趣主要体现为在清晰的自我认知基础上，形成不知疲倦且乐在其中的内驱力，这是创新人才成长的内生动力。

其三，拔尖。拔尖指的是在既定目标与路径之下获取机会与资源，于竞争中展现出他人所不具备的优势才干，这是创新人才成长与发展所必备的竞争力优势。

其四，创新。主要表现在开拓、创造及突破能力较强，能够提出问题，反思目标与方式，重塑路径与规则，进而缔造出创造性成果，这是创新人才成长的超脱之力。

二、创新人才培养策略

在基础教育对创新人才的培养过程中，要着重以下几方面能力的塑造。

一是要有梦想。创新往往起始于"别人眼中的不可能"，梦想是一种天性、一种本能，是追求美好的原动力，是创新人才的第一双翅膀。故而，基础教育要紧密结合理想信念教育以及习作、故事、创意绘画、舞蹈、科技制作、电脑编程设计等活动，引领学生怀揣梦想并努力实现梦想。

二是善于联想。要努力拓宽眼界，多看、多思、多求证，善于在联想中、在构筑各种"链接"里构筑梦想，将纷飞在梦中的火花用"链接"的线串联，突破局部的时间与空间限制，突破已有的状态和惯性。在教育教学中，应注重对学生联想能力的训练，提升其想象力。

三是意志坚定。联想固然是浪漫且令人欢欣的，但将联想、想象通过实践—认知—实践，不断质疑、求证并转化为现实的过程却布满千难万险。在此期间，若没有坚定的意志和乐观的精神，是很难达成目标的。因此，在基础教育中，要结合核心素养目标，着力培养学生坚定的意志、乐观的精神等必备品质，培养其强大的心理能量。

四是教育创新。必须注重教育创新，通过课堂创新、教学创新、写作创新、班级管理创新等教育教学及管理创新活动，紧密结合新课程改革目标任务，聚焦立德树人，注重激发学生梦想，张扬学生个性，提升学生核心素养，最大限度地发挥每个学生的独特个性与潜能，让每个学生都能全面发展、茁壮成长并绽放光彩。

唯有通过上述全方位的努力，我们才能在基础教育中切实培养出优秀的创新人才，为国家的发展和进步注入源源不断的智慧与活力。

教育数字化转型背景下　智慧作业创新应用策略

在"双减"政策背景下，以"立德树人"为核心，基于高质量作业体系建设、信息化智能终端应用和全过程数据采集等信息化智能手段，提供区校一体化高质量平台，可深入推进课堂教学、作业管理、学业评价、师生数字素养提升的整体性改革，构建教育良好生态，助力区域高水平实现"教育数字化转型"工作目标，推动学校教学质量整体提升。

一、构建作业水平分析平台

搭建能够满足学校日常教学数据采集的数据中心，并基于此进行日常作业和测试数据采集，实现对学生学习数据常态化、伴随性采集。通过数据分析，构建老师和学生的教学和学习行为链，为教师发展和学生成长提供数据支撑，实现对学生的学科素养、学校教学质量等方面的精准刻画，并基于画像为对应的学生、班级等精准推荐补救措施和方案，从而提升教师的教学质量和学生的学习效率。同时还可通过对学校作业数量、用时、正确率、知识点掌握情况、学科能力等指标的监控，及时干预、调控、指导学校将作业减负政策执行到位，促进教学质量的整体提升。

二、建设高质量习题库

根据课标、考标和核心素养要求，与本地教研专家、学校学科骨干教师等合作共创，基于高质量资源库智能标引技术能力，将学校同步教辅、导学案资源、校本试题、试卷等电子化加工处理录入校本题库，建设高效、智能、精准的本地化高质量资源，形成适合本校教育特色和课程特点的特色数字内容资源库。

三、建设高质量作业系统

建设作业设计系统，帮助教师基于全国题库、校本题库等进行高质量作业设计，包括日常作业、单元复习、随堂训练、阶段检测等类型作业。题目挑选后，作业系统会对挑选的题目与当前的单元目标、课时目标、作业设计目标的匹配度进行分析评价，包括育人属性（五育要求）、目标一致匹配性（教学目标与作业目标）、作业可理解性（设计科学）、类型多样性（题型覆盖度、作业类型）、难度适宜性（作业的挑战性）、作答时间合适性（作业时长）、体现选择性（分层、弹性、个性化作业）、结构合理性等八个维度，帮助教师进行高质量的作业设计。

四、提供 AI 个性化推荐服务

以新课程标准为纲、以学科教材为本，基于学生学情数据分析，刻画学生学科能力画像，精准定位学生薄弱点，结合最近发展区理论，为学生规划最佳学习路径，推荐适配的个性化学习资源，包括高频错题、分层推荐、典例精讲、阶段复习等。

五、配置智能终端采集设备

为班级配备高速扫描仪，分层作业或个性化作业通过扫描仪扫描答题卡进行数据采集，支持先批后扫、智能批改两种模式。作业智能批改系统平台支持对客观题、部分主观题自动批改，系统实时生成学情分析、试卷讲评及知识点分析等数据报告。

六、开展驻场运营服务

提供专人驻场服务，整体协调推进交付、培训、解决日常使用问题，推进常态化应用，实时获取师生反馈与需求，记录应用过程音视频资料，配合组织学校应用推广工作。

构建素养课堂　启智润心促发展

核心素养，乃是学生为适应其终身学习以及社会发展所应具备的关键品格与重要能力。核心素养以"全面发展"为核心，分为文化基础、自主发展、社会参与这三个层面，综合呈现为人文底蕴、科学精神、学会学习、健康生活、责任担当以及实践创新这六大素养。

在核心素养导向之下的课堂教学，可如此施行。其一，以学定教，因材施教。在新课改核心素养导向中，课堂教学应大力倡导先学后教、以学定教。教师备课需围绕新课标核心素养目标：备好"教"，即教什么、怎么教、为何这样教；更要备好"学"，即学什么、怎么学、为何这样学。做到心中既有学案，又有教案，将学案与教案紧密结合，以学定教，目标明确，因材施教。教师在课堂教学中的点拨与引导，应更为注重学生能力的培养、思维的发展以及素养的提升。

其二，学用结合，激发兴趣。在新课改核心素养导向下，教师要持续提升思考与反思能力，需要带着问题步入课堂："教什么，有价值吗？怎么教，有趣味吗？为何这样教，有什么意义？"教师应从学生立场出发，为学生的学习之"径"提供服务、引领与支持。在课堂中，教师应以"目标精、过程活、效果实"为追求，创设情境——打通教材与生活的联系，充分调动学生的学习兴趣，令学生想学、爱学、乐学。

其三，适度指导，有的放矢。针对学生的学习，智慧巧妙地安排：以学生学习为中心，支持并协助他们由浅入深、由表及里地展开实践、思考、交流与合作，在时间、活动、人员等方面精心安排。针对学生学习过程中遇到的问题或困惑，给予适度提示。依据学生学习需求，提供背景知识、创设问题情境，在学生遭遇困难时给予恰当点拨，切实做到有的放矢。

其四，课后反思，教学相长。教师走出课堂后，要进行反思："面对学生的需求，我倾听了吗？面对学生的努力，我发现了吗？面对学生的成长，我关注了吗？"教师需要尊重学生的人格，关注个体差异，满足不同学生的学习需要，让每个学生都能获得充分的发展。与此同时，教师也能在教学反思中不断完善教学设计，使教学更具专业性与精进性。

在铸牢中华民族共同体意识中铸魂启智

在青少年中铸牢中华民族共同体意识，学校教育是主渠道。着力铸牢中华民族共同体意识，是学校教育的使命担当，是落实立德树人目标任务的根本要求。

一、注重阵地建设，铸牢中华民族共同体意识

围绕铸牢中华民族共同体意识，建设主题文化墙、中华优秀传统文化宣传走廊等，积极开展"中华民族一家亲，民族团结一家人"主题教育，积极进行中华优秀传统文化宣传、党史宣传、红色文化宣传等，引导教育广大青少年学生深刻认识到铸牢中华民族共同体意识是国家统一之基、民族团结之本、精神力量之魂，从小培养家国情怀。

二、注重课堂教学，铸牢中华民族共同体意识

以《道德与法治》《习近平新时代中国特色社会主义思想学生读本》为主要教学内容，结合其他学科，扎实开展铸牢中华民族共同体意识"进校园、进课堂、进师生头脑"工作实践与探究，夯实学校教育中铸牢中华民族共同体意识的基础。教育引导青少年增强对伟大祖国、中华民族、中华文化、中国共产党、中国特色社会主义的高度认同。

三、注重主题教育，铸牢中华民族共同体意识

通过丰富多样的"中华民族一家亲，民族团结一家人"、"石榴籽爱家乡"、"红石榴心向党"等教育活动，促进生生联动、师师联动、师生联动、家校社联动，让不同民族的学生、教师及家庭、社会组织，在编班、分组、社团活动中进行联谊结对，帮扶共建，自觉践行社会主义核心价值观，实现个人、社会、民族、国家价值观的内在统一。教育引导青少年牢固树立在中华民族大家庭中像石榴籽一样紧紧抱在一起，休戚与共、荣辱与共、生死与共、命运与共的共同体理念，增进守望相助、手足情深的感情基础和思想基础。

四、注重社会实践，铸牢中华民族共同体意识

充分利用学校德育阵地及利通区初心馆、王兰花社区爱心小组、吴忠市文化馆等校内外德育资源，创建"德育常规讲堂、良好家风讲堂、校长育人讲堂、法治教育讲堂、党课及队会讲堂"，讲好新时代民族团结进步故事，宣传铸牢中华民族共同体意识主题文化。教育引导学生在校外红色研学实践活动中，增进家国情怀，培育民族情感，铸牢中华民族共同体意识。

"五育"融合　启智润心促发展

新时代的学校，应该在推进德智体美劳教育发展方面，不断实践思考，形成有效策略，助推学校发展。通过党建引领、制度创新、教育教学实践等，在坚持德智体美劳"五育"并举、"五育"融合，促进学生全面发展、健康成长方面，积极探索和实践，不断务实创新，促进学生全面发展、健康成长。

一、在党建引领和制度建设中推进德智体美劳"五育"融合

学校在制定章程、三年发展规划中，注重与全面落实党的教育方针相结合，与学校发展基础和未来发展目标方向有机结合，突出"五育"融合，促进学生全面发展。

比如，利通区第七小学办学目标确定为"培根铸魂、启智润心"，聚焦立德树人，突出"五育"启智。在学校特色文化创建上，以党建引领"启智"文化为导向，融合学校"七彩"德育文化、"七彩"课程文化、"七彩"阅读文化，促进"五育"融合。

学校创建"五育"开放书架，按照德智体美劳"五育"顺序，分别展示学校推进"五育"教育发展亮点、成果及创新做法，促进学生全面发展。

同时，学校定期开展创建"启智"文化，发展育人论坛，不断丰富"五育"融合，创办学校《启智》校刊，促进学生全面发展。

二、在学校文化创建中促进德智体美劳"五育"融合

学校党组织引领创建"启智"文化，明确提出"五育"启智，规划"七彩"

课程，引领教师通过"德之彩、智之彩、健之彩、美之彩、技之彩、艺之彩、雅之彩"的"七彩"课程，培根铸魂、启智润心，"五育"并举，促进学生的全面发展。

学校把"五育"启智作为落实党的教育方针的主要抓手，将"五育"启智与课堂教学进行有机结合，与课后延时服务、社团活动、校本课程有机结合，融合思政品德教育、生命健康教育、美育美德教育、创新思维教育、综合劳动实践、社区志愿服务等教育实践活动，促进"五育"启智与各类实践类课程、主题教育活动及德育、劳动体验教育融合推进，积极践行社会主义核心价值观，传承红色爱国基因，铸牢中华民族共同体意识，为党育人、为国育才，培育社会主义合格建设者和接班人。

三、在课堂教学实践中积极推进德智体美劳"五育"融合发展

学校结合新课程改革核心素养导向、跨学科教学、大单元大主题教学等新理念，教研引路，课堂落实，让教师乐教，让学生乐学。

各学科通过积极落实核心素养三要素，即正确价值观、必备品格和关键能力，树立大教学观，实施大单元教学、大主题引领，跨学科融合，以学生为本，以学科核心素养目标达成为导向，以德润心，以学促智，以练健体，以美培元，以劳育能，做到"五育"并举，启智润心，为学生全面发展、健康成长打好基础。

四、在家校合作中积极推进德智体美劳"五育"融合发展，实现家校共育

在开展家校合作的教育实践中，学校确定了家校合作主要项目：在坚持"五育"并举等新课改理念宣传学习上合作，在遵循教育规律、育人规律上合作，在关心孩子身心健康上合作，在学校运动会、开学及毕业典礼等重要

活动上合作。尤其是"五育"融合发展，让家校合作有了目标和方向，合作内涵不断丰富，形成了育人合力，促进了学生全面发展。

此外，通过举办家校合作沙龙，班主任、教师和家长委员会成员充分利用微信群、电话、家访等家校沟通渠道，在落实新课程改革理念、推进"五育"融合发展等方面，充分了解家长的困惑、关心的热点问题，形成家校合作共育的"主题菜单"，及时破解难题，化解矛盾，形成了家校合作，共同推进"五育"融合发展的教育合力。

在科学教育中启智增慧提素养

一、靶向定位，因材施教

通过多年科学学科的教学实践，本人深切认识到，提高学生科学素养，须在教学中关注以下三个方面。

一是强化科学课的常规教学。严格落实国家对科学课程的要求，足额开满课时，上好每一节课，凸显知识与概念的形成过程，坚决杜绝突击教学、集中教学等现象。教学方式应灵活多元，坚决摒弃死记硬背、机械重复等教学模式。

二是持续依照课程标准要求。加强对课程标准的学习与研究，将课程标准的要求贯彻到每一节课，了解基本的科学方法，洞悉科学本质，树立科学思想，崇尚科学精神。

三是着重培养科学探究能力。科学探究能力是科学素养中最为核心的能力。在教学中要注重科学探究的全过程，要做实验，开展真正的探究，而非纸上谈兵，需在探究过程中提升探究能力，并在实践中逐步提升学生的科学探究能力与科学素养。

二、重视实验，提升素养

在通过上好科学实验课以提升学生科学素养的过程中，要注重以下五个方面。

一是注重对学生科学探究能力的培养。在小学科学课程教学中，务必创造多种机会让学生进行科学探究，让他们参与科学活动的过程，使他们学会发现问题，获取事实证据，检验自身想法，逐步形成科学态度与情感。教师应对活动进行精确细致的筹备，尽量让学生全程经历科学探究，尤其是科学实验的操作，让学生于快乐中感受科学的魅力。

二是注重对学生科学实验能力的培养。实验教学是培养学生学习兴趣、动手操作能力、观察能力、探究能力、思维能力和创新能力的重要且有效的途径。要充分利用实验器材，即便没有现成仪器，也要开动脑筋，挖掘生活中的实验资源，或动手自制教具，或鼓励学生自带实验材料，尽最大努力做好每一个实验。

此外，要注意的是：真正的实验课并非手工课，应是具有思维含量的探究课，实验教学不能仅停留在动手操作层面，必须让学生把动手与动脑结合起来，引导他们主动发现问题、思考问题，鼓励大家大胆猜想，放手设计解决问题的方案。引导学生思考事实证据与科学结论间的关系，协助他们形成尊重事实、善于质疑的科学态度。引导学生总结建立科学模型的方法，逐步提高其科学探究的综合能力与创新能力。

三是注重对学生科学思维的培养。科学不只是知识，也不只是结论，比结论更为重要的是知识的形成过程。知识的形成过程是让学生感受科学魅力、开发学生科学思维、培养科学方法的关键。

在科学教学中，知识的形成过程常被教师简化，学生与结论"面对面"的情况相当普遍，学生不知结论的来源，也不知结论的实际价值，这极大地影响了学生的可持续发展。务必杜绝死记硬背与应试性教学现象，避免平时对科学教学重视不足，让学生死记硬背条条框框，对科学思维、科学方法、科学过程等置之不理的现象。

四是注重对学生表达能力的培养。在科学学科考试评价中，部分学生无法清晰、完整地表达想法，教材中的科学术语不能规范使用，诸多答案都是大白话，甚至直接空着。

在教学中，教师要注重对学生使用科学术语习惯的培养。平时，教师也要注重规范使用科学术语，对学生探究的问题绝不包办代替，课堂上让学生多讨论、多思辨，多为学生创造语言表达的机会与环境。

五是注重对学生书写规范性习惯的培养。在科学学科考试监测中，我发现科学试卷中普遍存在一个问题：学生书写潦草、错别字多、涂改严重，这直接反映出学生的学习态度与习惯，也是评价中极为重要的一方面。所以，科学教师在教学中要加强对学生书写的要求，让学生认识到规范书写的重要性。

总之，教师应学做木匠，木匠手下无朽木，"万物无非我造，异质殊形皆妙"。任何一种木质，任何一块木材，被木匠的慧眼发现后，经过一番锯、刨、锤、打，一件漂亮的家什或农具便呈现眼前。木匠激活了木料全新的生命，赋予木料更高的价值，给人带来美的享受。

在优化课堂教学管理中启智增效提质量

一、科学管理，抓实教学，需要把好"六关"

一是严把备课关。学校实行备课分层管理办法：三年以内教龄的新教师手写教案；三年以上教龄的教师使用电子备课。2023年上半学期语文科目集体备课47次，数学科目集体备课37次，英语科目集体备课17次，集体备课展示9次。音体美等科目集体备课22次，集体备课展示5次。无论哪种形式，每位教师备课须做到"五好"：备好课标、备好教材、备好教学手段、备好教法、备好学法。

二是严把上课关。落实课堂教学监控、包年级领导听课、巡课制度。2022—2023学年教学副校长听课100余节，教务主任听课80余节、教务副主任听课60余节，均已达到听课节数要求。推门常态课、组内研讨课、学科主题研讨课，要求教师上课做到"五必须"：必须备教案上课，必须提前候课，必须使用数字化手段，必须精神饱满、秩序井然，必须按时下课。

三是严把作业关。特别注重对任课教师作业的设置及批阅的检查跟踪管理。要求任课教师做到家庭作业布置少而精，作业批改反馈要及时。

四是严把测评关。严抓学科单元测查和质量分析工作，任课教师须做到教学任务堂堂清、周周清、月月清，通过单元检测及时查漏补缺，在2023年上半年的吴忠市质量抽测中，利通区第七小学五年级五科综合成绩在城镇学校中名列前茅。

五是严把辅导关。学科教师在尊重学生个体差异基础上，积极采取"抓两头促中间"的方式,针对班级"学困生"耐心辅导。

六是严把督查关。教务处每天对教师的候课进行抽查,每学期期初、期中、期末对教师的常规工作等进行3次全面检查;同时,要求教研组长加强组内教师教案的周查,通过这种普查与抽查相结合的方式,引导每一位教师扎扎实实做好日常教学工作。

二、关注薄弱环节,补齐短板,狠抓"四个薄弱"

一是关注薄弱学科,加强道德与法治、科学学科的管理师资配备,每科至少遴选一位学科带头人,力求在学科教学中形成良好的团队教研氛围,提升薄弱学科的教学质量。

二是关注薄弱教师,通过"青蓝结对"加强对青年教师的指导帮助。平时更是搭建平台,让青年教师参加各类培训学习、上校级展示课、研讨课,参加各级各类的相关教学竞赛活动,共有37人次获奖,例如李向欣、杨佳、王海丽、殷佳红、马小丽、李乐等青年教师在学科团队的助力下,均获得自治区精品课二等奖。

三是关注薄弱班级,加大监管力度,实行"蹲点"听课的方式,力促薄弱班级学科教学迎头赶上。

四是关注薄弱学生,通过学科教师辅导、学生帮扶、家庭走访、多元化评价等多种方式,促进后进学生端正学习态度,养成良好学习习惯,提高学习成绩。

注重管理创新　促进学生减压、启智、出彩

落实教育"双减"，教学管理要做到务实创新，以生为本，以学定教，在促进学生成长、成功、出彩中，培养学习兴趣，减负增智，促进学生健康成长。

一、落实"双减"重服务

"双减"，给学业做减法，给成长做加法。利通区第七小学继续开展课后服务工作，在学生完成家庭作业的过程中，教师进行辅导答疑。

每周二至周四开展跳绳、双节棍武术操、篮球、乒乓球等体育类，缠花、版画、剪纸等美术类，民族器乐演奏、声乐、舞蹈、星光大道才艺展演等丰富多彩的社团活动，受到学生们的欢迎。

利通区第七小学又在一二年级新增了写字、魔方课程，二至六年级周五下午开设大阅读课程。通过一系列的活动，既丰富了同学们的课余生活，又提高了能力素养，让教育"双减"落地落实。

二、项目式学习展风采

2023年上半年共完成11个微项目，2023年下半年语文组开展了学生读书分享活动，通过31个视频号、120余篇美篇等展示了利通区第七小学学生的风采。

数学组开展"七小小讲师"活动，英语组开展了"七小小小演讲者"

活动，共有1000余人次参加了项目式学习成果展示活动。

项目式学习以学生的视角学知识、用知识、解决具体问题，培养了学生思维能力和创新、探究、合作精神，给我们带来了不一样的教学体验和感受，也给我们2024年项目式学习提供了新思路。

三、智慧阅读提素养

2023年全国教育工作会议上提出："要把开展读书活动作为一件大事来抓，引导学生爱读书、读好书、善读书。"

利通区第七小学紧紧围绕书香校园创建这一目标，探索智慧阅读构建模式，最终形成"1453"的框架体系。在智慧阅读实践过程中，学校共表彰书香少年119名、书香教师6名，表彰书香班级6个、书香家庭54个。

学校整本书阅读实践取得积极成果，有三个整本书阅读课例在宁教云平台展播并收到了同行及社会的广泛认可。

在利通区第七小学首届诗词大会中，全校二至六年级学生全员参与，进行23场班级突围赛，5场年级晋级赛和总决赛，涌现出一批诗词少年，营造了读古诗、诵古诗的书香氛围。古诗词诵读活动全方位展示了学生的人文素质，把让每个学生都出彩的办学理念落到了实处。

四、素养检测促成长

学校一二年级的期末检测自"双减"以来，都是无纸化考核。学校采取答题闯关形式＋语文和数学相结合的形式，不但有文化素养，还有动手操作等评价。

我们想通过这种学科教学评价活动，多层面、多角度、多方位评价学生，让评价更科学、更全面、更符合学生成长规律，有利于提高学生的综合素养能力。

学校素养检测活动务实创新，贴近学生学习知识和生活实际，注重知识、能力和品质等综合评价。每次素养检测活动，我们力求达到"人人参与，人人快乐，人人有收获"的效果，学生在素养检测活动中得到了成长和进步，体会到成长的快乐。

"三项服务"启智增慧　提升效能促进发展

提升学校管理效能，要抓重点，补短板，聚集问题，破解难题，与时俱进，促进学校高质量发展。

一、注重校园环境建设，营造良好育人氛围

1. 注重校园绿化

2023年春季，在校园东侧绿化院内栽植了苹果树、山楂树、桃树、梨树，增植了玉兰树，提升绿化水平。学校绿化层次分明，色彩丰富，点缀多彩校园。在总务处的精心修剪养护下，绿植长势喜人，生机勃勃。

2. 重视数字化建设

加大信息化数字化设施设备投入，填补学校多项互联网＋智慧校园项目空白，有效提高学校数字化、信息化、智能化建设水平。

2023年，学校落实薄弱信息化能力提升项目资金100万元，采购了14套智慧黑板、85台智慧阅读终端、30台套希沃互动课堂设备，投入34万元改造建设阅读长廊。

3. 申请数字化教育项目

依托基础教育质量提升项目，投入17万元，建设图书馆智能化管理系统，新购入图书3700余册价值6万元。同时，积极申请智慧阅读、智慧作业等数字化教育创新项目，提升学校教育服务质量。

校园数字化建设，为学校高质量发展赋能助力。

二、关心师生身心健康，积极为师生办实事

结合学校实际，着力解决一批师生急、难、盼的热点、难点问题，让师生的期盼有回应、有落实、有成效，从而增加获得感、幸福感，促进身心健康。

比如，为了减少老师每天早上排队打开水的时间，学校开源节流，科学调配制水设备和大功率开水柜工作效率，最大限度节约老师的宝贵时间。及时为综合学科教师办公室增设冬季辅助取暖设备，提高室内温度。每一位老师都能感受到来自学校温暖的关怀，提升了大家的幸福感、获得感，让老师们能够安心岗位，将热情、耐心、时间投入学生。

为更好地保障劳动教育实践课程有效落实开展，在校舍极其紧张的情况下，投入近10万元改造部分闲置生活用房建设了迷你厨房；在原有劳动实践基地的基础上拓展空间，投入近2万元重新制作了透视护栏。

学生是学校服务的重点对象，这些小主人的成长是我们工作的头等大事。水是生命之源，学生饮水安全事关重大，为了实现优质资源共享，学校淘汰了故障频发且存在安全隐患的老旧学生饮水设备，改善饮水环境，改造供水管线，将教工开水房纯净直饮水源直达学生饮水间，配备安全卫生的即开即热型直饮机，让孩子喝上安全、甘甜、温暖的水，滋润学生心田，促进学生健康成长。

不断巩固自治区级近视防控试点学校成果，投入30.2万元建设教室学生护眼照明改造项目。项目完成后，依托物联网环境，为学生提供更加健康优质的照明条件。截至目前，设备、软件运行稳定良好，实现了智能控制、节能、环保健康的综合效益。

三、注重管理创新，提升学校服务质量

1.改善办公条件

努力改善教师办公条件，在支部引领下继续努力争取项目经费用来更换

办公用计算机，使之和互联网＋教育环境相匹配，提高教师教学和教研硬件配置。

2. 更新教学设备

逐步更新教室智慧授课系统，增加互动课堂覆盖，积极推进互动评价系统和成熟的智慧系统进课堂。

3. 保护学生视力

发挥好近视防控照明改造的作用，实现校园全覆盖，推动智慧体质健康检测系统的建设，巩固近视防控工作的实效成果。

4. 增设智慧项目

持续开发智慧阅读项目，发掘新资源，优化设计配置，完善功能分配，合理控制投资规模；注重学校综合实践课场所和图书电子阅览室等功能室建设。

5. 重视校园安全

加大校舍、校园安全隐患查排力度，狠抓节约用电、用水工作。把各项工作做实、做细、做到位。紧绷校园安全和平安校园这根弦不放松，严格执行校园封闭管理措施，扎实做好校园安全工作。

6. 提升服务质量

进一步增强总务后勤人员服务保障意识，努力提高服务水平，及时解决问题，为教育教学做好后勤保障。

在"五育"融合中铸魂启智促成长

育才造士，为国之本，立德树人，为校之本。德育工作是学校教育的灵魂。

学校德育工作围绕立德树人根本任务，以《小学生日常行为规范》教育为抓手，加强对学生的思想道德、行为规范和礼仪常规教育，坚持"五育"并举，积极"培根铸魂、启智润心"，培养德智体美劳全面发展的社会主义合格建设者和接班人。

一、创建机制，形成合力，树立学校德育工作主线

依据《中小学德育工作指南》，按照"一校一案"，完善《2020—2023年利通区第七小学德育工作规划》，构建方向正确、内容完善、学段衔接、载体丰富、常态化开展的德育工作体系，使学校的德育工作有了强有力的制度保证。成立了以"书记、校长—主管副校长—政教处—班主任—红领巾监督岗—少先队干部""六位一体"德育的管理机制。

二、协同育人，千锤百炼，聚焦班级管理，助力队伍提升

学生健康快乐苗壮成长，离不开各位班主任的辛勤浇灌。他们专业、敬业、乐业，是学校德育工作的主力军。

政教处在建章立制、管理制度、评价制度方面下功夫，做好基础和保障。

通过班主任工作会议，传播先进的管理理念，交流班主任带班育人方略、

读书感悟，共同强化学习与实践，寻根探源，反思工作中的得与失，使班主任常规管理水平不断提高。

不断深化"355"，即三级管理、五组联动、五大策略，健全完善家校育人工作机制，推进家校良性互动，提升家校共育质量，促进学生身心健康成长，德智体美劳全面发展。

三、培根铸魂、启智润心，营造多元化德育环境

学校聚力"双减"，坚持"五育"并举，聚焦活动创新方式，凸显德育育人模式，用德育铺就师生生命成长底色。

1. "传统节日"彰显文化自信

围绕传统节日，政教处按照时间先后顺序开展"我们的节日——元宵、清明、端午、中秋、国庆、重阳、春节、二十四节气"系列主题活动，贯穿全年。

2. "特殊节点"厚植爱国情怀

以铸牢中华民族共同体意识为主线，国防教育节目"王二小"走进宁夏电视台，组织开展"传承雷锋精神、弘扬时代新风"、向国旗敬礼、"践行党的二十大，永远跟党走"、奋进新征程、党的二十大精神微宣讲、清明诗会、老兵讲堂、荣耀课堂、队前教育、六一儿童节、"吾辈自强，勿忘国耻"、烈士纪念日等活动，提高学生思想品德，扣好人生第一粒扣子，落实"立德树人"根本任务。

3. "养成教育"夯实行为习惯

开展"一日常规比赛"、"眼保健操大赛"、"班级文化建设"等评比活动，从学生的实际生活入手，切实加强学生的礼仪教育、规范教育，培养学生从一点一滴做起，一言一行抓起，突出德育教育的实效性。

4."仪式育人"奠定幸福启航

充分发挥仪式教育的育人功能。如开展一年级新生入学建队仪式、开学第一课、七彩星光大道、开学典礼、毕业典礼、音乐组新年音乐会等活动。通过不断创新仪式活动内容，让仪式教育活动与时俱进，推动学校德育的科学性建设。

5."劳动教育"培育劳动技能

积极构建"3243"启智劳动教育体系。弘扬劳动最光荣，劳动最伟大，劳动创造人类文明，劳动创造幸福美好生活等，培养同学们从小热爱劳动、学习劳动技能、热爱劳动人民的思想感情。

学校制定《利通区第七小学1—6年级劳动实践清单》，从"多元的培养来自校园——校内劳动实践教育"、"真实的德育来自生活——家庭劳动实践教育"、"真切的感悟来自实践——社会劳动实践教育"等方面开展劳动实践教育，夯实劳动教育效果，让每个学生都出彩。

6."文明实践"绘就多彩画卷

政教处以文明创建为契机，组织带领少先队员开展一系列新时代文明实践活动，真正做到让新时代文明实践"动"起来。如：带领学生走进科技馆、博物馆、兰花芬芳志愿者服务中心、铸牢中华民族共同体意识教育基地、开展保护母亲河等一系列活动。

7."强健体魄"铸就健康人生

"文明其精神，野蛮其体魄。"根据学生的年龄特点，学校顶层设计、体育组具体实施制定丰富多彩的大课间活动，双节棍、跳绳已成为学校一道亮丽的风景线。眼保健操的落实，一年两次的视力监测，为学生点亮"睛"彩人生，共谱光明未来。

8."少先队活动"持续守正创新

最美少先队，点亮校园声。少先队员们的新朋友——"红石榴"广播站扬帆起航，"星"光闪耀，"章"显风采，开展红领巾奖章争章活动，并为获得各类奖章的队员们颁章。

少工委定期开展少先队干部工作会议，指导队员们公平公正、创造性地开展工作，让他们在实践中锻炼自己，做辅导员的得力助手。

9. "卫生健康"共筑多彩人生

学校安全、预防疾病、学生心理健康等工作扎实有效进行，特邀请利通区心理健康站张廷辰老师给部分有需要的学生开展心理团辅活动。

坚持"走出去与请进来"两条主线两手抓，采用线上＋线下的方式，邀请校外辅导员、法治副校长等12人次进校园分别对消防安全、预防校园欺凌、交通安全、网络安全、禁毒知识、预防传染病进行详细讲解，为平安校园保驾护航。

育人为先，德育为首。学校将围绕"培根铸魂、启智润心"的办学目标，坚持"五育"并举，"五育"融合，"五育"启智，不断创新载体，丰富德育内涵，促进学生全面发展，推动学校高质量发展。

在美育实践中启智铸魂促发展

学校坚持以美育人，充分利用各种资源，积极探索课堂教学美育融合、课外实践美育融合、学生德育社团活动美育融合、校园文化美育融合及校内外教育活动美育融合实践，全方位创新学校美育载体，丰富学校美育实践活动内涵，培养美育情感，全面提升师生美育素养。

一、打造特色美育活动，促进内涵发展

扎实开展"一校一品"活动。近年来，在开展"一校一品"活动背景下，学校通过多次考察、调研，在局体卫艺等部门的肯定和支持下，选择版画作为学校的特色活动，积极研发校本教材，对班主任重点培训，在全校师生中普及推广。

学校在周三下午第五、六节课固定安排两节版画课，列入课程表，专课专用，将版画教学纳入教学常规检查，一学期上二十课时。

学校版画社团现在"个个会刻板，生生有作品"，版画文化在师生当中已深入人心，成为学校一张亮丽的名片。学校的版画艺术成为特色，得到上级有关部门的充分肯定。

二、开展多彩美育活动，提升学生美育素养

为确保美育活动的有效开展，学校组织有艺术专长的老师负责组建并辅导各类艺术队组，放大特色效应，供学生选择的不仅有传统的书法组、合唱

组、舞蹈组、葫芦丝组、美术组、科技组，还有电子琴等表演队组。

每周三下午的学科活动，全校合计开展十几个美育活动项目，学生在形式多样、寓教于乐的艺术活动中自由徜徉，流连忘返。

除经常性地举办丰富多样的艺术活动外，学校每年都参加利通区教育局组织开展的艺术工作坊活动，该活动集中展示了校园文化，同时还是同学们向老师的汇报表演，更是培养学生发现美、鉴赏美、创造美的能力，实现全面发展的重要手段。

学校为更多的学生创造了走出去的机会。学生多次参加上级组织的剪纸、缠花、版画、舞蹈比赛，并屡获佳绩。

学校组织开展的各类美育作品展评活动激发了学生的美育兴趣，尤其是在2023年5月利通区教育局举办的"校园文化艺术节"期间，学校对外为期一周的"一校一品"——版画作品展，得到了师生群众及民间艺人的一致好评。

三、注重美育过程管理，涵养学校美育文化

1. 加强师资队伍建设，提升教师能力

学校十分重视艺术师资队伍的建设。积极做好对艺术教师的培训，将每周一的下午作为艺术教师教研活动时间，有效地提高了教师的政治素质、理论素养及业务知识。

2. 加强活动阵地建设，夯实美育基础

学校充分考虑学生对校园文化设施的需求，投入大量资金进行校园绿化、美化建设，添置了现代化的艺术活动设施和设备器材，图书室购置了大量艺术类图书，并充分利用这些场地开展活动，使场馆的利用率达到最大化，确保艺术教学活动的顺利开展。

3. 构建和谐校园环境，涵养美育文化

学校分主题布置文化宣传栏，彰显浓厚的校园文化气息，创设优美的校园环境。比如在校门口显著位置设立社会主义核心价值观宣传栏，设立班级文化特色展示园地，教学楼内的立德长廊设立师生特色版画作品展区等。经过两年多的努力，学校已逐步构筑起了一道道具有独特风格的校园美丽风景线，学生置身其中，随时随地接受美的熏陶。

美育是一项长期的工作，我们将不懈努力通过不同方式方法提高学生的审美意识和思想，促进学生快乐成长，把学校的美育工作做得更深、更实。

在阅读创新中启智润心提素养

把阅读载体创新作为提升学生阅读素养、核心素养，促进"五育"融合、全面发展的关键。不断创新阅读载体，积极开展阅读教学创新实践，有利于提升学生阅读素养和核心素养，推进阅读教学创新实践走深走实。

一、整本书体验式阅读，激发学生阅读兴趣

1. 理念引领

语文课程标准指出：培养学生广泛的阅读兴趣，扩大阅读面，增加阅读量，提倡少做题，多读书，好读书，读好书，读整本的书。

2. 读书体验

教师在阅读过程中，适度渗透阅读策略指导，引导学生成为熟练的阅读者，帮助学生提高阅读效率；适当融入电影、建筑、戏剧等艺术形式，起到事半功倍的效果；适时融入美育，强化体验，鼓励学生在完成阅读后，用多种方式将阅读"物化"为成果，包括"画一画思维导图、编一编故事剧本、演一演故事角色"等，将美育融入阅读，使阅读变得更加丰富、活泼。

3. 阅读反思

在整本书阅读实践中，通过推荐认领整本书阅读任务，教师对整本书阅读策略指导，引领学生主动、积极参与阅读，分享阅读的过程性体验，通过询问、探索、发现和交流，提升学生的阅读能力，培养学生的阅读兴趣。

有效开展整本书阅读，引导师生与名著牵手同行，可以培育求真、爱美、

向善的高尚心灵，让整本书阅读照亮智慧人生之路。

二、读书载体创新，丰富学生读书体验

1. 开展混合式"三步走"阅读实践

将"线上线下混合式学习"模式运用到"智慧阅读"课程教学中，通过"读前翻转指导、读中互助协作、读后梳理整合"三个阶段，打造混合式阅读"三步走"模式，创设互动、互补、互融的学习场。

"混合式阅读三步走"模式，将线上网络互动与线下实体课堂结合起来，在阅读教学实践中，互为补充、支撑、照应，打破阅读的时空限制，让数字化教育资源最大限度为高效阅读服务，为学生成长赋能。

2. 开展古诗词大赛

学校以"经典记忆，诗心养德"为主题，在全校范围内开展古诗词大赛。在诗词内容上，建立古诗词绿色书架，重点推荐《小学生必背古诗词》和《唐诗三百首》，同时以学校图书室、利通区及吴忠市图书馆"一卡通借阅"图书为保障，丰富学生古诗词阅读资源。

在比赛形式上，主要以古诗吟诵、上下对句、诗情画意、抽丝剥茧、寻章摘句、飞花令等六个环节为主，由易到难，注重创新，激发学生参加比赛的兴趣。

在比赛层级上，主要通过班级个人表演赛、年级晋级赛、全校选拔赛三个层级进行比赛，评选出各层级古诗词诵读能手，进行表彰奖励。

3. 开设图书跳蚤市场

定期开展"图书跳蚤市场"活动，通过"以书易书"、"以书会友"等形式，让学生通过交换书籍，获得友谊，在扩展阅读的同时，也为孩子的健康成长、处理群体关系做了重要的铺垫。

三、构建联动式"三合一"阅读生态圈，助力学生养成良好的读书习惯

"五育"融合背景下的学生阅读，更需要积极调动家庭、学校、社会等力量，建立家庭、学校、公共图书馆"三合一"的联动式阅读生态圈。

1. 激发兴趣

在联动式阅读实践中，学校通过亲子共读培养阅读习惯；通过组建阅读共同体，开展阅读分享会、阅读交流会，借助团队的力量激发个人的阅读内驱力，提升学生的阅读交流和思考能力。通过开展多元阅读活动，将阅读过程转化为听、绘、演、说、写等多元形式，激发阅读兴趣。

2. 平台助力

设立平台积分，注重以评促读。利用阅读平台，记录阅读时长、阅读内容，借阅记录，为师生的阅读提供"脚手架"和"导航仪"，帮助师生借助阅读平台拾级而上。依据阅读平台积分情况，学校定期表彰榜单前十名师生，帮助师生树阅读自信，养阅读习惯。

3. 读书联谊

2023年11月29日，"利通区图书馆第七小学分馆"授牌仪式在学校隆重举行，正式构建起了"家、校、馆"联动式阅读生态圈，进一步丰富了学校图书资源，拓展了阅读渠道，让优质、经典的书籍走进师生，走进家庭，助力学生的健康成长。

4. 评价赋能

依托智慧阅读系统平台，推荐整本书精品课程、发布阅读任务、查看阅读测评报告等。学生可以在智慧阅读平台实现分级阅读，选择喜欢的书目，进行多元化表达训练，参与班级圈与师生阅读交流互动等，激发阅读兴趣，提升阅读素养。

书香阅读　铸魂启智促成长

——以书求知、以书求进、以书求真

时光漫卷书页过，只觉芳气满闲轩。为构建书香校园，推进全民阅读，涵养师德师风，提升专业素养，利通区第七小学开展了以"龙年书声朗　春日耕读忙"为主题，为期两天的读书分享交流活动。

在活动前期让学校全员利用寒假共读好书、撰写阅读心得体会的基础上，全校共计41位教师做了精彩的交流发言。在交流中，老师们或叙说案例，或阐述观点，或畅谈体会；既有专业素养的接力与传承，又有对文学作品的欣赏与重构；既是心灵的交流与碰撞，更是智慧的凝练与升华。

一、谱好"师德"主旋律

阅读点亮智慧，榜样直抵心灵。《做温暖的教育者》《儿童的一百种语言》《爱的教育》《爱心与教育》《做一名学生喜欢的老师》等书籍，一直被老师们奉为座上宾，因为书中有老师们学习的榜样。

"爱学生，不仅仅是只对自己所教的这一年或几年负责，而是对学生的成长以至一生的负责；爱学生，不单单是欣赏优秀的学生，而是怀着一种责任把欣赏与期待投向每一个学生；爱学生，不应是对学生的错误严加追究，而是博大的胸襟和对学生的宽容。"马佳丽老师深情地说道。

故事中蕴含着老师慈爱、和谐的教育方式；故事中洒满老师和学生的温暖、感动、爱意、执着、顽强与刚毅……

做一个有爱的教育者，让每一位孩子的童年都充满爱。教育，润物无声，是一种智慧、一种境界、一种追求。老师们站在台上，以书为介，讲述着书中的经典案例，也讲述着自己的教育情怀。

二、绘好"专业"主色调

最是书香能致远，腹有诗书气自华。通过读书修炼"内功"，提升自我，展现了最美好的成长，是老师最硬核的积淀。

《于永正：我怎样教语文》、《做最好的老师》、《小学整本书教学实施策略》、《学会提问》等书籍，也是本次分享的主要内容。"受小学生知识水平的局限，教师可以从'教师追问'、'学生疑问'、'文本设问'三个方面挖掘阅读中的问题，通过不断的挑战及自我否定训练学生思维的缜密性。"英语学科金老师如是说。

语文学科徐老师则认为："要勤阅读，勤写随笔，只有浑身书香、满腹翰墨的我们，才能够将孩子们带入那个充满知识、充满乐趣、充满诗书芬芳的语文世界。"

阅读是历史的回望、心灵的净化，也是梦想的启示、希望的播撒；是思想的觉醒、精神的刷新，更是文明的接力、文脉的传承。因为阅读，我们不断成为更好的自己；因为阅读，人类不断创造更美的世界。

蓄力方可行远道，书香才能溢芳华。行动就有收获，坚持才能蜕变；以书香励心志，以师心致远方。相信书香浸染，能让我们更好地教育和感染学生，能让我们未来的教育之路如沐春风，凝聚智慧，成为幸福的书香教师，让阅读成为利通区第七小学最美的家风！

在落实常规教研中铸魂启智促发展

寒冬来袭时,不平凡的一学期又过去了,2023年秋季学期三年级语文组以新课程理念为指导,组内团结协作,真抓实干,以全面提高学生的核心素养为目标,形式多样地开展语文教学工作,做到"学期初有计划,活动有记录,期末有总结",组内全体教师扎扎实实、卓有成效地开展着工作。

一、注重学习,提升专业素养

1. 加强对课标理论的学习

2023年秋季学期,老师们继续深化对语文课程标准的解读,明确课标要求,在教中学,在教中用,同时继续加强教育教学理论的学习。

2. 阅读提升素养

教师制订读书计划。学期前,组内教师进行读书分享,进一步激起广大教师的读书兴趣,培养教师的审美情操,引导教师寻求健康向上的人生,着力建设学习型教研组,提高教师专业素养和综合素质,以此带动组内文化建设。

二、落实常规,常抓常新

1. 规范管理

落实常规教学监督与指导。检查侧重在指导上下功夫,要质量、要规范、要效益。教研组开展教师教案和学生作业展览与评比活动,让教师相互观摩、相互学习、相互监督，以便共同进步。

2. 规范课堂

高效的课堂始终是教学的主旋律。为了实现高效的课堂教学，每位教师需要提早备课，不上无预备的课。

3. 精心备课

在备课的进程中，紧扣大单元、核心素养目标，提前进行教材分析，研究教材、教参和查阅相关资料，了解教材的教学目标、任务和要求，了解教材的结构体系及其与前后单元的关系，明确教材的重难点，并借助有关参考书弄清有疑问的地方和有关题目的来龙去脉，真正吃透教材。

4. 注重反思

及时做好教学反思，组内教师每天都会探讨上课的情况，探讨教法、学法，努力使语文课上得充满情趣，充满活力，变生硬的教学环节为活泼自然的语文活动，张扬学生的个性。

三、积极教研，提升素养

1. 认真积极参与校内听评课活动

开学初，我们就制订了实施计划。每一次活动都有具体的分工，每一次活动都有认真的文字记录，每一次活动大家都出谋划策、各抒己见。集体备课活动的开展，不仅使教学工作开展得更扎实、更有效，而且多了切磋教学、解决困惑的时间。

2. 群策群力研究公开课新思路

组内发挥集体的聪明才智，毫无保留、大胆发言，共同出谋划策。每次评课大家都能积极主动地参与讨论、交流。在这里，有兢兢业业的张志华老师、吴建春老师，有德才兼备的王伶俐老师，有开拓创新的安艳华老师。在这样一个大家庭中，教师们团结一致，互帮互助，你追我赶，呈现出浓厚的教研氛围，教师业务水平也得以不断提升。

3. 营造浓厚的教研氛围

在诗词大会活动中，组内教师献计献策，讲出对活动开展的看法和思考。全体老师也积极参与此次活动，大家在交流探讨中学习、策划、成长，热情高涨。整个活动轻松活跃，孩子们一双双小手举起，一次次踊跃上台，师生互动贯穿始终。

4. 探究新课改教学策略

三年级教学教研工作，在抓好备、教、批、辅、评、研等环节的基础上，坚持新课改核心素养目标导向，积极探究新课改教学创新策略。在整本书阅读、项目式学习、实践体验式学习等教学创新实践中，年级组教师聚集问题，积极探究实践、研究教学策略，引导孩子们走进项目式学习，走进整本书阅读，分享读书学习成果，让孩子们尽情地享受素养课堂、成长故事带来的欢愉。

四、工作务实，注重创新

1. 加强学习

教师是教育的关键，我们要从自身找原因，在教学生前，老师要先摸索透。努力加强学习，提高工作的责任心和工作的艺术性，开展教研组之间更进一步交流沟通，共同提高专业技术水平。

2. 严抓常规

严格抓好平日的教学常规工作，从上课、批改作业、能力训练入手，严格要求学生，常抓不懈，努力不让一个学生掉队。牢记古语"教不严，师之惰"，以此相互勉励。

3. 育人育心

从学生的角度来讲，我们将以树立学习的自信心，树立竞争的学习风气为主，注重学习兴趣和学习方法的培养，扩大阅读量和作文量，同时结合项目式学习、攀登阅读，进行专门训练，提高学生的核心素养。

4.注重创新

课余时间，组内教师对汉字书写也有着浓厚的兴趣，经常一起研究硬、软笔的写法技巧。这样宝贵的精神盛宴，既丰富了孩子们的国学生活，同时也滋润了每个语文老师的心田。

日居月诸，光阴荏苒。教研路上，我们积蓄锋芒，累积智慧的力量。在新的一年里，我们要乘势而上，接续奋斗。我们坚信，不忘初心，向阳而行，定能在不断地学习中成就自己。

在铸牢中华民族共同体意识"五项"活动中
铸魂启智

学校以铸牢中华民族共同体意识为主线，以"中华民族一家亲，民族团结一家人"为主题，在全校师生中坚持开展"五项"活动，让铸牢中华民族共同体意识入脑入心、入情入行，在学生心中生根发芽，茁壮成长。

一、开展"小石榴籽"特色争章活动

以"做石榴籽 铸中华魂"为主题，开展写一篇主题征文、举办一场知识竞赛、创作一幅绘画作品、完成一幅书法作品、设计一份手抄小报、绘画、书法、卡片制作等活动，增强铸牢中华民族共同体意识。

二、开展红色研学实践体验活动

组织师生参观吴忠市利通区铸牢中华民族共同体意识教育实践基地、吴忠市博物馆、吴忠市科学技术馆、吴忠市涝河桥革命烈士纪念馆、利通区初心馆等爱国主义教育基地，开展红色研学实践体验活动，丰富党史知识，传承爱党、爱国、爱中华民族基因，铸牢中华民族共同体意识。

三、开展学生社团活动

把铸牢中华民族共同体意识融入古琴、麻编、绒绣、书法、版画、剪纸、绘画、陶泥、歌曲、舞蹈等学生社团活动中，让"中华民族一家亲，民族团结一家人"的种子，通过说、唱、画、写、舞等艺术形式，在视觉中展现，在心灵中融入，在行为中践行。

四、开展爱国主题教育活动

依托国庆节、清明节、五四青年节、抗日战争胜利纪念日等国家重大纪念日、节日，以及春节、元宵节、中秋节等中华民族传统节日，组织开展"缅怀先烈志，共铸中华魂"、"红领巾心向党"、"红石榴爱家乡"等活动以及书法比赛、古诗词大赛等，帮助学生传承中华优秀传统文化，厚植民族情感，铸牢爱国意识。

五、开展"感知体验二十四节气"实践体验活动

学校以"体验二十四节气，传承中华优秀传统文化"为主题，引领学生学习、感知、体验二十四节气知识，了解二十四节气民俗传统，讲述二十四节气民俗故事，绘制节气图画，诵读节气诗歌，深切感受二十四节气的博大精深和蕴含的深厚文化底蕴，帮助学生增强民族文化自信，铸牢中华民族共同体意识。

创新"大思政"育人载体　提升立德树人实效

一、挖掘红色资源

以党建为引领，结合红色资源，创新红色教育，开展以"弘扬红色文化，传承红色基因"为主题的实践教育活动。

二、讲授思政大课

结合学雷锋纪念日、清明节、劳动节、建党节、烈士纪念日、国家公祭日等节点，开展"学习新思想、做好接班人"等主题教育。

三、举办先进人物进校园活动

通过互联网视频资源，结合本地先进典型人物事迹资源，开展丰富多样的先进人物进校园主题教育活动，把伟大建党精神、科学家精神、载人航天精神和英雄模范先进事迹等引入课堂。

四、组织志愿服务活动

开展"籽籽同心向党"红色研学、红石榴爱家乡、家校共育综合劳动实践服务等团队志愿服务活动，引导中小学生传承红色文化、弘扬革命精神。

五、打造馆校融通的实景课堂

结合吴忠市文化馆、利通区初心馆、利通区铸牢中华民族共同体意识教育实践基地、利通区农耕文化博物馆等教育场馆，把文物史料当"教材"，以"体验式教学＋现场教学＋专题教学"的方式，打造沉浸式研学课程，组织学生参观历史文物、回顾历史场景，在实景教学中知史爱党、知史爱国。

六、国防教育融入思政课程

开展"增强国防观念，激发爱国热情"主题活动，通过升国旗仪式、军训、参观国防教育馆、国防教育主题班队会、纪念九一八升旗活动、讲国防教育故事等，引领学生学习党史、军史、国防知识，通过国防教育和军事体验活动，树立学生居安思危的忧患意识和报效祖国的决心。

七、讲述"思政小故事"

学校思政课教师主动将思政教育转化为学生身边的一个个小故事，通过实物观看、鲜活讲解、互动体验等感性教育，培养青少年优良的思想道德品质。

铸师魂 提素养 深耕教坛促成长

教育是一个不断发展的领域，要想成为新时代好老师，就要不断提升师德素养和专业学识水平，深耕教坛，守初心、担使命，在促进学生德智体美劳全面发展中不断提升并发展自己。

一、勇于创新

教育需要不断创新，以适应时代的发展。教师要坚持新课改核心素养目标导向，敢于尝试新的教学方法和手段，如项目式学习、翻转课堂等，以提高学生的学习兴趣和效果，提升核心素养。要不断学习新的知识、理念和方法，关注教育改革和教育领域的最新动态，参加培训和研讨会，提高专业素养。

二、关爱学生

关爱每一个学生，关注学生的成长，帮助学生发现潜能，经常与学生、家长沟通交流，了解学生的兴趣爱好、特长和困难，制订个性化的教学计划，帮助学生发现潜能。关注学生发展，关心学生的个体差异，关注学生的心理健康，为学生提供个性化教育指导，做学生健康成长的引路人。

三、专业成长

作为新时代教师，要不断提升专业素养，努力成为一名合格的教育工作者。平时多阅读经典作品及教育著作，拓展知识面，不断学习新知识、新技能，提高综合素质，为学生提供更优质的教育服务。多与经验丰富的教师交流沟通，多讨论、多学习，拓宽视野，并常常对教学进行反思和总结，找出教学中存在的问题和不足，及时调整教学策略，不断提高教学质量。

四、积极进取

在工作中，积极向身边的优秀教师学习，努力践行"四有"好老师标准，始终保持积极进取，勇于面对困难和挑战，努力学习新知识，提升专业能力，积极与他人合作，共同提素养促水平。

"三寸粉笔，三尺讲台系国运；一颗丹心，一生秉烛铸师魂。"教师是立教之本、兴教之源。作为教师，应该满腔热情，守教育初心、担筑梦使命，言为士则、行为世范，在教书育人工作中不断创造新业绩。

"三个融入" 铸魂启智促成长

将铸牢中华民族共同体意识融入学校教育教学的方方面面，有利于培育学生"中华民族一家亲"意识，厚植中华民族大家庭情感，铸牢中华民族共同体意识。

一、融入班子队伍建设

明确党组织一手抓创建，将铸牢中华民族共同体意识融入班子队伍、教师专业成长等重点环节，积极构建"校长—德育副校长—政教主任—年级组长—班主任"铸牢中华民族共同体意识责任体系；同时，以"中华民族一家亲，民族团结一家人"为主题，通过主题升旗活动、主题班队会及红色研学实践活动等载体，组织带动少先队员、班队干部带头参与活动，带头学习民族团结知识，形成全校上下全员参与、全过程推进的良好氛围。

二、融入主题宣传活动

以党建带队建，充分发挥战斗堡垒作用，开展"国旗下成长"、"践行报国志，永远跟党走"等主题活动，创新"红石榴小讲堂"、"红领巾"广播站，开发"指尖阅读学习阵地"，创建民族团结进步故事、演讲、美文诵读等栏目，围绕伟大的中国共产党、中华优秀传统文化、我们共同的节日等内容开展宣传，切实增强师生对中华民族一家亲的认同感。

三、融入典型选树

结合铸牢中华民族共同体意识教育，积极选树身边的榜样典型。针对教师群体，实施"青蓝工程"，鼓励参与精品课录制、"互联网＋教育"应用大赛、思政精品课竞赛、"德育大课堂"展示等活动，评选"直播能手"、文明组室、优秀教学成果等，让教师在见贤思齐中担当育人使命。针对学生群体，依托"多彩石榴籽"、红领巾奖章、石榴籽特色章等少先队"争章"活动，从德智体美劳方面评选"红石榴"好少年，激励学生爱党爱国、团结向上、向善尚美、健康成长。

春日"悦"读，万物复"书"

4月23日，世界读书日翩翩而至。恰如李清照《蝶恋花》中所言："暖雨晴风初破冻，柳眼梅腮，已觉春心动。"在这2024年的春天，万物焕发生机，那蓬勃的生命力已悄然遍布中华大地。而所有的美好，皆由阅读开启。学校开展"春日'悦'读，万物复'书'"4·23世界读书日系列活动，给大家带来了一场场"悦"读盛宴。

春日读书，不仅需要优质好书，读书载体的创新亦不可缺少。通过诸如书签制作、诗配画、海报制作等丰富多样的形式，同学们于阅读中思考，在思考中沉淀，而在沉淀后进行展示，共同感悟成长的魅力，携手创造美好的未来。

诗与画的浪漫邂逅，迸发绚烂的火花。"碧玉妆成一树高，万条垂下绿丝绦。""春色满园关不住，一枝红杏出墙来。"……同学们以笔描绘春天，借诗赞颂春天。

读一本佳作，既可开阔视野，又能丰富阅历，更有益于璀璨人生。同学们沉浸在书香世界里，借由主题海报宣扬中外经典名著，分享阅读喜悦。每一张海报皆是精心设计、巧妙构思，以栩栩如生的绘画诠释对人物的理解，用文字抒写从书中汲取的知识。

"读书不觉已春深，一寸光阴一寸金。"让我们紧握时光，于读书中品味经典，于读书中充实人生，于读书中领悟成长。

在这个春日，让我们一同愉悦地读书，令万物复"书"，让知识的种子在我们的心中深深扎根，蓬勃生长。

在全过程育人中铸魂启智

立德树人是教育的根本任务，而全过程育人则是实现这一任务的重要途径。"三全育人"机制强调将思想政治工作融入学生成长全过程，贯穿学生成长发展的每个阶段，以实现全过程育人。

一、创新观念

学校必须加强思想道德教育和实践行动的有效衔接，避免理念与行动脱节。需要通过不断强化思想与实践的统一，促进立德树人根本任务的实现。

二、建构体系

建构全过程育人体系是关键环节。实现"知、情、意、行"的相互协同，需要准确了解学生的个性与共性，依据其成长规律特点优化育人路径。要注重疏通堵点和关节，将思想政治工作贯通始终，并及时巩固实践成果，形成路径机制。

三、精准育人

在学校的思想政治教育中，注重载体活动创新、形式的灵活多样是必要的。要坚持精准育人，弄清学生真正关心的问题，因势利导，有针对性地开展育人工作。

四、注重融入

全过程育人要求我们将立德树人融入学生成长的每个环节。从入学时的引导，到学习期间的培养，再到毕业后的跟踪回访，都要注重学生的品德培养。

五、落实责任

只有在全过程育人中守初心，担使命，扎实落实立德树人，我们才能培养出具有高尚品德、社会责任感和全面发展的优秀人才。这不仅是教育的责任，更是社会发展的需要。

总之，全过程育人是落实立德树人的有效途径，我们应不断探索和创新，为培养德智体美劳全面发展的社会主义建设者和接班人做出积极贡献。

构建阅读新样态，引领学生"读书、读人、读世界"

在当今数字化潮流中，构建全新的阅读样态，引领学生"读书、读人、读世界"，对全面提升学生的阅读素养、人文素养及科学素养等有着极为重要的意义。

以"读书、读人、读世界"理念为引领，全面增强学生的读书素养和综合素养。通过多层次的信息阅读模式，积极践行"读书、读人、读世界"的读书理念。

于"读书"维度，积极开展好书推荐、读书分享和主题书展等多彩活动，全力拓宽学生的阅读视野；打造数字化阅读平台，提供丰富的在线阅读资源，让学生随时随地享受阅读的乐趣；建立阅读社区，鼓励学生交流阅读心得，互相推荐优秀书籍。

就"读人"而言，邀请科学家等走进中小学校园，生动讲述他们进行科学研究等探索成长时的艰辛历程。让学生从科学家的不凡经历中汲取强大力量，全面激发学生对科学的浓厚兴趣和满腔热爱。

于"读世界"层面，科学引导孩子们将收听读书讲座、参与阅读活动后的深刻感受和独特领悟，融入日常课堂与现实生活。精心培育、引导学生拥有热爱科学、报效祖国的宏大志向。

在家长会上，诚邀家庭教育专家、教育行政专家、教师、家长和优秀学生等担任主讲嘉宾，通过丰富多样的讲座、沙龙、对话等形式，深入传授科学育人方法，广泛交流分享"亲子共读"等。

充分发挥名家名师的引领作用，全面做好阅读内容、阅读方法和阅读群体的引领工作。借助多维度、多主题、多途径，充分渗透阅读的强大力量，持续丰富学生的阅读活动，全力点亮青少年的光明人生之路。

通过积极构建阅读新样态，引领学生迈入更加广阔、更加精彩、更加绚丽的知识世界。促使学生在静心读书、用心读人、全心读世界的过程中，不断提升自我素养和多种能力，为其未来发展奠定无比坚实的牢固根基。

智慧作业启智增慧提效能

现今，在教育领域，智慧作业正逐渐成为提升课堂教学效率的有力工具。它不仅能够充分锻炼学生的思维和表达能力，还能依据学情分析为学生设计分层作业，实现个性化教育。

首先，智慧作业为课堂教学提供了丰富的资源和科学的分析。教师可以借助数字化智能软件，获取精准的数据，追踪学生的学习路径，更好地了解学生的学习情况，从而调整教学策略，提高教学质量。

其次，智慧作业的分层作业和弹性作业设计，满足了不同学生的需求，激发学生的学习兴趣和主动性。学生在与智慧作业的交流中，重新思考作业的功能与价值，促进学生的自我学习和自我提升。

再次，智慧作业的应用推动了从教师"教"到学生"主动学"的转变。高效互动的课堂让学生成为学习的主体，提高学生的学习积极性和参与度。它还为学生提供了个性化的引导，让学生在学习的海洋中更好地航行。

最后，提升智慧作业的效能。教师可积极探索以下策略：其一，深入研究智慧作业的功能和特点，根据教学目标和学生需求，合理运用其资源和数据；其二，不断优化分层作业设计，确保作业的难度和内容适合不同层次的学生；其三，鼓励学生积极参与智慧作业的交流，培养学生的自主学习能力；其四，及时反馈和评价学生的学习成果，根据智慧作业的数据，调整教学方法和内容。

总之，智慧作业在提升课堂教学效率方面具有巨大的潜力。教师应充分利用数字化教学工具和智能化教育软件，提高课堂教学效率，为学生提供更好的学习体验，让学生在智慧作业的引导下，奏响崭新的学习旋律。

在非物质文化遗产与
美育课程自然相融中启智润心

非物质文化遗产是中华民族的瑰宝，它承载着历史、文化和艺术的精髓，而美育课程则是培养学生审美素养和创造力的重要途径。如何让非物质文化遗产与美育课程自然相融，是一个值得深入探讨的问题。非物质文化遗产与美育课程的融合具有重要意义。

首先，它可以丰富美育课程的内涵，让学生接触到更多元的文化艺术形式。其次，能够增强学生对传统文化的认知和认同感，培养他们的文化自信。最后，有助于提高学生的审美素养和创造力。

为了实现非物质文化遗产与美育课程的自然相融，我们可以从以下几个方面入手。

其一，纳入课程体系。将非物质文化遗产相关内容纳入美育课程体系，使其成为正式的教学内容。其二，培养专业教师。加强对教师的培训，提高他们对非物质文化遗产的理解和教学能力。其三，采用多样化教学方法。采用多样化的教学方法，如展示、讲解、实践等，让学生全面感受非物质文化遗产的魅力。其四，结合学生实际。根据学生的年龄、兴趣和能力，选择合适的非物质文化遗产项目进行教学。其五，开展实践活动。组织学生参与非物质文化遗产的制作、表演等实践活动，增强学生的体验感。其六，创新教学形式。利用现代信息技术，创新教学形式，提高学生的学习兴趣。其七，加强校社合作。与非物质文化遗产保护机构、民间艺人等开展合作，获取更多的资源和支持。其八，营造文化氛围。在校园内营造浓厚的非物质文化遗产氛围，让学生在潜移默化中受到熏陶。例如，在美术课上引入剪纸、缠花等非物质文化遗产项目，让学生在欣赏和实践中提高审美素养和动手能力；在音乐课上教授传统戏曲，培养学生的音乐感知和表现能力；在语文课上讲述民间故事，提升学生的文学素养和文化认同感。

总之，让非物质文化遗产与美育课程自然相融，需要学校、教师、社会等各方共同努力，为学生提供一个丰富多彩、富有文化内涵的美育环境，培养他们的审美素养和文化自信。

在优化作业管理中启智增慧促发展

现今，作业管理作为教育教学的重要环节，对于营造良好教育生态具有重要意义。为了实现这一目标，需要从教师、家长、学校管理和监督评估等多个方面共同努力。

教师方面，应强化作业设计系统性意识，通过组织培训，让教师深入理解作业设计的系统性，从而更好地将作业与教学目标结合起来。同时，要制订明确的作业目标，注重巩固基础知识，确保学生在作业中能够扎实掌握所学内容。此外，还应融入创造性思维和实践能力训练，设计具有启发性和挑战性的作业任务，激发学生的学习兴趣和创新精神。

家长方面，要了解孩子的个性与学习情况，与教师保持密切沟通，全面掌握孩子的特点。积极引导孩子完成作业，提供支持和鼓励，培养孩子的学习习惯和责任感。同时，要参与家校互动交流，分享经验和建议，与学校共同促进教育质量的提升。

学校管理方面，需建立作业管理制度，明确作业的内容、形式、总量等要求，使作业管理有章可循。要鼓励教师创新作业设计，为教师提供必要的条件和保障。此外，还要促进家校合作，搭建沟通平台，定期组织家校交流活动，形成教育合力。

监督与评估方面，要定期检查作业设计与布置情况，确保符合管理要求。教师收到学生和家长反馈后，需要及时调整和改进作业管理策略。建立激励机制，对优秀作业设计和家校合作案例进行表彰和奖励，激发各方的积极性和创造性。

通过以上多方面的努力，我们能够优化作业管理，营造良好的教育生态。让学生在健康、和谐的教育环境中茁壮成长，实现全面发展和成长目标。我们相信，在大家的共同努力下，教育的明天会更加美好。

数字化启智赋能　提升学生记忆品质

在数字化智能时代，学校面临着提升学生记忆品质的挑战。随着科技的飞速发展，学生获取信息的方式变得更加便捷，但这也导致了学生对记忆的依赖度降低。记忆对于学生的自我身份确立、情感满足和文化认同等至关重要。为了提升学生的记忆品质，学校可以采取以下措施。

一、应明确智能机器参与记忆建构的范畴和边界

教师应引导学生正确使用数字化工具，扬长避短，发挥其"活化"记忆和拓展"记忆之场"的作用，促进更科学、系统地构建记忆。例如，在学习过程中，鼓励学生利用搜索引擎查找资料，但同时也要教育他们如何筛选和辨别信息的真伪。

二、提升学生的记忆品质

学校应构建成一个具备丰富记忆要素的"记忆之场"，提供记忆的社会框架。积极利用人工智能的优势，实现学校物质场所和设施设备参数的电子化，增强学生对"实在的记忆之场"的认知。

三、人工智能可模拟仪式或节日活动

引发学生共鸣，加深对传统文化的了解，提升文化自信心和凝聚力。通过校本化实施、校本教案设计、教育图画制作等，有意识地融入中华优秀传

统文化、地方文化和学校文化。人工智能可在其中发挥虚拟现实、布景丰富、延伸想象等功能，为学校功能性记忆提供丰富载体。

四、采用多样化的教学方法

例如，通过小组讨论、案例分析等方式，激发学生的兴趣，提高他们的参与度，从而加深对知识的记忆。

五、组织各种记忆训练活动

比如，举办记忆比赛、提供记忆方法培训等，帮助学生掌握有效的记忆技巧。教师注重培养学生的思维能力。让学生学会分析、归纳和总结，有助于他们更好地理解和记忆知识。

六、营造良好的学习氛围

鼓励学生之间相互交流、分享学习经验，共同提高记忆品质。

综上所述，数字化智能时代，学校可以通过多种智慧策略提升学生的记忆品质，培养全面发展的优秀学生，为他们的未来发展打下坚实的基础。

激活校园文化生命力　铸魂启智促发展

校园文化犹如一颗生机勃勃的种子，其生命力的激发与增进，源于永不停息地创新与创作。当我们将中秋节文化与地方特色舞蹈结合起来，学生们在优美的舞姿中延续着中国人的文化记忆，这不仅是一种传承，更是一种创新。

将课堂搬到民间，让孩子们以传承人的角色参与其中，不仅能寓教于乐，让他们学到知识，更能让他们深刻体会到传统文化的魅力与价值。我们渴望吸引更多的少年儿童参与到传承中华优秀传统文化的活动中来，因为我们深知，通过这些活动，能不断增强学生对中华民族的文化自信。

在校园中，那带着黄土高原文化气息的秧歌、花样跳绳、中华武术、剪纸、编织等，让孩子们将中华优秀传统文化融入校园生活的每一个角落。

学校根植于中华优秀传统文化的深厚土壤，以节假日如春节、端午节、中秋节、元旦、五四青年节、教师节、国庆节等为契机，加强爱国主义教育，增强民族历史文化传承和国家认同感，培育学生深厚的民族情感。

学校积极展示体育艺术教育，传承中华优秀传统文化的成果，让校园文化的生命力在创新与传承中不断绽放光芒，为学生们的成长与发展提供坚实的文化支撑。

如何激发校园文化的生命力，需要做到以下几点。

第一，鼓励创新活动：举办各种创新比赛和活动，鼓励学生参与，激发学生的创造力。

第二，加强文化融合：促进不同文化之间的交流与融合，丰富校园文化的内涵。

第三，建立文化传承机制：成立专门的机构或组织，负责传统文化的传承和推广工作。

第四，开展文化体验活动：让学生体验传统文化，增强对文化的理解和认同。

第五，与社会合作：与社区、文化机构等合作，拓宽校园文化的发展空间。

在阅读启智中绽放生命的精彩

读书，如一股清泉，润泽心灵，使其生香；如一束光芒，照亮生命，使其熠熠生辉。在读书的时光里，我们与内心深处的自己对话，与灵动的文字交织，与无尽的智慧碰撞，与鲜活的生命相拥。在书的海洋中，我们寻得心灵的栖息之所，领悟生命的真谛与价值，感受生活的绚丽与美好。读书能让我们保持思维的活跃，获得智慧的启迪，涵养浩然正气。

沉浸于优秀传统文化的书籍之中，我们提升人文素养，增强对人际关系、社会百态和自然万物的理解与把握能力。让我们多抽出一些时间，静下心来读书，静心思考，积极主动地更新知识，优化知识结构。将读书学习视为一种生活态度、一份工作责任、一种精神追求，从书中汲取智慧与营养，在书中遇见自己，领略天地之辽阔，洞察众生之百态。

思考，是阅读的升华，是认知的必然，是让书籍焕发生机的关键。带着问题去读书，深入思考现实中的困惑，更能提升思想境界，解决实际问题，实现自我超越。

经典阅读，是含金量极高的文化阅读。经典，承载民族文化的精华，高举民族文化的旗帜，构筑起一个民族、一个社会的价值观与道德观的坚实根基。在经典之中，跳动着文明的灵魂，闪耀着智慧的光芒。

每一本书都是一个独特的世界，每一次阅读都是一次心灵的奇妙旅程。让我们将读书视为一种精神的追求，一种人生的境界，开拓人生的无限可能，让家庭、校园、社会都成为读书的乐园、学习的场所、育人的阵地。

与书为伴，让阅读成为每个人的生活方式，成为每一个家庭的独特风景，成为每一所学校的鲜明特色，成为每一座城市的独特文化。让我们在读书中不断成长，绽放生命的精彩！

智慧阅读启智增慧　数字化赋能促进成长

在当今这个数字化飞速发展的时代，学校智慧阅读数字化赋能已成为推动教育进步的关键力量。通过一系列精心策划并实施的策略，我们能够充分挖掘智慧阅读的潜力，有力推动数字化校园建设更上一层楼。

加强数字化基础设施建设是基础。我们致力于提升网络速度与稳定性，确保师生在阅读过程中不会受到网络问题的困扰。同时，提供多样化的数字化设备，如平板电脑、电子阅读器等，让师生能够随时随地享受阅读的乐趣。我们学校在图书馆内设置了专门的电子阅读区域，配备了先进的设备，学生们在这里可以尽情体验数字化阅读的便捷与高效。

整合优质阅读资源是核心环节。我们积极构建在线图书馆，将学校馆藏图书与政府公共图书馆资源进行有机整合，为师生提供了一个庞大的阅读资源库。例如，我们与利通区公共图书馆合作，开通了在线借阅服务，师生们可以轻松获取到更多的书籍，满足他们多元化的阅读需求。

推广数字化智慧阅读软件是重要手段。我们通过培训，让师生熟练掌握数字化、智能化阅读软件的使用方法，从而提升阅读效率。这些软件不仅具备丰富的功能，如书签、笔记、搜索等，还能根据学生的阅读习惯和兴趣推荐个性化的书籍。有一位学生在使用了智慧阅读软件后，发现自己对历史类书籍有浓厚的兴趣，这让他的阅读范围得到了拓展。

创新阅读教学模式是激发学生阅读兴趣的关键举措。我们利用数字化手段，如多媒体展示、互动游戏等，让阅读变得生动有趣。比如，在语文课堂上，老师通过播放与课文相关的视频、图片等，让学生更好地理解文章内容，激发他们的阅读欲望。同时，建立科学评价体系，结合智能化读书设备及软件应用，实时监测阅读效果，为智慧阅读教学提供准确的依据。

强化师资培训是保障数字化阅读教学质量的关键。针对数字化教育教学设备及软件应用，我们开展了教师数字化能力提升培训，让老师们能够熟练运用各种数字化工具进行教学。如有位老师通过学习新的教学方法，利用数字化手段引导学生进行阅读讨论，取得了非常好的教学效果。

开展多样化的阅读活动是营造浓厚书香校园氛围的有力措施。我们创新阅读载体，举办各种阅读比赛、读书分享会等活动，激发学生的阅读兴趣。比如，举办的"数字阅读挑战大赛"吸引了众多学生参与，他们在比赛中相互竞争、相互学习，提高了阅读水平。此外，加强与家长的沟通合作也非常重要，我们丰富家校智慧阅读合作项目，让家长也参与到孩子的阅读中，共同促进学生阅读素养的提升。

总之，学校智慧阅读数字化赋能为我们开启了一个全新的阅读时代。通过以上策略的实施，智慧阅读在学校教育中大放光彩，为学生的成长和发展提供强大的助力，推动学校数字化建设迈向新的高度。让我们携手共进，共同探索智慧阅读的无限可能，为学生的未来奠定坚实的基础。

在阅读中铸魂启智　绽放人生光彩

　　阅读是滋养精神的源泉。赫尔曼·黑塞曾说："世界上任何书籍都不能带给你好运，但是它们能让你悄悄成为你自己。"书籍如精神的营养品。沉浸于书香之中，我们方能驶向广阔无垠的海洋，让人生绽放出绚丽的光彩。

　　读书或许不能直接带来外在的成功，但它必然能引领我们走向内在的丰沛。正如苏轼所言："粗缯大布裹生涯，腹有诗书气自华。"闲看庭前花开花落，漫随天外云卷云舒，读书多了，人的容颜、气质、谈吐自会改变，胸襟也会因阅读而变得更加宽广。

　　读书让人拥有平视世界的能力，阅读本身就是为了让我们更好地生活，塑造丰盈的内心，同时也赋予我们丰富的生活体验。在阅读中，我们能感悟人生的酸甜苦辣，体验不同的人生境遇。

　　要想从阅读中有更多的收获，掌握阅读方法和技巧是很重要的。我们可以采用精读和泛读相结合的方式。精读能让我们深入了解书中的精华，细细品味作者的思想和情感；泛读则能拓宽我们的视野，让我们接触到更多的知识和观点。

　　同时，我们还可以做读书笔记，记录下书中的重要内容、自己的感悟和思考，这不仅有助于加深记忆，还能帮助我们更好地理解和消化所读的内容。此外，与他人分享阅读心得也是一种很好的阅读方法。通过交流和讨论，我们能从不同的角度理解书籍，获得更多的启发。

　　阅读能给我们带来两种宝贵的收获：一是通过读书获取原本不知道的知

识，拓宽我们的认知边界；二是通过读书引发自我反思，激活我们原本就拥有的东西。在人生的三岔口，当我们面临困难和抉择时，知识阅读的力量便愈发凸显。罗曼·罗兰说："从来没有人为了读书而读书，只有在书中读自己，在书中发现自己，或检查自己。"阅读让我们更深刻地理解自己，明白自己真正想要的是什么，从而在人生的道路上坚定前行。一个人的努力会让自己拥有更多的选择，知识使我们明白每一项选择的意义，而智慧能让人进一步知道自己的选择是符合内心的，从而坚定前行的意志。

以高质量的阅读为舟楫，我们在精神的海洋中遨游，不断拓展精神视野，让人生因阅读而更加充实、丰富和有意义。阅读与人生紧密相连，阅读是人生的一部分，人生也因阅读而更加精彩。读书，如同一盏明灯，照亮我们前行的道路；读书，又如同一把钥匙，开启人生的智慧之门。

书是我们一生的挚友，与书为伴，我们的人生将更加精彩。让我们在阅读中感悟人生，在人生中品味阅读的真谛。在阅读的旅程中，我们不断成长，不断领悟，不断向着更美好的人生迈进。

思辨启智　合作赋能促成长

在教育过程中，培养学生的合作精神是至关重要的。通过思辨训练，我们可以从多个方面有效地促进学生合作精神的养成。

在训练内容设置方面，精心设计需团队合作完成的任务是关键一步。这些任务让学生在解决问题时需要明确各自的分工，学会协作配合。同时，引入具有合作主题的实际案例进行分析，引导学生深入探讨合作的关键要点和实用技巧，使他们能从实际情境中理解合作的重要性。

在训练方法的运用方面，有组织地开展小组讨论，能培养学生养成倾听他人意见并尊重他人观点的良好习惯，让他们学会在团队中相互交流与合作。积极开展角色扮演活动，能让学生体验不同角色在合作中所发挥的独特作用，增强对合作的理解。

营造良好的环境氛围同样重要。努力营造开放、包容的学习氛围，鼓励学生自由且大胆地表达个人观点，能激发他们参与的热情和创造力。建立公平、合理的竞争机制，能有效激发学生的合作动力，让他们在竞争中学会合作。

培养合作意识是核心。清晰明确团队的目标，让学生能够齐心协力共同为之努力奋斗，增强团队凝聚力。强调个人责任与团队责任的相互统一，能增强学生的团队责任感，使他们认识到自己在团队中的重要性。及时给予学生反馈和评价，引导他们不断改进合作方式，提升合作效果，在不断进步中成长。定期举办各类团队建设活动，能增进学生之间的信任，培养团队默契。

教导学生掌握解决合作中出现冲突和问题的方法技巧，提高团队协作能力，使他们在遇到困难时能共同应对。

此外，还可以通过以下具体方法培养学生的合作精神。

一是合理分组，根据学生的特点和能力进行分组，确保每个小组都有不同优势的成员，促进互补合作。

二是明确任务分工，让每个学生都清楚自己在团队中的职责和任务，避免因责任不清导致的混乱。

三是建立有效的沟通机制，鼓励学生积极交流，分享想法和经验，提高合作效率。

四是开展团队反思活动，让学生共同回顾合作过程中的问题和成功经验，不断改进合作方式。

通过以上多方面的持续努力，思辨训练能够更高效地培养学生的合作精神，使他们在团队中发挥出更大的作用，提升解决问题的能力以及团队协作的效率。我们应重视并积极开展这样的训练，为学生的未来发展奠定坚实的基础。

党建引领　铸魂启智促发展

——利通区第七小学党支部党建工作经验

利通区第七小学党支部是利通区委五星级党组织，全国民族团结进步示范校。近年来，学校党支部认真落实党组织领导的校长负责制，认真履行"把方向、管大局、做决策、抓班子、带队伍、保落实"的领导职责，加强党对教育工作的全面领导，务实创新，不断增强党组织领导力、组织力和创新力，在强党建、抓教育、促发展等工作中，积极实践探索，积累经验，形成"十抓三创四突破"的党建工作经验。

一、"十抓"——增强党组织领导力"十大抓手"

一是抓好党组织自身建设，不断增强学校党组织领导力、创新力。

二是抓好铸牢中华民族共同体意识教育，做到为党育人、为国育才。

三是抓好习近平新时代中国特色社会主义思想"三进"工作，坚持用习近平新时代中国特色社会主义思想铸魂育人。

四是抓好师德师风建设，培养壮大好老师队伍。

五是抓好"启智"文化创建，培根铸魂、启智润心。

六是抓好党风廉政、校风校纪建设，营造风清气正的校园环境。

七是抓好智慧阅读，引领学生爱读书、善读书、读好书。

八是抓好"五育"融合，提升核心素养，促进学生全面发展。

九是抓好家校合作，实现家校社合作共育。

十是抓好学生社团活动，促进学生个性化发展。

"十抓"聚焦学校教育教学工作的基础点，重在落实党的教育方针和立德树人根本任务，做到以点带面，提质扩优，推动学校高质量发展。

二、"三创"——党组织引领创建"三个党建品牌"

一是引领创建"启智"文化。

按照"启智"文化"1212"创建模式，即学校"启智"文化创建围绕"1"个办学目标"培根铸魂、启智润心"，立足"2"个基点："七彩"德育启智、"五育"启智；落实"12"个启智项目："五育"启智项目5个，德育启智、智育启智、体育启智、美育启智、劳动启智；七彩德育启智项目7个，铸牢中华民族共同体意识、美育文化、书香文化、好老师文化、绿色生态文化、生命健康文化、廉洁文化。

习近平总书记强调：教育的一切行为，其落脚点都在"培根铸魂、启智润心"。学校党支部引领创建利通区第七小学"启智"文化品牌，重在启智润心，践行社会主义核心价值观，用习近平新时代中国特色社会主义思想铸魂育人，提升学生核心素养，促进学生全面发展，坚持为党育人、为国育才。

二是引领创建"民族团结进步示范校"。

学校党组织不断巩固拓展"全国民族团结进步示范校"、自治区"民族团结进步示范校"等创建成果，以铸牢中华民族共同体意识为主线，以自治区教育工委铸牢中华民族共同体意识"五提升五强化三十个一"为引领，围绕"中华民族一家亲，民族团结一家人"、"籽籽同心向党，花开校园芬芳"等主题，按照"3456+N"模式，不断创新载体，丰富创建内涵，把铸牢中华民族共同体意识的种子扎根校园，植入师生心中，夯基育苗，促进学生全面发展，健康成长。

　　三是引领创建书香智慧校园。

　　学校党支部把读书作为一件大事，引导师生"爱读书、读好书、善读书"，以智慧阅读为抓手，按照"1234+N"智慧阅读模式，稳步推进智慧阅读，丰富书香校园创建成果，提升学生阅读素养，促进学生全面发展。

　　"三创"聚焦学校特色品牌建设，形成学校党建引领的品牌和亮点，促进学校特色发展、内涵发展。

三、"四突破"——党组织引领学校教育改革发展方向，实现"四个突破"

　　一是在教育数字化转型赋能上有新突破。

　　二是在生命健康安全教育上有新突破。

　　三是在教育质量扩优提质上有新突破。

　　四是在教育"双减"服务上有新突破。

　　"四个突破"以新时代基础教育改革、新课程改革为目标，聚焦立德树人，坚持核心素养导向，促进学生德智体美劳全面发展，推动学校教育坚持正确方向、实现科学发展、创新发展和高质量发展。

"启智"文化实践

党建引领培根铸魂 "五育"联动启智润心

　　利通区第七小学党支部认真落实党组织把方向、管大局、作决策等领导职责，聚集"立德树人"根本任务，引领学校树立大教育观，教育整体观，坚持"五育"并举，实施"五育"联动，创建"启智"文化，促进"五育"融合，做到培根铸魂、启智润心，促进学生全面发展，健康快乐成长。

一、生活"育德"

　　围绕社会主义核心价值观主题教育，结合学校德育、思政、校园"启智"文化建设等，积极开展小学生文明礼仪养成教育、"强国有我"、"红星闪闪　童心向党"、"'五育'启智，培根铸魂"、"学习二十大，奋进新征程"等主题活动，创建"启智"文化，创办《启智》校刊。同时，结合重大传统节日教育，通过家校合作共育，让学校德育生活化、社会化，引导青少年在学习中、生活中、综合实践活动中践行社会主义核心价值观，传承红色基因，培养爱党、爱国、爱家乡、爱社会主义情感，补足理想信念之"钙"。

二、课堂"育智"

结合学校课程思政育人体系建设，用好《道德与法治》教材，充分挖掘各学科德育、思政育人元素，以德智体美劳"五育"启智为抓手，有效落实全学科、全过程、全员育人。学校积极构建"七彩"启智课堂，围绕"德之彩、智之彩、美之彩、雅之彩、健之彩、艺之彩、技之彩"，结合新课程改革核心素养导向，实施大单元教学、跨学科学习、项目式学习，提升学生的学科素养、核心素养，促进学生全面发展、健康成长。

三、健身"育体"

以"阳光体育，健美身心"为导向，上好体育课，用好大课间，建好体育活动社团。通过学习体育知识、训练体育技能，开展花式跑操、花样跳绳、古诗韵律艺术操、大型团体武术操双节棍等丰富多彩的大课间活动，坚持篮球、足球、乒乓球等体育社团训练，让学生养成体育健身习惯，落实"我运动、我健康、我快乐"健身目标，营造健康、向上、合作、进取、健美、和谐的校园体育文化。

四、文化"育美"

围绕"培根铸魂、启智润心"的办学目标，创建学校"启智"文化。在"五育"启智的基础上，积极创建书香文化、好老师文化、美育文化、绿色生态文化、生命健康文化、廉洁文化及中华民族共同体文化，构建"七彩"德育文化，开展心灵美、语言美、行为美、仪表美"四美"育人，育美立德，提升学生美育素养；落实文化课堂、艺术课堂、实践课堂"三个育美课堂"，培育学生学科知识美、艺术美、行为美素养；创建绿色生态校园、智慧数字校园、平安和谐校园，打造生态美、智慧美、和谐美的"三美"校园，以美的环境熏陶人，以美的规范引导人。

五、勤巧"育劳"

以勤奋、勤劳、创新、节俭为目标导向，在校园开设劳动课，制作二十四节气等劳动知识宣传"开放图书架"，创建学校"七彩劳动园"；在校外开展社区志愿服务活动、到校外劳动实践教育基地进行劳动锻炼。同时，通过家校合作，引导学生积极承担家务劳动，学会扫地、做饭、整理房间衣物等基本劳动技能，培育学生从小热爱劳动、崇尚劳动、学会劳动技能、热爱劳动人民的思想感情，树立劳动最光荣、劳动最伟大、劳动创造幸福、劳动创造世界的正确劳动价值观。

生命教育铸魂启智　促进学生健康成长

学校创建"启智"文化，落实"培根铸魂、启智润心"的办学目标，聚焦教育发展中存在的热点难点问题，尤其是生命教育问题，这是教育的根本，也是当前青少年学生容易出现、家长焦虑和关心的问题。那么，如何对学生进行"关爱生命"的教育呢？

一、引领学生懂得生命的价值

什么是生命？《现代汉语词典》里说：生命是生物体所具有的活动能力。对学生进行关爱生命的教育，就是要通过各种途径引领学生解读生命，让学生真正认识生命、了解生命、懂得生命、感悟生命，从而达到激发生命潜能、提升生命品质，实现生命价值的目的。做到爱自己、爱他人、爱万物，使自身的生命与周围生命、大自然万物和谐共生。具体来说，就是要让学生懂得：生命是美好的。地球上有无数的生物体，它们都有生命。生命对于每个人来说，都是十分幸运和非常美好的给予。生命是人类一切幸福的基础。

生命是宝贵的。不同的人生有不同的色彩，有的绚丽，有的平凡。绚丽让我们品味绽放的热烈，平凡让我们品味朝阳与落日的从容。但不管是绚丽还是平凡，生命对于每个人来说只有一次，人生是一次单程不归的旅程。因此，每个人的生命始终处于倒计时状态，每一个人都需积极把握这一生，认真享受每一天。

每个人的生命是独特的。世界上没有两个人是完全相同的，即使是孪生兄弟姐妹也各有特点。从远古到现在再到未来，世界上只有一个唯一的你，你是独一无二的，与众不同的，你应该自豪，应该骄傲。

生命的过程是丰富的。"人有悲欢离合，月有阴晴圆缺"，生命的旅程不会是一路坦途，有时阳光灿烂，有时会遇到风雨和坎坷，甚至死亡。但只有敢于面对人生旅途中的一切，才是大写的"人"。

二、教育学生懂得珍爱生命

进行生命教育。生命教育主要是帮助学生认识生命，尊重生命，进而珍惜人类所共同生存的环境，主动思索生命的意义，找出自己存在的价值与定位，回馈社会，造福更多的生命。生命教育有助于学生认识自我、找到自我，协助学生发展潜能，实现自我；使学生主动关怀弱势群体，尊重生命的多样性及大自然的节奏与规律，以宏观的视野认识人类存在的意义。

懂得珍爱自己。诗人原野说过："人生，从自己的哭声开始，在别人的泪水里结束，这中间的时光，就叫做幸福。"生命是一切可能性的总和，任何对自我的鄙视，对生命的懈怠，对坎坷的低头都是对生命的亵渎。教师要结合目前青少年学生中存在的各类心理障碍以及由心理问题引发的自伤等不珍爱生命的现象，不失时机地引领学生切实认识生命的宝贵，认识到"只有爱自己，才能爱别人，也只有爱自己，才能让别人爱你"的道理。

学会珍爱他人。人生活在"地球村"里，每个人都离不开与他人交往。学校应在校园里营造良好的"利他"氛围，让每一个学生从自我做起，从身边的小事做起，帮助他人、温暖他人，逐渐学会珍爱他人。让学生在"爱的奉献"中逐步领悟"生命的意义就在于爱，在于帮助他人和为他人服务"。

认识自己和万物的联系。在同一片蓝天下，除了人类，还有数不胜数的生物，如果没有他们相伴，人类将黯然失色，也将无法生存下去。通过引导认识人类的生存与发展离不开万物，世间万物相互依存等道理，使学生懂得生命需要相互关爱，从而自觉地从点滴小事做起，用实际行动去爱生命、爱自然、爱万物，以实际行动实现人类与自然的长期共存、和谐相处。

三、激励学生学会关爱生命

鲁迅先生说过："生命的进化，是要让后进的生命总比以前的更有意义，更近完全，更具价值，更可宝贵。"这一点只有学会关爱生命才能达到。如何做到这一点呢？

首先，要练好身体。健康的身体是生命的最佳存在形式。一个体魄强健、体力充沛、生龙活虎的身体，不仅能让人愉悦，还有助于提高学习和工作效率。可以说，健康的身体是创新生命的基础。

其次，要养好习惯。中国有句古语：积千累万，不如有个好习惯。好习惯不是与生俱来的，而是要通过正确引导并经过强化训练才能形成。培养好习惯，一要有好环境，二要突出抓"早"和"小"。所谓的"早"就是要及时发现问题，及时纠偏，不让坏习惯"成自然"；所谓的"小"，就是要从最细微的小事入手，从最容易处入手，这样便于学生习得并巩固良好的习惯。可以说，养成好习惯是打开创新生命之门的金钥匙。

最后，要学好本领。本领不仅仅指知识，更包括能力。学好本领指的是既要学好功课，也要提高素质，做一个完整的、和谐的人，确保将来能适应社会，立足社会，服务社会。可以说，学好本领是每个人创新生命的通行证。

"为了一切学生，为了学生的一切"，为了让校园中的每一个生命更加灿烂，让我们的教育从"关爱生命"做起，从现在做起，关注学生的未来，关注学生的身心健康和可持续发展，真正为学生一生奠基，为每一个生命体的精彩和社会的和谐做出应有的贡献。

在项目式学习中启智赋能提素养

当前，在新课程改革推进及核心素养等目标导向引领下，课堂教学及学生学习方式正在发生深刻变化。比如，项目式学习，基于学科又超越学科，是一种综合性学习方式，也是一种与真实世界和生活实际紧密联系的学习方式，易于引领学生进入深度学习，获得学科核心素养，深受师生喜爱。那么，在具体学科教学中，如何有效落实项目式学习？

一、走进项目式学习

项目式学习是一种以学生为主体，在一段时间内，团队共同解决一个复杂问题或完成一项综合性任务，学生需要经历全过程，并通过体验、深刻理解获得核心素养发展的一种学习方式。

项目式学习主要包括选择项目、设计方案、完成项目、交流展示、评价改进五个基本环节，其典型特征是综合性、复杂性、实践性、开放性、体验性等。

高质量的项目专注于核心素养导向，反映学科核心内容与外部世界的关联，是强调真实性、应用性、逻辑性的主动学习方式。

二、如何有效落实项目式学习

1. 选择学习项目

学习项目的选择确定，是项目式学习开展的关键。要做到三点：一是选择学习项目，可以是老师选择，也可以是学生选择，或是师生共同选择。二是要依据课程目标，关注学科核心素养导向，关注学生学习基础和生活实际，聚集教师教学和学生学习过程中遇到的困难和问题。三是要认识到选择学习项目的过程，也是学生学习能力及学科核心素养提升的过程。在师生选择、确定项目的过程中，提高学生学习学科知识、观察生活及世界、关联知识、思考问题、提出问题的能力，引领学生将知识学习与知识应用相结合，做到学用结合，学以致用，在深度学习中提升能力品质，获得学科核心素养。

2. 组建学习团队

要根据确定的学习项目，结合课程学习目标任务，结合学生在学习、兴趣、能力等方面的综合因素，优化组合项目式学习团队。让学生以团队的形式，完整地经历提出问题、规划方案、修订方案、解决问题、形成成果、展示交流、评价改进各阶段。让学生在项目式学习过程中，获得发现问题、解决问题、团队合作、表达能力、评价能力等关键能力和核心素养，拥有目标意识、合作意识、问题意识、创新意识、创造意识，为学生终身学习成长打好基础。

3. 交流学习成果

学习成果交流展示的过程，也是项目式学习的收获、激励、反思和提升环节。例如，结合习作练习设计"我们眼中的缤纷世界"，引导学生留心观察生活，观察世界，将所学知识、观察方法、表达能力、写作技巧等进行有机融合，引导学生进行线上、线下阅读，创意读写展示，小组学习成果评价及反思等，在交流、展示的过程中，提高学生总结提炼、学术表达、有效沟通的能力，使学生通过全过程体验，真切感受到成功的愉悦。此外，在道德与法治、科学实验、科技制作、综合劳动实践、环境保护教育等知识学习和教育方面，都可以选择同学们感兴趣的学习项目，展开有效的项目式学习，引领学生在学科学习、项目式学习中获得关键能力和必备品格，树立正确价值观，在学习知识的过程中获得学科核心素养，促进终身发展。

三、实践反思

形式为内容服务。任何教育形式的创新，最终目的是促进学生全面发展，健康成长。项目式学习成功与否，判断依据是学生的实际获得，不能为了追求项目式学习形式，而忽视了学生的成长或获得感。

教育教学工作伴随着一个又一个教育问题的解决和学生的健康成长而推动。其中的问题，就是项目式学习的目标任务。教育不缺少项目，而是缺少发现。

实践证明，项目式学习是培养创新型、复合型、解决未来问题人才的重要学习方式。

让我们共同在丰富多彩的小项目、大项目等项目式学习中，引领学生学会观察，学会反思，学会质疑，学会合作和创造，学会关心身边事、身边人，成为一个善良、坚毅、勇敢、智慧的人，一个有责任、敢担当的人。

写作教学重策略　启智润心促成长

在多年的教学中，我发现五年级学生虽然具备了一定的写作能力，但是在写作过程中往往会出现语言的欠缺，语义表达不清，写出来的作文比较枯燥，缺少巧妙灵活的修辞和优美准确的修饰语。

造成这种现象是由于学生平时观察少，课外阅读少，对一些好词佳句的积累少，缺乏生活体验。当遇到写感想或者启示类的作文时，孩子们都觉得很困难，因为在他们有限的经验里，还没有学会将日常感悟日积月累。即使有些学生虽然有积累一些好词好句，但是不知道字词好句怎样去用。此外，还因为孩子们缺少一些情感体验。

一、造成这些问题的因素

学生阅读空间小，接触的课外书较少。平时学生忙着上课完成作业，而周末则要参加兴趣班，使得他们没有课外阅读的时间，更没有阅读的习惯。还有少数学生虽然有阅读习惯，但是却沉迷漫画等书籍，使阅读空间变小。

学生生活经验少。学生的生活空间有限，接触社会、接触大自然的机会少。除节假日之外，每天学习、生活基本局限于校园内，即使是到了节假日，家长也没有时间带孩子出去玩。而长期单调、重复的学校、家庭两点一线的生活方式，无疑造成了学生视野狭窄、认识肤浅、思维僵化和写作素材的贫乏。

学生作文中流露的真情实感太少了，大多是为了应付差事而写作。这些都是因为我们现在的生活条件太优越了，家长给孩子们的物质生活太富裕，孩子们感受不到饥饿、寒冷，或者生活中一些本该付出后才能得到的东西往往唾手可得，使得孩子们的情感失去了切身体会。

写作技巧差。学生平时缺乏练笔，对教师平时所教授的写作技巧没有练习巩固，在写作中不知道什么时候能用，什么时候不能用，未能使用合理技巧。比如，我在教课文《鲸》时，适时穿插讲了说明文相关的写作技巧，学生没有及时领会，而我对自己布置的小练笔也没有及时进行检查和指导，久而久之，学生更不知道这个写作技巧要如何运用。

二、提高学生写作能力的方法

1. 培养观察的兴趣

在教学中有计划地训练学生观察周围的环境以及身边的人、事、物，教给他们观察的方法，让他们在日常生活中随时观察一个人的表情、两个人的对话等。抓住这些有利时机，及时启发引导学生观察，并进行记录，写作的材料就能源源不断地获得。

2. 推荐阅读，写读书笔记

本人在教学过程中常常开展读书活动，经常把课内与课外、校内与校外相结合，读书与作文相结合。在课内进行读书方法的指导；在课外让学生运用所学的读书知识进行广泛的阅读，鼓励学生把课外读物中的精彩片段或文章记录下来，模仿习作，丰富学生的写作知识。

3. 多种途径训练学生的口语

从学生实际出发，组织丰富多彩的课外活动。组织学生开展竞赛活动，如演讲比赛、诗歌朗诵比赛、讲故事比赛等；尤其是"二分钟演讲"活动，学生参与的积极性高涨，学生在准备的过程中，扩大了阅读量，拓宽了视野。学生通过参与活动，获得体验，为写作文积累丰富的素材，写出的作文才有真实内容和真实情感。还有每周的班会课，轮流让小组长上台汇报本组上周的各项情况和存在问题。给学生上台展示的机会，也锻炼了学生的口语能力。

4. 对学生进行片段写作的训练

我在讲解课文的时候，会结合课文内容，让他们逐步了解作者的写作手法。比如在教学《海上日出》一课后，我就让学生观察日落、刮风、下雨等自然现象，并模仿课文中的写作方法写小练笔。在教学《狼牙山五壮士》一课时，我通过课文的讲解让学生了解到在叙述事件过程中，人物语言、动作的描写，动词的恰当运用，对事件本身所起的作用。让学生在理解的基础上采用仿写等形式，进行人物语言、动作、外貌、神态以及心理活动的描写训练，不断提高学生的语言表达能力。

5. 激发写作兴趣

在教学实践中，尽量对学生的文章做出正确的评价，尤其是表扬和鼓励，从而增强学生的成就感，更好地激发学生积极写作的动机。学生的作文有一点的进步，就加以肯定或者对一篇不太成功的作文中的某一长处给予表扬，在眉批或总批中加以鼓励。

6. 运用有效的教学方法

我在评讲作文时，先让学生互相批改，规定批改的作文，批改者必须给所批改的作文加上四个四字词语，一两句比喻句等。而我在总评时特别注重每篇作文中独特的闪光点，发现好的文章，及时在班上范读。甚至贴在作文园地里，或者打印出来供学生欣赏，也可以在校刊发表。当学生们看到自己的优秀作文变成了漂亮、工整的文章，心里别提有多高兴了。这样的批改方式使学生的写作兴趣倍增，调动了学生的写作积极性。

核心素养导向下的语文课堂

随着新课程改革的顺利推进，基础教育改革正迈入核心素养新时代。以正确价值观、必备品格、关键能力为主要内容的核心素养目标导向，成为教学研究和各学科课堂教学的主要目标。那么，如何让语文学科教学、语文课堂实践有效落实核心素养目标，不断提升学生的语文核心素养，是每位语文教师重点思考和实践的课题。

一、培养兴趣，引导自主学习

爱因斯坦说过"兴趣是最好的老师"。如果对学习没有兴趣是学习不好语文的，所以只要有了学习兴趣，学生才会产生更多的情绪。为了满足好奇心，学生会对所听到的所想到的进行思考，思维也就被激活。小学生的学习动机是不明确的，学习的意志力还不坚定，主要是依靠提高学习的兴趣进行激发学习，以保持其学习的主动性。

所以，教师要在课堂上创造良好的条件和情景，激发学生学习语文的兴趣。需要丰富学生的感知能力，启发学生的思维能力，让学生更加主动地探索和学习。以激发学生的语文兴趣。有了兴趣，学习效率就能得到提升。通过激发学生的学习兴趣提高小学语文自主学习课堂教学的有效性，也符合新课标核心素养下的要求，可以更好地提升学生自主思考的能力，培养学生的语文核心素养。

二、打好基础，提升语文素养

叶澜老师说："把创造还给老师，让教育充满智慧挑战。"在学科教学中，要想有创造和挑战就要有深厚的学科素养。随着大语文时代的来临，对语文教师的本位素养要求也越来越高、越来越全面。我认为，语文学科的素养应当包括识字写字能力、阅读能力、写作能力和口语交际能力。作为一名小学语文教师，要切实提高学生的语文素养，当然首先要丰富自己的语文素养，从听、说、读、写各方面锤炼自己，才能成为学生的表率，引领学生提高素养。

三、思维训练，学会思考质疑

语文课堂上，需要让学生的思维能力得到相应训练与培养。苏霍姆林斯基说："在人的心灵深处，都有一种根深蒂固的需要，这就是希望感到自己是一个发现者、研究者、探索者。"

语文新课标强调的思维能力是孩子的本能，是他们成长为参天大树必需的养分，而教师就是培育者和灌溉者。在课堂这片树苗成长的沃土上，教师要做的不仅是施肥、浇水，更重要的是引导树苗自己参与其中，主动汲取养分，学会独立思考。有学生思考随性的课堂，才是我们理想中充满智慧的课堂。

总而言之，学生思维能力的培养需要教师不断更新教育理念，创新教学方法，优化教学设计，将学生思维能力的培养始终贯穿于教学中，通过精巧的课堂教学活动，为学生的思维发展搭建桥梁，创设条件。让学生热爱语文学习，变得乐于思考、善于思考，进而提高对语言文字的综合运用能力及核心素养，促进学生全面发展。

核心素养下的小学语文课堂教学，既是对学生语文素养的培养，更是对其思维能力的强化。由于小学生思维模式处于形象思维状态，做好其向抽象思维的过渡，是展现现代化课堂教学的关键。如课文《"精彩极了"和"糟糕透了"》，文中主要矛盾点即为巴迪父母对其诗的看法，这也是父母对孩子爱的表现。在教学时教师可借助情境的创设，鼓励学生以分角色品读和角色扮演等方式，加深对文中人物情感的感悟，继而强化对文本的理解，再经思考，对巴迪父母爱的表达提出看法，以此实现其发展思维的培养。

核心素养下的小学语文教学课堂，教师应适时转变的教学观念和教学方法，借助对学生语文素养的强化，逐步提高其综合素养和整体素质。同时，教师还应依据课堂互动、课堂训练、课堂内容等因素，强化学生语感、学习方法及学习习惯的培养，使其能够在提高语文核心素养的前提下，展现高效课堂营造的价值。

在小学作文教学中启智润心促成长

　　语文新课标明确提出：小学生作文就是要把自己看到的、想到的、听到的内容转化为恰当的书面语言，并较为准确地进行书写。

　　因此，在小学阶段，作文教学的主要任务是锻炼学生集句成篇和基本修辞的使用能力。小学时期是学生写作文的基础阶段，这就需要教师在作文教学过程中通过锻炼学生的感性思维，培养学生的观察能力和良好写作习惯，帮助学生在写作入门时期打好作文基础。

一、锻炼学生的感性思维能力

　　语文本身就是一门感性思维占主导的学科，文章的阅读需要学生运用感性思维进行情感体会，而写作则是锻炼学生将自身的情感合理表达出来的能力。因此，对于教师来说，写作教学首要的任务就是锻炼学生的感性思维，写作时有感而发，真情流露，使文章更具可读性。

　　首先，教师在教学过程中要培养学生的审美能力。我们经常说艺术来源于生活并高于生活，写作是一门语言运用上的艺术，更是情感表达方面的艺术，写作的过程就是情感的加工和升华的过程。因此，要想学生写出具有真情实感的作文，教师在日常教学过程中就要锻炼学生"善感"的能力。

　　而小学生由于社会经验的缺乏，个性天真活泼，想象力和联想力正处在鼎盛时期，所以，教师在教学过程中要有目的地对学生进行审美引导，让学生可以从日常生活中的小事发现美的存在，引发自身情感共鸣。

其次，教师在教学过程中要给学生情感表达的勇气。大部分学生在情感表达方面存在着胆怯心理，怕说出来的内容遭到其他学生的不屑甚至是嘲笑，这就需要教师在课堂教学过程中营造一种活泼、自由的课堂氛围，从而引导学生踊跃表达自身情感。另外，对于主动分享情感的学生和情感表达到位的学生，教师要毫不吝啬地给予表扬，这样可以在一定程度上激发其他学生的好胜心，进而产生想表达的欲望。

最后，作文课中教师要给学生写作的自由。从某种程度上来说，小学作文主要是给学生一个练笔的机会，让学生可以习惯书面语言的表达，从而锻炼学生文字的综合运用能力。所以，小学作文在题材和写作方式方面都没有太高的要求，教师在作文教学过程中要明确这一点，不要给学生划定太多的条条框框，让学生可以按照自己的意愿进行题材和体裁的选择。这样既有利于学生真情实感地表达，更能提高学生的写作兴趣，消除学生对习作课的厌恶情绪。

二、培养学生的观察能力

写作是对生活的总结和观察，尤其是对于小学生来说，写作就是将自己的所见所闻准确地表达在纸上。因此，教师在教学过程中要培养学生的生活观察能力，提高学生的思维敏感度。

首先，教师要让学生学会观察社会生活中的事例。社会生活是丰富多彩的，人类的日常活动会引发各种各样的事件，学生要做的就是提高对社会事件的敏感度。如帮助摔倒的老太太，学生可以想到助人为乐的精神，也可以想到社会中的"碰瓷"现象；遇到流浪的小动物，学生可以想到爱护动物，也可以想到人类的责任心……学生通过观察生活，可以时刻累积作文素材，从而为作文提供丰富的事例。

其次，教师要培养学生多角度观察事物的能力。小学生由于缺乏社会经验，对事物的判断习惯凭借直觉，因此看待事物的角度较为单一，教师在教学过程中要及时引导学生拓宽观察角度，如在让学生写一篇描写小动物的作文时，可让学生从动作、行为习惯、体型、颜色等多个角度对动物进行观察。通过观察，学生写出的作文会变得更加立体多样，避免在一个角度翻来覆去地叙述。

三、培养学生良好的写作习惯

小学生正处在写作的打基础阶段，因此，教师在教学过程中要帮助学生养成良好的写作习惯，让学生从一开始就走对路，找到正确的训练方法。

首先，教师要帮助学生养成阅读的习惯。写作需要大量的素材累积，学生的观察毕竟有限，并且小学生在生理与心理发展方面的不成熟使得其对情感的共鸣性较低。与初高中生相比，面对同一生活事例高年级学生会产生情感共鸣，小学生却可能什么也感觉不到，甚至不会认为某件事例具有典型性，更不用提用在作文中了。这就启示学生在事例积累方面不能仅仅局限于日常生活，还可以借助他人的经验。

其次，教师可以锻炼学生仿写的能力。课文内容是学生仿写作文最可靠的材料。对于教材文章的仿写，主要针对两个方面。

第一，对教材文章经典段落的仿写。教材的某些段落在修辞手法上具有典型性和针对性，而小学阶段修辞手法的使用是作文教学的重要环节，通过对典型段落的仿写可以锻炼学生修辞手法的使用能力，从而使学生的作文更加生动形象。

第二，对文章结构和情节铺排方式的模仿。小学生在作文写作过程中容易出现"部分失重"现象，即文章某一部分所占篇幅太重，导致文章比例失调。

如在记叙文中，一些学生将具体事例描写得过于清晰，情感表达方面却只有两三句话，这样的作文像是讲故事而不是在写一篇文章。教材所选的文章结构清晰，各方面的比例比较恰当。通过对这些文章结构和情节铺排方式的模仿，可以大大提高学生对于文章段落的控制力，使文章结构清晰、匀称。

总之，在小学作文教学中，通过锻炼学生的感性思维能力、培养观察能力以及良好的写作习惯，能够为学生的写作之路奠定坚实的基础。相信在教师的悉心引导和学生的不懈努力下，学生们定能在写作的天地中自由翱翔，展现出独特的风采，书写出精彩的篇章，让写作成为他们表达自我、展现才华的有力工具，为未来的学习和发展积累宝贵的财富。

作业创新启智　提升教学质量

　　小学生作业创新，有助于增强教学针对性和实效性，有利于提升学生学习兴趣，为学生课内外作业减负。

　　作业创新的类型多样化，要结合学科特点、教学内容和学生实际，合理选择书面作业和非书面作业，提倡采用实验操作、研究性学习、社会实践调查、阅读感悟，以及搜集、整理资料等多种作业形式，倡导分层作业和"自助式"作业。

一、生动有效的实践性作业

　　小学生的思维往往处于具体运算阶段，还不具备完全依靠推理等纯抽象的方法获取知识的能力，对于学习一些抽象的规律性的数学知识，教师应借助必要的操作活动。

　　如低年级学生学习《认识钟表》一课后，让孩子们自制钟面；学习《图形的运动》时，让学生用彩纸剪"轴对称图形、平移的小人"等；学习《旋转》之后，让孩子自制陀螺等。

　　小学生的数学手工制作是培养孩子动手能力的重要一环，通过设计这样的实践性作业，能从小培养孩子的动手操作能力，同时，提升学习数学的兴趣以及拉近数学与生活的关系。

　　再如高年级在学完《长方体和正方体的表面积》一课后，可以让学生动手做一个长方体或正方体，动手量一量生活中长方体物体的长、宽、高或正方体物体的棱长，然后算一算它们的表面积。

数学要为实际生活服务，也可以结合实际生活设计出一些练习。如让学生用纸板制作一个火柴盒，并计算所用纸板面积。最初同学们一听，可能感觉没有什么，制作完后，没有认真看，就算出了六个面的面积；而有的同学则发现火柴盒的总面积和牙膏盒这类长方体的表面积不一样，内槽是五个面，外盒是四个面，应该计算九个面的面积才对。这时，教师就可以把意见不同的学生调到一组让他们去讨论，这样做出的正确答案，给学生的印象是深刻的。从学生通过学习产生意见冲突，到主动解决问题，在此过程中深刻学到了遇到问题要从实际出发，根据具体情况思考研究的方法。

在这样的操作中，除了起到丰富学生感知的作用外，它更是探究、发现规律性数学知识的重要手段和途径。

通过对学生在实际操作过程中得到的现象、实物、数据进行分析、推理、判断或计算解决生活中的实际问题，如此，学生解决问题的能力可以得到有效锻炼和提升。

二、贴近生活的调查式作业

调查式作业，主要通过学生进行社会调查，用数学的眼光调查所得资料，从而进一步认识周围的世界。教师从现实生活中挖掘能引发学生调查、实践的材料，营造自由宽松的氛围，引导学生提出新思路、新方法、新方案，并把这些调查实践的东西写下来，既可以提高学生的学习兴趣，又可以增强思维能力。

高年级小课题研究、做社会调查、办手抄报之类的作业都离不开学生间的合作，有的甚至需要长时间的合作。为完成这一类作业，学生既有分工，又有合作，大家出谋划策，彼此信任，互相帮助，在互动中促进了交流，在交流中学会了合作。调查式作业可以使学生积累一些生活经验，了解一些生活资料，培养学生的探究能力。

如学习《克和千克》一课前，教师布置了一个作业，让学生调查一些物品的重量，填在表格中。学生在调查中，对生活中最常见的质量单位及物品的质量有了一定的了解，从而积累了生活经验。

再如学习《数据收集整理》一课时，为了让学生经历收集整理数据的过程，可让学生调查本班同学最喜欢的运动项目，然后用画正字的方法统计调查结果并制作统计表。还有为了让学生行动起来，保护环境，可以设计调查环境现状的作业。让学生通过访问，查阅有关环境方面的资料，然后进行整理并写成调查报告。通过这项作业，培养了学生的社会实践能力，并增强了学生的环保意识。

实践证明，"设计好作业，老师在课外要下很多功夫。作业针对性变强了，学生的负担就变小了，作业就变得更高效"。可见，作业设计创新，有利于落实"双减"，为学生减负。

创新作业评价　启智增效提质量

数学课程标准要求："对学生数学学习的评价，既要关注学生知识与技能的理解和掌握，更要关注他们情感与态度的形成和发展；既要关注学生数学学习的结果，更要关注他们在学习过程的变化和发展。因此，评价的手段和形式应多样化，以过程评价为主。对评价结果的描述，应采用鼓励性语言，发挥评价的激励作用。"

最好的激励是内在激励，即自我驱动。其动力源于为了让世界变得更好而不断地学习和创造，具备了这种内驱力就会达到更高的境界。

实施科学有效的评价，让孩子们从内心深处变"要我学"为"我要学"，让好学和上进成为学生的自我实现和心理需要，使学生渴求不断完善自己，发挥自身的潜能。

为此，在特色作业的评价一环中，我采用生生互评、记录累积、陈列展示的方式不断激励孩子们变得精益求精、追求卓越。

一、生生互评

将特色作业在四人小组内进行互相观摩、学习、打分，打分方式是按照4、3、2、1依次获得笑脸个数，在评价表中画笑脸，并评出最优秀的作品或完成优异者。

然后四人小组优胜者在全班内展示作业，让大家评价，并说出优缺点。目的是供全班学习、借鉴的同时，提高学生的鉴赏和评价能力。

二、记录累积

个人评价表中的笑脸经过每天、每周的累积，并每月进行汇总。得到笑脸数最多的孩子成为下个月的正组长，其次是副组长。

同时，正组长在班内分享自己的学习小故事、小妙招、小方法、小想法等，可累积笑脸个数，在学期末，笑脸个数的多少可作为评选学期"数学小明星"的重要依据。

月优胜者及学期优胜者均获电子奖状推送至班级群及家长端予以表彰。

三、陈列展示

优秀作品在班内进行张贴或陈列展示，供全班同学学习借鉴。并通过互联网拍照、录视频、做美篇等方式进行展示，让孩子们的光和热发散得更广更远！

总之，只有教师用心、精心设计特色作业，注重学生作业质量评价，让一个个特色作业，通过好的作业设计，发挥好的训练及育人效果，才能让作业真正成为孩子们的成长记录，让每一个优秀作业，成为孩子们的一个个成长礼物，使教学的影响延续到孩子的生活之中。

实践证明，科学的作业评价可以引领学生综合运用知识，给孩子们的发展和表现个人天赋提供机会，从而让学生喜欢作业，喜欢学习，让精彩的作业设计成为学生学习、创造、游戏的乐园。

作为孩子们的引路人，我们必须根据数学内容和学生的身心特点，联系数学与生活，将数学知识融于实践中，在实践中探索、挖掘更新、更多的好方法精心设计。

尽量让作业"题目新颖有趣"、"形式灵活多样"、"内容丰富多彩"、"评价有效有味"。

　　让科学的作业评价，激发学生学习兴趣，促进教师作业创新，从而使学生在兴趣的指引下，愉快地巩固知识和提高能力，进而提高学习成绩。让每一个孩子的个性得到张扬，核心素养得到提升。

数学特色作业设计　激发学生学习兴趣

作业设计创新是教师育人智慧的反映。在小学数学教学中，构建基础性作业、多层次性作业、开放性作业、趣味性作业的同时，注重设计小学数学特色作业，通过多样化的数学作业形式，可以培养和发展学生的主体意识，激发小学生学习数学的兴趣。

一、作业类型创新

1. 分层次特色作业

学生多层次特色作业设计的研究就是针对学生的个性差异将学生分层，主要解决"吃不饱"、"吃不了"等问题，使各个层次的学生得到不同的发展。

2. 趣味性特色作业

趣味性特色作业是遵从小学生的心理特征，寓知识与技能训练于趣味性练习之中，使学生体验到学习数学的乐趣。

3. 开放性特色作业

小学数学开放性特色作业是指条件开放、问题开放、解题策略开放的作业。其主要目的是培养学生思维的开放性、灵活性等。它是面向全体学生设计的，不同基础的学生可以提出难易程度不同的条件、问题和策略，这样便于激发学生的学习兴趣，帮助学生树立信心。

4. 实践性特色作业

实践性作业是指让学生将所学知识应用到生活实际中，解决实际问题的课内外作业，其目的是培养学生运用所学知识分析、解决实际问题的能力和水平，解决学用结合的问题，体现"人人学有用的数学"的新课程理念。

它是面向全体学生设计的，通过"广泛学习——尝试设计——实践检测——交流研讨——反思改进——循环实践"的研究步骤，逐步形成经验，从而达到优化小学数学课内外作业设计，减轻学生负担，提高教学质量的目的。

二、特色作业设计

1. 丰富愉快的绘画式作业

结合教学内容特点，设计一些绘画式作业，用绘画的方式巩固、应用所学知识。学习完一个单元的知识后，把所学知识的重难点、学习心得等，用文字或图画表达出来。

开展特色作业以来，同学们表现出了很高的热情，设计出来的数学小报各具特色。他们对这样的作业是非常感兴趣的，我们要相信孩子们的聪明才智，要意识到这类实践作业学生更感兴趣，要给他们机会施展才华和大胆表现个性。

同时，布置这样一些需要孩子与家长亲子协作完成的数学作业，为学生创设与家长交流、沟通的空间，使孩子们在智力发展和数学能力增长的同时，在心理方面也快乐成长。

如学完《表内乘法》之后，我布置学生设计制作一张"表内乘法口诀表"，学完之后结合中国传统文化绘制"九九消寒图"等，孩子们在完成这样的特色作业时，需要充分运用课堂所学的知识，通过与爸爸妈妈合作，精心设计表格、构图、查阅相关知识及运用口诀默写等，才能较好地完成。这样的学习活动对他们来说是一种享受，也是一种愉悦的体验。

再如高年级学生可以根据每个单元的知识点，绘制知识树或系统的单元知识思维图等，既系统整理了本单元的知识要点，又锻炼了他们的概括能力和表达能力。

此外，自编数学知识小报，这样既能培育学生在书写、绘画、设计、创作等方面的综合能力，又能串联学科内的相关知识及加强数学与其他学科之间的融合，还培养了学生"用数学"的能力，达到事半功倍的效果。

2. 好玩有趣的游戏式作业

游戏一直是学生感兴趣的话题，将所学的知识寓含于游戏中，可以提高学生完成作业的积极性。如学完《20以内的退位减法》后，我设计了"对口令"的游戏，在学生与学生之间、学生与家长之间玩。再比如学完《可能性》后，可以设计如"猜球"、"猜硬币"等游戏作业，课后相互之间玩一玩。学完《分类、认识物体》后，可让孩子进行"找一找"、"数一数"、"比一比"、"拼一拼"、"拆一拆"等趣味性的活动。在学习《有余数除法》时，我设计了"抱团"游戏，在课间让同学组团玩，同时根据每次的游戏过程及结果编出一道除法题目并口头列式。

3. 简单有效的口头式作业

小学低年级学生好奇心强，活泼好动，专注力不够，且注意力多与兴趣、情感有关。因此，在特色作业设计上主要以口头作业、游戏作业和观察型作业为主。口头式作业即说说讲讲的作业，可以让家长当"学生"，孩子当"老师"。具体做法是让学生每天回家给家长说说数学，讲讲习题。比如学生最初学习数的认识时，学生和家长可以根据家中的事物练习。一张桌子、一把筷子、一本书、一台电视……不但加深了学生对数的认识，而且还练习了数量词，一举多得。

再如学习简单的加减法，孩子和家长可以口头互相出题，不但加强了孩子对知识的掌握，同时也能提高了孩子计算的速度。高年级学生可以是背诵概念，讲一讲对所学概念的理解和认识，自编生活应用题等等。

4.深入思考的日记式作业

小学高年级学生可以通过撰写数学日记的形式把看到的、听到的、想到的、亲身经历到的与数学有关的内容记下来，还可以总结学习内容。

如自己预习中的疑问可以在数学日记中提出来和教师交流切磋，或对自己在本周做错的题型进行剖析并指出犯错的原因等。

让学生在写数学日记中进行自我反思，发现不足，更正错误，提出看法和质疑，也能在数学日记中表达自己的苦衷、发出心里的感伤、分享自己的喜悦等。

5.提升质量的反思式作业

让高年级学生将自己常犯错的数学题送进错题订正集，养成良好的改错习惯，并把出错原因写出来，用不同颜色的笔记录错题、反思订正，同时装饰美化错题集。让学生在轻松愉悦的氛围中，掌握解题的方法和技能，提高学生解题能力和学习兴趣的同时，为数学学习生涯留下值得回忆的彩色印记。

如何开展跨学科主题学习

　　《义务教育课程方案和课程标准（2022年版）》强调："义务教育课程应该开展跨学科主题教学，强化课程协同育人功能。跨学科主题学习的课时不少于本学科总课时的10%。"

　　随着新课程改革顺利推进，跨学科主题教学作为课堂教学的一种新形态，给中小学教育教学和教师发展带来了新的挑战。

一、对跨学科主题学习的认识

　　跨学科主题学习是指为培养跨学科素养而整合两种及以上学科内容开展学习的主题教学活动安排，具有综合性、实践性、探究性、开放性、操作性等特点。跨学科主题学习是加强课程综合和课程协同育人的重要课程板块，是培养学生综合素质的重要载体。

二、如何开展跨学科主题学习

　　真正有效的跨学科学习需要以整合性思维设计课程的整体结构框架，确保课程的科学性、系统性与稳定性，基本思路是纵向整合全学段和横向整合各学科。

　　1.跨学科课程可以横向整合各学科内容

　　根据问题的复杂程度以及学科融合程度的不同，跨学科主题学习，可以进行学科内整合、多学科整合、跨学科整合和超学科整合等课程内容的有效整合，贯通学校的基础性课程、拓展性课程、选择性课程和综合性课程等不同的课程类型。

例如，学校开展美育主题教育，基于美育核心素养的大观念、大主题和大任务，可以有效整合学校美育教育、美育校本课程、美育社团活动及各学科美育渗透教育等内容，横向整合学科类课程和活动类课程资源，同时可以有效整合语文、数学、道德与法治及音体美各学科美育资源，让学校美育有效落地，让学生美育核心素养在跨学科主题学习中得到有效提升。

再如，学校劳动主题学习教育，以劳动知识、劳动实践、劳动体验教育为基础，可以有效整合科学学科的实验和观察、数学学科的测量和计算、美术学科的欣赏和写生、语文学科的表达和写作等各学科内容，让学生在跨学科主题学习中有效提高劳动核心素养，促进学生全面发展、健康快乐成长。

2.跨学科主题学习可以纵向整合各年级课程内容

跨学科课程总是缘起于现实中的具体问题，一个具体问题出现时，往往具有全息性，不会指向具体的某个年级。

例如，学校确定美育为跨学科学习主题，围绕美育主题开发校本课程，挖掘和拓展美育资源，通过纵向整合，对跨学科美育课程进行了整体设计，增强美育活动的针对性：《行为习惯美》（一二年级）、《传统文化美》（三四年级）、《家乡人文美》（五年级）、《心理健康美》（六年级）。

各个年级的美育主题和内容，首先与本年级学龄特点、生活积累和学科教材相关联，旨在加强课程内容与学生生活经验、社会活动的联系，带领学生在"做中学"、"用中学"、"创中学"，从而提高学生在真实情境中学习美育知识，渗透美育理念，综合运用美育知识和理念指导行为实践，提升学生发现美、感受美、鉴赏美、创造美的能力。

学生通过美育跨学科主题学习，自主探究、体验感知美育所蕴含的人文、科学、劳动、美术、音乐等学科知识，提升美育核心素养。

再如，小学《道德与法治》教材，很多单元主题内容是整体构建的，可以纵向整合，增强学习的基础性、拓展性和连贯性。比如，小学四年级《道德与法治》第二单元主题"我在这里长大"，单元课时如"我的家在这里"、"我的好邻居"、"请到我的家乡来"等学习内容，可以围绕单元主题，对单元教学内容进行纵向整合，提升育人实效和整体育人效果；同时还可以结合三年级《道德与法治》第二单元主题"我们的学校"及相关课时内容"说说我们的学校"、"走近我们的老师"、"让我们的学校更美好"等，进行跨年级主题学习整合，让学生的道德与法治知识在跨单元、跨年级主题学习中，不断综合、丰富、拓展和深入，不断增强教学的实效性。

总之，跨学科主题学习强调课程内容与学生经验、社会生活的联系，强化学科之间的课程整合。跨学科主题学习要从简单的跨学科知识技能拼盘，转向问题解决的跨学科知识技能整合和价值关切，重视培养学生在真实情境中综合运用相关学科知识解决问题的能力，培养学生人生观、价值观和世界观，提升学生的核心素养，促进学生全面发展、健康成长。

德育润童心　铸魂启智促成长

　　高质量的基础教育，是人生的起点教育、根基教育，对促进儿童健康幸福成长，提升全民族素质具有重要意义。在小学阶段开展丰富多彩的社会主义核心价值观主题教育活动，可以培根铸魂、启智润心，促进少年儿童健康成长。

一、讲好红色故事，传承爱国基因

　　坚持把红色教育作为培根铸魂的重要抓手，创新开展"红色故事娃娃讲，红色精神代代传"主题活动，带领孩子们参观社区、学校红色主题展览，领略革命先烈为国奉献的大无畏精神。

　　比如，结合班队会，开展讲故事比赛。小朋友们精神饱满，怀着对革命先烈的崇敬之情，用稚嫩的童音、青涩的表演，绘声绘色地讲述《鸡毛信》、《小英雄雨来》、《抗日英雄王二小》等红色经典故事。活动既提高了孩子们的语言表达和表现能力，又激发了孩子们的爱国主义情感，在他们幼小的心中播下了一颗颗红色的种子，让红色光芒在传承中焕发了时代光彩。

二、强化思想教育，培育爱国情怀

　　结合"红领巾争章"等少先队活动，组织开展升旗、入队、收看党的二十大直播及线上读书、唱红歌、红色故事分享等教育活动，结合国庆节、抗美援朝周年纪念日等开展主题班队会、主题活动，聚焦立德树人，坚持"五育"并举，培育爱国情感，传承红色基因，做到培根铸魂、启智润心，切实推进党的二十大精神、社会主义核心价值观、铸牢中华民族共同体意识等新时代德育内容进学生头脑，努力让争做"新时代好少年"、"强国有我"等德育的种子在学生心中生根发芽。

三、开展志愿服务，学做小雷锋

以志愿服务培养儿童的奉献精神，积极开展"春风拂童心，雷锋在行动"志愿服务活动。通过讲述雷锋故事、同唱《学习雷锋好榜样》等方式，让孩子们感受雷锋精神，引导他们学习雷锋无私奉献、乐于助人的高尚品格，将"奉献、友爱、互助、进步"的志愿者精神记在心中。

同时，小学生志愿服务活动让孩子们走进社区当起了"小雷锋"，忙碌的身影成了一道道亮丽的风景线：孩子们有的擦桌子，有的叠衣服，有的为孤寡老人讲笑话、唱儿歌，稚嫩的面庞、清澈的声音，既为老人们带去了欢乐和温暖，也以润物无声的方式将雷锋精神渗入孩子们的心灵。

四、劳动实践教育，助力健康成长

学校聚焦劳动育人，在小学校园开辟生态种植园，最大限度地支持和满足幼儿感知和亲近自然的需求，并积极开展劳动实践和勤俭节约主题教育，让孩子们在园艺活动中发现美、感受美、表现美、创造美，在与生态环境的交融中了解自然、亲近自然、热爱自然，促进幼儿身心健康发展。

学校通过生态种植活动，组织、引导、鼓励孩子们积极参加劳动，主动开展观察、种植、除草、采摘等实践活动，引导孩子们体验自然之美，感受劳动和收获之乐，培养儿童"一粥一饭，当思来处不易"的艰苦奋斗、勤俭节约的良好品德。

丰富德育内涵　增强德育思政时效性

新时代中小学德育教育，要以《道德与法治》等教材为基础，结合新时代道德、法治及爱国主义教育等育人特点，不断丰富内涵，增强德育的针对性和实效性。

一、开展全方位德育渗透教育

结合文化类学科、德育思政类课程、活动类课程教学，按照课程思政建设、"三全"育人等德育新要求，充分挖掘各类学科德育资源，研究实践德育融入策略，落实全学科育人、全过程育人、全员育人，丰富德育途径，提升德育实效。

二、开展多层面的德育引领

树立正确的质量观，坚持面向全体学生，促进各类层次、各具特长的学生健康发展；注重心理健康教育、青春期教育和礼仪教育，培养学生良好的心态和健全的人格；充分发挥学生社团的作用，广泛开展新颖活泼的德育教育系列主题活动；定期表彰各级各类先进学生和先进集体，营造积极向上的校园氛围，全面提高学生综合素质。

三、开展多渠道的心理健康教育服务

认真贯彻落实教育部《关于加强中小学心理健康教育的若干意见》及

《中小学心理健康教育指导纲要》等文件精神，制订心理健康教育计划，重视心理健康教育的研究，开设心理健康课程，推进学校心理咨询室工作，设置心理咨询信箱，经常性通过板报、讲座、咨询等形式进行心理健康教育，多渠道了解和掌握学生信息。支持班主任和年级组长开展心理咨询及心理健康教育工作。搞好学生群体与个体心理辅导，对有心理障碍的学生及时进行心理辅导，培养学生健康向上的心态，增强社会适应能力和抗挫折能力。

四、充分挖掘校园文化德育资源

结合校园文化创建，运用校风、校训、校徽、校旗、校歌等校园德育文化资源，从小处着眼，从细节入手，开展德育系列宣传教育，培育学生爱校、爱家、爱社会主义祖国的情感。

党建引领聚合力 "四个聚焦"促发展

学习贯彻党的二十大精神，关键在落实立德树人根本任务，推动教育高质量发展，办好人民满意的教育。利通区第七小学党支部以党的二十大精神为指引，加强党对教育工作的全面领导，认真落实党组织"把方向、管大局、作决策、抓班子、带队伍、保落实"的领导职责，围绕"四个聚焦"，抓党建、重德育、创文化、提质量、促发展，不断以党建工作新成果，推动学校规范发展、科学发展和高质量发展。

一、聚焦立德树人根本任务，强化党建引领

落实立德树人根本任务，要靠党组织的坚强领导和科学引领。一是党建引领"五育"融合发展。党支部构建"五育"启智框架图，通过制度建设、课堂实践、教研引领、评价激励及家校合作共育等，推进"五育"融合发展，促进学生德智体美劳全面发展。二是党建引领"课程思政"建设。积极落实全学科、全方位、全员"三全"育人策略，教务处功能党小组牵头，党员骨干教师引领，以道德与法治课程为基础，结合主题教育、班队会活动、社团活动等活动类课程，完成学校思政精品课16节，以党员骨干教师为主体，培养学校思政骨干教师9名。三是党建引领师德师风建设。以吴忠市"师德师风示范校"创建为抓手，以《中小学教师职业行为十项准则》为底线，开展师德典型宣传、师德案例选编、新时代"四有"好老师评选等活动，强师德、铸师魂、提师能、促发展，为学校高质量发展提供师德保障。

二、聚焦社会主义核心价值观导向，注重文化建设

引领学校创建品牌文化，积极践行社会主义核心价值观，是学校党组织领导力、创新力的重要体现。一是引领创建学校"启智"文化品牌。围绕"培根铸魂、启智润心"的办学目标，创建学校"启智"文化品牌，创办学校《启智》校刊，融合学校"五育"课堂文化、"七彩"课程文化、"七彩"德育文化，推动学校科学发展。二是引领创建"智慧阅读"品牌。结合书香校园、数字校园、智慧校园建设，通过书香家庭、书香班级、书香少年等活动，引导学生爱读书、读好书、善读书。三是引领创建"七彩课程"品牌。党组织积极引领学校教学团队创建"七彩"课程文化，以"智之彩、美之彩、雅之彩、健之彩、艺之彩、技之彩、慧之彩"为主要目标，结合国家课程、校本课程及教育"双减"服务，不断丰富各类学生社团活动项目和内容，为每一个孩子的健康成长创造出彩的机会。

三、聚焦攻坚克难，推动高质量发展

充分发挥基层党组织战斗堡垒作用和党员先锋模范作用，聚焦攻坚克难，积极创先争优，是增强党组织凝聚力、向心力的重要基础。一是文化品牌创建凸显党建智慧。党支部以党的二十大精神为指引，以落实新时代党的教育方针、新课程改革理念为目标，引领创建利通区第七小学"启智"文化品牌，规划文化创建思路导图7张，创办《启智》校刊，培根铸魂、启智润心，凸显了党建智慧，提升了党组织领导力和创新力。二是新课程改革推进注重党建引领。学校以教务处功能党小组为依托，引领各教研组、年级组、学科组，开展新课改理念学习研讨、连片教研、党员骨干教师示范课、教师读书论坛、"七彩"课程建设等活动，扎实推动新课程改革理念在课堂生根，在校园落地。三是课后延时服务体现党建服务。自课后延时服务开展以来，党组织积极规划课后延时服务项目，党员骨干教师带头承担课后

延时服务任务，带头申报组建学生社团服务活动，利通区第七小学课后延时服务质量不断提升，学生参与率达到95%。

四、聚焦常态长效，健全管理制度

学校党支部抓大事、定制度、管长远，为学校可持续发展、高质量发展定位把脉，提供制度保障。一是制定完善学校党政议事规则。党支部根据上级党组织关于党组织领导的校长负责制相关政策文件，结合学校实际，及时制定完善《第七小学党支部会议议事规则》《第七小学校长办公会议议事规则》，规范权力运行，提高工作效能，提升校园治理能力。二是制定完善学校章程及发展规划。根据新时代教育改革新目标新任务和学校发展实际，及时制定完善《第七小学章程》《第七小学三年发展规划（2023—2025年）》，强化顶层设计，为学校规范化发展、科学发展超前谋划，定标定位。三是制定完善学校教育教学管理各项制度。根据学校教育改革及发展新要求，及时制定完善《第七小学师德师风建设方案》《第七小学清风校园创建方案》及课后延时服务、文明校园创建、智慧阅读、生态校园、劳动实践等各类制度方案，为学校内涵发展、高质量发展提供制度保障。

项目式学习启智增慧 提升学生核心素养

利通区第七小学党支部强化功能党小组建设，重引领，促发展，推进新课程改革走深走实。利通区第七小学教务处功能党小组以数学项目式学习为抓手，立足课堂，促进课堂教学及学习方式变革，提升学生学科核心素养，提升课堂教学质量。

一、数学项目式作业展示——探索图形奥秘感受图形魅力

为了落实"双减"，全面深化作业改革，促进学生的全面发展和健康成长，利通区第七小学一年级数学老师紧紧围绕学科素养，根据一年级学生的特点和所学内容，设计了融合数学几何、美术创意、益智拼图等学科元素的项目式作业，让学生走进生活，走进数学，感受数学的魅力。

在生活中，总会有一些图形与我们相伴，比如天空中圆圆的太阳，教室里方形的书桌，不经意间带给我们美好的体验。

图形表达的语言和魅力是无穷的，同学们的想象力更是无穷的，孩子们借助学过的平面图形和脑海中的各种想象，创造出更加生动有趣的图案。

彩色卡纸剪出的图形，在孩子们超强的想象力下，无缝隙拼搭成各种图形和图案。

孩子们用画笔画出喜欢的图形，涂上喜爱的颜色，这些简单的平面图形变成了他们手里一幅幅精美的图画。

"我爱北京天安门，天安门上太阳升。"小朋友对所学的立体图形进行裁剪、拼接、绘画，制作出一幅幅有关天安门的作品，从中感受到了浓浓的爱国情怀。

孩子们在愉快的拼贴过程中，不仅认识了不同图形的特征、加深了对图形的认识，而且在介绍自己作品的过程中提高了口语表达能力。

拼摆活动，拼的不仅仅是图形，更拼出孩子们童年五彩的梦，激发了孩子学习数学的兴趣，使学生爱上学习，爱上数学。

愿孩子们的梦想随着拼出的小鸟越飞越高，小小的帆船也会带领孩子们驶向梦的彼岸。

二、数学《垃圾分类》项目——探方法，重思维，促发展

为了更好地体现数学与生活、数学与其他学科的关联，2022版数学新课标对"综合与实践"领域赋予具体的内容，通过主题式学习或项目式学习，引导学生在真实情景中经历发现问题和提出问题、分析问题和解决问题的过程，感悟如何用数学的眼光观察、用数学的思维思考、用数学的语言表达现实世界的问题。

"思维是从疑问和惊奇开始"，项目式课程的内容就是有趣的、有意义的、有疑惑的。利

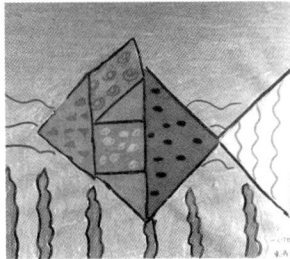

通区第七小学四年级数学项目式学习——垃圾分类，让学生经历一个学数学、用数学的过程。

1. 项目缘起

学生根据已有的生活和学习经验，已经学会了初步收集信息的方法，如数数、称重等，由此，可以通过一个真实性情境，进行方法多样化的探究。

2. 项目目标

（1）认识条形统计图，能根据条形统计图说出统计的内容和数量，会比较数量的大小。

（2）知道条形统计图的不同表现形式。

（3）知道条形统计图表示的数量不仅与所画直条的长度有关，而且与一格（1刻度）所表示的数量有关。

（4）知道在确定一格所表示的数量大小时，必须考虑统计表所提供的数据大小，以使统计图能够完整地表示统计数据。

（5）通过画简单的条形统计图，提高识读条形统计图的能力。

（6）增强学生的垃圾分类意识，了解厨余垃圾分类方法，感受垃圾分类的重要性。

3. 项目实施

通过几个板块开展活动，让学生会用数学的眼光观察世界，会用数学的思维思考世界，用数学的语言表达世界。

4. 项目评价

项目式学习，学生不只是理论上的学习，更将知识在日常生活中加以应用，体会知识的价值，还可以更有创造性地思考，培养学生的创新、解决问题、批判性思维、合作学习和终身学习等多种能力，让学生体会到学习自身的意义和价值，促进学生多角度发展，实现核心素养的落地。

表 1　项目式学习评价表

评价指标	自我评价	组内评价	教师评价
1. 积极参与组内交流讨论	☆ ☆ ☆	☆ ☆ ☆	☆ ☆ ☆
2. 认真倾听他人发言	☆ ☆ ☆	☆ ☆ ☆	☆ ☆ ☆
3. 与组内成员表达自己的想法，并让他人接受	☆ ☆ ☆	☆ ☆ ☆	☆ ☆ ☆
4. 积极与他人配合，完成任务	☆ ☆ ☆	☆ ☆ ☆	☆ ☆ ☆
5. 认真搜集资料并完成调查表	☆ ☆ ☆	☆ ☆ ☆	☆ ☆ ☆
6. 材料准备充分	☆ ☆ ☆	☆ ☆ ☆	☆ ☆ ☆

三、数据收集整理项目——分析气象数据，揭秘风云变化，提升学生知识应用能力

学数学，其乐无穷；用数学，无处不在；爱数学，受益终身。

人教版小学数学二年级下册《数据收集整理》单元，引导学生经历简单的数据收集和整理的过程。

例如，二年级数学组以"吴忠市利通区2022年3月天气"信息的收集为载体，开展"3月小小天气播报员"项目式作业，制作"3月天气日历"，绘制统计图，让学生感受到数学与生活的密切联系，体会统计数据的意义。

1. 小小气象播报员

大自然是孩子们探索科学知识的最好场所。自然界的晴天、阴天、多云和雪等天气变化、各种气象标志都是孩子们乐于探索的主题。观察天气，画

气象、预报天气等一系列的活动都能引起孩子们的兴趣，激发他们的好奇心和求知欲，萌发热爱数学的情感。

2. 小小天气记录员

欢迎来到统计图大世界的数学世界，一个个奇妙的数字，一个个有趣的符号，都是帮助学生开启科学大门的金钥匙。

同学们巧妙地将生活与数学融为一体，体会生活中处处都有数学。

3. 小小穿衣提示员

在统计的过程中，收集和整理数据并不是最终的目的，分析和解决问题才是目标。一个个来自孩子们的"穿衣小提示"，让知识走进生活，让数学知识有温度、有情趣。

小气象，大数据。学生通过定时播报天气，制作"天气日历"，分析天气数据，绘制统计表，逐步形成了统计观念，逐渐形成尊重事实、用数据说话的态度。

学生口头表达能力，观察能力，数据分析能力，信息传达能力得到提高，项目式学习方式成效显著。

智慧阅读启智　点亮幸福人生

2023年4月23日是第28个"世界读书日",让我们把最好的书籍,给最美丽的童年;把最好的时间,给最重要的阅读。

2023年全国教育工作会议强调:"要把开展读书活动作为一件大事来抓,引导学生爱读书、读好书、善读书。"

今天,我们进行读书启动仪式,激励同学们坚持把最美的书籍给最美的童年;在学校智慧阅读各类活动的开展中,让我们经历阅读,爱上阅读;让主动阅读的习惯伴随成长的一生。

今天,让我们重温古人的话"书中自有颜如玉"、"书中自有黄色屋"、"腹有诗书气自华"。阅读一本好书,就是点亮一盏心灯。让我们点亮更多心灯,照亮自己前行的路,照亮我们的世界!

今天,我们在智慧阅读中体验"有书香的童年,才有书香的人生",坚持阅读从我做起,营造书香校园,浸润美好童年,塑造文明新少年。

学校2023年"世界读书日"主题活动,期望全校同学:

一要确立长效阅读机制,营造浓郁阅读氛围。以"智慧阅读"为主线,形成"一节点四时段"的阅读思路。"一节点"是以"4·23世界读书日"为契机,全校各部门通力配合,协同举办全校性的智慧阅读推广系列活动;"四时段"即在校每天坚持20分钟"经典诵读";每周五课后服务40分钟阅读分享+指导;每周课外"智慧阅读"拓展延伸;每个假期开展"我与好书有个约会"活动。各班级应根据新课标要求,不定期组织形式多样的特色读书活动，使全校大阅读推广呈现多元化特点和常态化局面。

二要培养阅读思维能力和兴趣，全面拓展阅读路径。变"要我读"为"我要读"，变"学一阵"为"学一生"。

在开展阅读活动中，融好书推荐、教师引导、美文鉴赏、吟诵展示、朗读比赛、感悟分享等多种形式于一体，全方位、多层次进行智慧阅读的推广，引领同学们在浓郁的书香氛围中健康成长。

对阅读的热爱，能使公民更有品位和尊严；对阅读的看重，能使民族更有未来和前途。

让我们在春天里相约，一起走进书的世界，"把读书作为一种追求、一种爱好、一种健康的生活方式……"沐浴书香，感悟生活。

让我们把读书活动真正作为一次新的耕耘与播种，让我们的内心因为读书而充实，让我们的双眼因为读书而明亮。

让我们的每一天因为有书的相伴而变得更加美好，让浓浓的书香飘溢在我们美丽的校园，润泽我们的金色童年，开启我们的幸福人生！

劳动实践　启智润心促成长

——利通区第七小学劳动教育纪实

播种，守护，期待，

我们将和种子一起出发，

让绿色的故事丰盈生命，

润泽心灵。

劳动，让生活更多彩，让教育更美好！"劳动最光荣"是劳动教育落到实处的体验与行动。

利通区第七小学以"培根铸魂、启智润心"为办学理念，聚焦立德树人，坚持"五育"并举，加强劳动教育，通过劳动实践活动，弘扬"劳动最崇高、劳动创造人类文明、劳动创造幸福美好生活"的精神，从而培养学生热爱劳动、学习劳动技能的意识。学校每周结合实际开展系列劳动教育活动。

一、七彩耕园　奠基幸福人生

学校"七彩耕园"劳动教育实践基地的建设，为同学们提供了一个良好的劳动实践教育平台。

我们在上好劳动教育课的同时，还有机地把劳动实践活动与各学科教学相结合。抓住时间节点让学生走进"七彩耕园"，参与翻地松土，孩子们在老师的指导和协助下，紧握铁锹挥洒汗水，稚嫩的双手在杂草和碎石中穿梭，即便弄脏了双手也毫不在意，灿烂的笑脸上写满了劳动的快乐。

在整个劳动过程中，同学们互相帮助，充分体现了良好的团队精神和不怕脏不怕累的劳动精神。

二、一米方田　播种希望

三年级五个班的孩子们来到启智楼后认领自己班级责任田——一米方田。在老师的指导下，他们在自己的小花坛、小方田松土、播种、浇水。

瞧，一个个"小园丁"一丝不苟，都在认真学习种植，"小菜农"们悉心地打理着每一个花篮，相信在他们照料下，不久的将来，各个班级责任田的种子定会破土而出，苗壮成长。

三、绿意班级　相约春天

学校把劳动教育与劳动实践巧妙结合，把班级窗台打造为各班级劳动实践基地，通过种植绿植、蔬菜、花等，引导学生积极参与生产劳动，观察植物的生长，让植物在细心、细致地呵护管理下苗壮成长。

窗台种植将劳动实践活动高效地与生活、生长、生命联系起来，让七小学子们感受生命，感受成长。

劳动是成长的必修课，少先队员们要崇尚劳动、尊重劳动者。让热爱劳动蔚然成风，让劳动的种子深植学生心中，让他们在劳动中提升综合素质，促进全面发展，成长为担当民族复兴大任的时代新人！

书香启智悦性灵　典籍浸润正人心

春山可望，书卷可亲

这个春天

让我们一起浸润书香

"阅"见古今，"阅"见未来

最美人间四"阅"天，正是读书好时节。在第28个"世界读书日"来临之际，利通区第七小学开展了丰富多彩的阅读活动，以期弘扬中华优秀语言文化，构建书香校园，推动全民阅读。

一、启动仪式　营造氛围

凡事预则立，不预则废。早在4月初，学校就通过外部环境的氛围营造、制订并解读"世界读书日"系列活动方案、国旗下活动等多项举措，提高广大师生以及家长对阅读活动的重视。

二、我与书籍　不期而遇

诗人杜甫说"读书破万卷，下笔如有神"，理学家朱熹说"问渠那得清

而我认为：书是我的良师益友
书香伴我成长，践行梦想！

壹 我们的知识

读一本书，可以增加

贰 阔我们的视野

读一本好书，可以开

叁 我们的命运

读许多书，可能改变

如许？为有源头活水来"，作家杨绛说"每本书都别有天地，别有日月星辰"。作为知识的载体，书籍是人类记忆和想象的延伸，潜藏着无限的可能。与书籍的不期而遇，藏在文字里，也藏在家长与孩子们独特且有创意的摄影中。

三、阅读赋能 共育美好

"欲求教好书，先做读书人。"要把开展读书活动作为一件大事来抓，我们教师首先要爱读书、读好书、善读书，然后才能引领学生做读书人。

在老师们读书的分享中，我们可以感受到：读书，是教育最曼妙的风景。在老师们读书心得的字里行间，我们更加相信：读书，可以让教育走向更美好！

四、淡墨书香 践行梦想

李白的潇洒，苏轼的豪放，鲁迅的冷峻深邃，冰心的意切情长……这些感受，在孩子们或绘声绘色、或慷慨激昂地讲述中一一呈现。在典籍的世界里，孩子们可以领略广阔的

利通区第七小学第四届书香校园暨第28届世界读书日

天地，欣赏壮丽的山河；可以知文史经，品诗词歌赋；可以回味古老的悠长，眺望未来的瑰丽！

五、以韵传文　以文化人

中华文明五千年，文字音韵都经典。文字虽无声，吟唱有意趣。每一次的吟唱，都是我们与传统的遇见。一二年级的孩子们，用他们稚嫩的声音，诵"举头望明月，低头思故乡"，唱"露从今夜白，月是故乡明"，吟"春风又绿江南岸，明月何时照我还"……在低吟浅唱中感受文字的魅力，音韵的传奇。

六、红色精神　启智人生

一段段红色经典，记载着辉煌，镌刻着历史；一个个人物，一则则动人的故事，串联起新中国诞生的轨迹。播下一颗红色的种子，让孩子们感受英雄的力量，从小树立远大理想，时光流淌，初心不变。代代相传的红色基因，让童心有信仰，让脚下有力量。

让经典浸润童心，伴学子快乐成长！

> 阅读是一束光；
>
> 点亮人的心路。
>
> 阅读是一束光；
>
> 照亮人的未来。
>
> 在风景如画的春天，
>
> 让阅读走进我们的生活，
>
> 让我们与美好"阅"见！

红色中有自信，指引我们"不畏浮云遮望眼"；红色中有定力，警示我们"风雨不动安如山"；红色中有担当，激励我们"越是艰险越向前"。在孩子们淋漓尽致的演绎中，红色的信仰已经在他们幼小的心灵中深深地扎根，未来必将枝繁叶茂、硕果累累。

最是书香能致远，唯有读书方宁静。利通区第七小学将以此次活动为契机，持续推进书香校园建设，

筑梦新时代　书香启智"阅"未来

江泌追月，凿壁偷光

只为一睹你的芳容

负薪挂角，刺股悬梁

你的魅力让人癫狂

数千年文明智慧寂静中流淌

河床卵石闪烁着的人类思想之光

井底青蛙走出愚昧黑暗

前进的帆船有了人生的航向

——读书

一、以书为媒　润泽童心

书籍对于每位利通区第七小学的学子来说，有着独特又深厚的感情，总是能不假思索地购买，废寝忘食地阅读，读完之后也不忍束之高阁任其蒙尘。久而久之，孩子觉得"旧书无处安放，新书远远不够"。

为了解决各位小书虫的烦恼，增进同学们的交流，第七小学一至五年级学生在世界读书日这一天开展了"以书为媒　润泽童心"活动。让每位同学帮自己在书架上蒙尘积灰的旧书找到更好的归宿。

同学们为自己的旧书制作一张"名片"，并赠送给交换书籍的同学，充满书香的仪式感，让同学们收获满满。

所谓读书明理，涵养正气，同一本书，不同读者，不同境况会读出不同的内涵，同学们交换出去的是一本闲置好书，但收获回来的会是他人独到的想法以及志同道合的朋友。

二、旧书新售　阅享春光

读书足以怡情，足以博彩，足以增慧。踩着春天的尾巴，在世界读书日这一天，利通区第七小学六年级组开展了以"让书香'流动'"为主题的活动，将精彩的读书节活动以新颖的跳蚤市场模式展现给全校师生。

六年级组以班级为整体，设好摊位、备好书籍、贴好价格……随着摊位上的小小"老板"们卖力吆喝，小小"顾客"们也开心地精

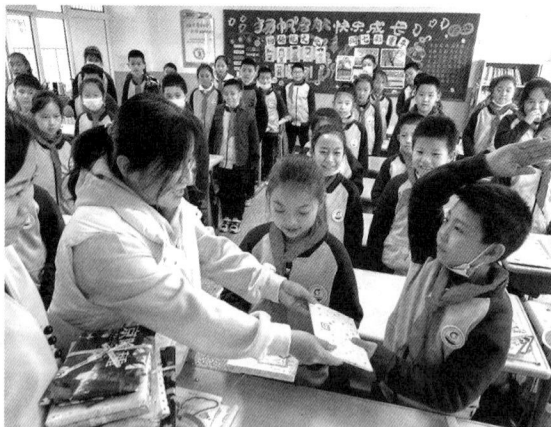

心挑选，这是一个洋溢着欢乐的市场。

学校为同学们精心制作了一张张颜值与价值集一身的购书"代金券"。

活动过程中，同学们有的迫不及待地翻书阅读，有的滔滔不绝地讲述着各个摊点有些什么样的好书，有的意犹未尽地流连于各个摊点之间……

时间匆匆，隐匿在孩子们的欢声笑语中；收获满满，埋藏在每一本书的流动里。

书墨泛香，尽染芬芳。"抢"到心仪图书的小书虫，在安静的一角津津有味地开启了阅读之旅，俨然忘却了"市场"的喧闹。

三、以书为礼　弘扬家风

书，是这个世界给我们最好的礼物，是父母给孩子最好的礼物。童年是天真烂漫的童话堡，也是畅想未来的瞭望塔，带着梦想、期待和童真，度过美好童年的每一天，该是多么幸福的事情。

父母将书籍作为礼物，可以拓宽孩子的视野，滋养他们的心灵，让他们的阅读与求知历程充满阳光。

以书为礼，弘扬家风。知识赋予我们力量，而读书可以获取知识，跨越时间、空间，在知识的海洋里遨游。送孩子一本书，陪孩子去读书，一室书香能让家庭的爱，传得更远、更有厚度！

四、逐梦书香　"阅"见七小

莎士比亚说，书籍是全世界的营养品。生活里没有书籍，就好像天空里

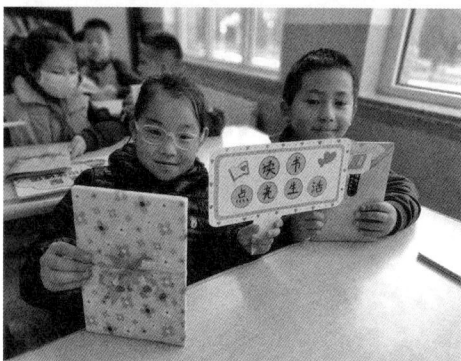

没有太阳；智慧里没有书籍，就好像鸟儿没有翅膀。

自4月份以来，学校分年级组层面和校级层面，组织开展了丰富多彩的活动。

在活动中，各班级认真组织，同学们积极参与，取得了良好的效果。学校于4月23日下午隆重召开以"利通区第七小学第四届书香校园暨28个世界读书日'爱读书、读好书、善读书'"为主题的表彰大会。隆重表彰"书香少年"、"书香班级"、"书香家庭"、"书香教师"，激励师生和家长走近阅读，感受书香，让阅读成为利通区第七小学师生的一种生活方式、一种生活需要和一种文化自觉。

世界读书日以一种节日的仪式感提醒我们：无论什么年代，无论什么家境，无论身处何地，只要我们愿读书，便可以从知识的海洋中汲取富足的养分。

因此，让我们去阅读吧！因为脚步丈量不到的地方，文字可以。让精神突破时间与空间的约束，让灵魂来一场长足的旅行。

读书的日子

心底如花儿绽放

一粒粒汉字

不施粉黛不染铅华

如一个漂亮的姑娘

手持着一簇簇花朵

天女散花纷纷扬扬

4月23日，让我们与世界同行

让阅读浸润师生的心灵

让书香溢满美丽的七小

今天，我们一起捧起书本，阅读吧！

美育启智促成长

——美育与学科教学融合案例

在参与学校美育与学科教学实践的过程中，我结合自身教学实践，积极参与，切实体验到美育与学科教学融合，可以美益智，以美促学，在培育学生审美情感的同时，提升学生学习兴趣和教学质量。

一、美育与学科融合"以美促学"

在教学时探索学科融合，将美术学科知识渗透或者串联，整合成彩色作业。如在教学《神话传说》这一单元后，结合单元要素设计了学科融合的作业，学生展开丰富的想象，通过画、说、写等表达方式精彩诠释了对"腾云驾雾"、"神机妙算"、"三头六臂"、"神通广大"等词语的理解。

在教学《传统节日》这一单元时，先让学生课前通过网络、书籍等平台搜集查找关于传统节日的知识，接着填入设计好的表格中（时间，节日，起源，习俗，活动形式，诗句，相关故事等），然后在课堂上进行交流，最后，借助相关传统节日，让学生走进传统节日，用手抄报、视频、图片等形式并结合自身体验，感受我国传统节日深厚的文化底蕴，激发学生的民族自豪感。

我在教学四年级第二单元的快乐读书吧《十万个为什么》时，提前先在假期安排了读书任务，让学生读了《十万个为什么》整本书，并提出了阅读的相关要求：初读时做摘抄，再读后写心得。接着在教学快乐读书吧时，又

设计了知识竞赛，全班开展《十万个为什么》整本书知识抢答，分组竞赛并评选最佳优胜组，最后再让学生动手画出《十万个为什么》的思维导图。

这样做不仅回顾了书中相关知识，还借助导图提升了学生的思维能力和动手动脑的能力，更从中探索到神奇的科普知识。

二、美育与教学智慧结合"以美益智"

在班级中成立作业资源库，实行"小组＋班级"、"统一＋漂流"的作业共享模式。每人每份作业首先由个人独自完成、再经过小组反思、精改精修、最后收集成册进行漂流分享。

如在学习诗歌单元时，引导学生结合语文要素，化身为笔底生花的小小诗人，尝试创作现代诗歌，完善配图后小组进行查阅反思，修改后将诗歌编录在一本独一无二的诗集册中，在班级里进行漂流，在年级组中进行漂流，

传递着脉脉书香。

通过作业漂流活动，老师们一定会更加重视作业的多元化设计，运用教学智慧，设计出更多具有特色的作业，帮助学生巩固知识，掌握技能，发展思维，彰显个性，让每个学生都能在作业中获得满足、愉悦和成功。同时，也使学生找到了自身的不足，明确努力方向，达到"以展促学，以评促优"的目的。

三、美育与创新结合"以美激趣"

在学生读完整本书后，根据自己的理解和感悟，绘制出整本书的封面。同学们运用电脑绘画和手绘等不同方式，展现了自己对书的理解，凸显了自己独特的想法，在实现美育与语文学科融合的同时，引领学生体验设计美、艺术美及创新、创造之美，做到以美益智，以美促学，提高了学生对学习和阅读的兴趣。

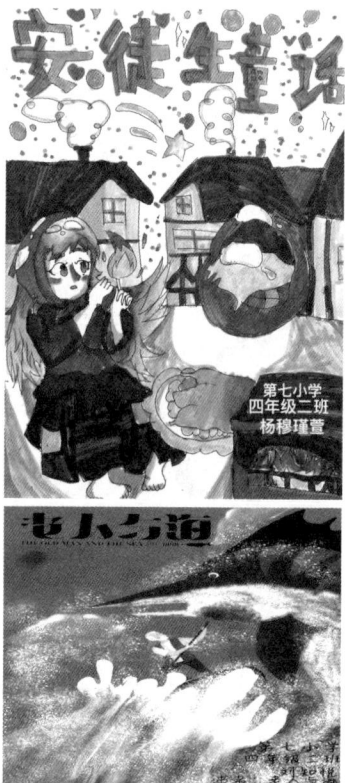

美育启智：语文教学中渗透美育

美育，简言之就是审美教育，就是用美的语言、美的教学资源激发学生心中美的种子，让他们成为心中有爱、心中有美的人。语文教学不仅承担对语言文字的掌握，更主要的是要担负起对学生美育的培养。

在教学中，教师要充分利用好教学资源，把它们作为承载美育的载体，提升学生美的修养。下面从日常语文教学的朗读、解读和训练三个方面展开论述。

一、在"朗读"中感受美

朗读是语文教学的重要形式。特别是含有丰富情感的朗诵，不仅能够训练学生的口语能力和语言思维逻辑，而且能够培养学生对课文美感的感知。

通过有感情朗读课文，将学生的思维带进语文课文中，让学生感受作者所处的环境以及作者所要表达的喜、怒、哀、乐，体会作品的意境美和表达形式美。

如学习《手术台就是阵地》这篇课文，教师通过朗读，通过语气的缓和急促，声音的高低，抑扬顿挫地把无声的文字符号通过声音传递给学生，让学生感受到白求恩大夫工作环境的危险和不顾个人安危、临危不惧的勇气与担当，从而使学生获得一种妙不可言的美的享受。

教学《金色的草地》时，播放轻柔的背景音乐开始朗读"我们住在乡下，窗前是一大片草地。草地上长满了蒲公英。当蒲公英盛开的时候，这片草地

就变成金色的了 ……"通过朗读，让学生感受到美的画面，陶冶了学生美的情操。

二、在"解读"中体验美

所谓"解读"是指对课文及其相关联的知识进行分析，进行讲解。通过教师的解读表达文章的内在美。语文课本中有许多的包含着美的文章，教师要通过对文章的分析，提炼出结构美、语言美、意境美，唤醒学生对美的感悟，调动起学生的想象力。教师要引导学生，提升他们审美的能力。

比如在学习叶圣陶散文《荷花》时有这样的一段描写："我仿佛觉得自己就是一朵荷花，一阵微风吹过来，我就翩翩起舞，雪白的衣裳随风舞动……"老师通过对这段话的分析，让学生仿佛置身于万物复苏、百花争艳的春景之中，仿佛看到一幅流动的荷花春意图。在画中有五彩缤纷的花朵，有勤劳采蜜的蜜蜂，有蝴蝶的翩翩飞舞，有荷花争奇斗艳的俏皮，有作者无穷无尽的想象……

通过老师的解析，一幅灵动的立体画面自然而然流露，学生掌握了文章如诗的语言，感受到文章里如画的意境，对于春天美好生活的向往活跃于纸面之上。

中国古诗文是学生感受美的主要内容，教师在讲解过程中让他们理解和感受中国文字所表达出来的美。比如："日出江花红胜火，春来江水绿如蓝"的江南之美；"泥融飞燕子，沙暖睡鸳鸯"的动静之美；"兴王只在谈笑中，直至如今千载后，谁与争功！"的气势之美；"古来圣贤皆寂寞，惟有饮者留其名"的忧郁之美；"问苍茫大地，谁主沉浮"的自信和担当之美。

通过对课文中人物形象的分析，能够进一步了解课文内容，更主要的是培育学生对美的感知。《在牛肚子里旅行》让我们体会到青头为了朋友不顾个人安危的美好品质，同时也懂得了一个科学小知识：牛有四个胃，吃食物时会反刍。《一块奶酪》告诉我们作为领导要大公无私才能赢得人们的尊重；《总也倒不了的老屋》告知我们要学习老屋乐于助人的品质；《胡萝卜先生的长胡子》告诉我们要在别人困难的时候帮助他人；《小狗学叫》告诉我们做事不能盲目，要动脑思考，找到自己的位置，做真正的自己……

通过解读，有效激发学生的情感和审美评价，进一步培养他们鉴赏文学作品的能力，这也是在语文教学中培育学生美育最基本的途径。

三、在"训练"中实践美

当一个学生具备了初步的欣赏美和鉴赏美的能力之后，要求他们通过一定的方式来展现美。小练笔既是展现美的一种方式，又是培养学生表达美的感受，培育美育的主要途径。

1. 修辞手法小练笔

三年级的学生已经掌握一些必备的修辞手法，如比喻、拟人、排比、反问等，教师要引导学生在习作中正确合理地使用修辞手法，从而为习作增色，增加美感。

因此，教师可以在教学时将课文中有代表性的句子让学生进行练笔。如在三年级上册课文《大青树下的小学》中，第一段中描写了学生上学路上的情境："早晨……走来了许多小学生，有汉族的，有傣族的，有景颇族的，还有阿昌族和德昂族的。"引导学生感知作者用排比的手法写出了不同民族的学生，而教师在教学时与课后习题三相结合，指导学生有效练笔：用上有新鲜感的

词句"有……有……有……还有……",选择一个场景说一说。学生在教师的引导下,写出了不少精彩的句子,把自己的感受通过一段文字表达出来。

2. 片段特点小练笔

在教材中,很多文章的段落有着显著的特点,这也为学生的练笔提供了素材。以课文《海滨小城》来说,教学"小城"部分时,重点引导学生抓住关键句,体会庭院、公园、街道段落的描写。

在感悟庭院美时,主要从树的种类多、桉树叶香浓、凤凰花开得热闹这三个方面入手,帮助学生领悟表达方法,感知这三方面都是围绕段落的第一句话来写的,再由扶到放,学生就能更好地理解小城公园的美和街道的美。

> 片段练习小练笔
>
> 一到池塘边,我就被眼前的景色吸引住了。阳光照在水面上闪闪发光。一群火红火红的金鱼在水里快活的游着,一会儿打架,一会儿唱歌,一会儿吐泡泡,一会儿睡觉,有趣极了。一朵朵漂亮的荷花已经盛开。荷叶上还有小水滴在跳舞。我站在池塘边久久不愿离开。

在此基础上,带领学生进行扩展练习。通过选取教材中的片段特点进行仿写练笔,不仅促进了学生的读写结合,而且在习作的同时渗透美育教育,达到学科融合的目的。

3. 文章结构小练笔

文章的结构即框架,是对全文的谋篇布局,合理的结构是习作成功的关键。常见的文章结构有并列式、总分式等。对习作刚起步的三年级学生来说,总分式是比较容易理解并掌握的。

以三年级上册《美丽的小兴安岭》为例,文章层次分明,采用了"总—分—总"的结构方式,以季节变换的顺序,介绍了小兴安岭一年四季美丽的景色和丰富的物产。

教学时,教师要有意识地渗透结构方式的使用,使学生增强习作的框架意识,让习作更具层次感,读起来赏心悦目。

比如在布置一篇作文时，教师要求要写出真情实感，这就让学生用美的眼睛去发现生活中的美。没有美的意识，就不可能写出触动读者心灵的文章。俗话说言为心声。语言是表达情感最为直接的方式。它在表达美和创造美的过程中有着至关重要的作用。说话表达清楚，文明举止本来就是一种美的体现。

因此，教师在日常的教学中要刻意训练学生的语言表达能力，多组织一些故事分享会、辩论赛、朗读赛等。

片 段 特 点 小 练 笔

操场后面的小花园真美。你看，有粉红色的月季花、紫色的丁香花，金黄色的迎春花，粉色的鸡冠花，红色的海棠花还有白中带黄的菊花和粉中带白的桃花。我最喜欢丁香花和迎春花，丁香花常见的有乳白色和淡紫色，花朵远看像小喇叭，远看像小铃铛，花朵很小，一棵树上就有成百上千朵花儿。丁香花的香味儿淡淡的，清香中有丝清甜。迎春花的花长的和丁香花差不多，只是迎春花要大一些迎春花的香味几乎闻不到，但是有迎春花的地方空气都格外的新鲜。花园里仅有的一棵柳树，细长的枝条在微风中摆动着，像小女孩的长发在操场上飘动着更为花园增添了一些灵动感。我爱奇妙的大自然，更爱美丽的小花园。

第一次升旗

利通区第七小学 贾博祎

从小到大，在岁月的脚印上，清晰的刻着每一个难忘的镜头——3月6日的升旗仪式。

这一天，天气晴朗。蓝蓝的天空，白白的云朵，充满着朝气与庄严。你问我今天为什么这么开心？因为今天是我第一次在升旗仪式上做二十大宣讲员。原定的宣讲员因生病所以不能上台，老师只好让我来替补。听到这个消息后，我是又激动又紧张，我利用课余时间反复记，反复读。

升旗仪式开始了，广播里奏出了嘹亮而雄伟的国歌，同学们齐刷刷的站成一排，将五指并拢，举过头顶，鲜艳的五星红旗随着国歌冉冉升起。在蓝天的映衬下，五星红旗显得格外美丽，仿佛要把大地映红。

当主持人宣布宣讲员上台时，我的内心忐忑不安，但还是不断给自己信心和勇气。"二十大精神引领，红领巾在飘扬……"当我把这一页文字读完，听到大家为我鼓掌时，我那颗紧张的悬着的心才终于放了下来。看着那飘扬的五星红旗，我感到无比自豪。

第一次升旗已经过去很久了，每当升旗仪式时，我都会想起那激动人心的一幕。它将成为我最闪亮的记忆，伴随着我成长。

在语文课堂教学中，教师要加强对学生语言表达能力的培养，在初级阶段教师可以设置一些简单的题目，比如：《我最喜欢的……》《我的……》《第一次……》，这些题目让每一个学生都有话可说，但是在有话可说的同时要加强学生语言表达的音律美、节奏美。使学生的语言表达富有情感，说话具有亲和力，表达更为得体，在说话中体现语言之美。

总之，小学语文培养学生

美育的方式和方法还有很多，教师要在日常的教学中慢慢挖掘和研究。美育培养的终极目标是培养"美的生活艺术家"，它是自我发展的需要，也是社会发展的需要，是学生能够体会多姿多彩的大自然和社会生活的需要。这种能力的培养需要长期训练，以便通过语文教学达到美育的目的，成为具有"全面美"的合格有用之才。

美是一切事物追求的最终目标，当我们用美的眼光看待周围一切美好的事物时，我们也会变得积极起来。

在口语交际项目化学习中启智润心

口语交际项目化学习的本质就是要调动和激发学生语文学习的积极性和主动性，以此充分发挥学生在语文学习过程中的主体性。

始终以学生为中心的项目化学习，其显著特征是体现学生学习过程的主体性，与新课标所倡导的自主、合作、探究的学习方式是高度契合的。

一、新课标中的口语交际

在学习目标方面，新课标不仅规定了表达与交流的总目标，也详细标明了各学段的具体目标。

在学习方式方面，新课标提倡学生自主、合作、探究学习，关注个体差异和不同的学习需要，鼓励自主阅读、自由表达。

在教学知示方面，新课标指出语言、文字、词汇等方面的知识，应根据语言文字运用的实际需要，从遇到的具体语言实例出发进行指导。

在学习形式方面，新课标强调要采用讲故事、情景对话、现场报道等多种喜闻乐见的形式，提高学生的语言理解与应用能力，逐步增强语言表达的准确性、规范性。

在评价方面，新课标强调过程性评价，教师应树立"教—学—评"一体化意识，科学选择评价方式，合理使用评价工具，妥善运用评价语言，注重鼓励学生，激发学生学习积极性。

二、教学实践中的口语交际

1. 存在问题或不足

在实际口语交际教学中，有的教师根据教材中的交际主题，在单元总结时一带而过，形式也是以教师阐述或师生间的简单问答为主，更多的是理论的阔论和技巧的传授，仅能体现"教—学—评"中的"教"，却不见"学"和"评"的踪迹。

在考试和升学的压力下，有些教师甚至直接略过这一板块，转向能直接体现成绩的习作练习，根据写作成绩推断学生的口语交际水平，常态化、正规化的口语交际课并未落到实处，与新课标的要求相差甚远。

2. 以项目式学习提升学生口语交际能力

口语交际是在口、耳、眼、手等多种感官的共同参与下，在语言实践中训练的一种综合能力，这种综合能力是在学生主观能动性的驱使下循序渐进地提升的。

开展内容丰富、形式多样的项目式学习，能够充分调动学生学习的主动性，引导学生综合应用多种学科知识，通过自主、合作、探究等多种方式，调动学习积极性，激发探究意识，提升核心素养。

语文学科智慧阅读、整本书阅读、大单元主题等项目式学习，劳动学科家务劳动、科技手工制作、劳动基地的各种劳动实践与体验活动及体育大课间项目、体育社团活动，美育系列项目实践活动等，有主题，有项目，有实践，有体验，为学生开展信息交流、口语交际提供了丰富资源和有利环境。

例如，利通区第七小学内容丰富的项目式学习活动："感受书香，品味经典"、"走进神话世界，感受神话魅力"、"小学英语项目式作业展示"、"低年级数学项目式学习展评"、"读寓言故事，沐智慧之光"、"品民间故事，享民间乐趣"、"探索凸显奥秘，感受凸显魅力"、"探方法，展思维"、"揭秘风云变化，分析气象数据"等，重探究和思维，重观察和分析，重交流和展示，重积累和拓展。让口语交际言之有物，言之有情，变"要我说"为"我想说"、"我要说"。

因此，口语交际教学更应摒弃仅由教师简单讲授交际知识与技巧的常规方法，注重结合学生的生活实际和实践活动体验，将"学"的权利还于"生"，在"说"的过程中"学"，在"学"的过程中"说"，使学生能够围绕交际主题或参与项目，畅所欲言。

三、日常生活中的口语交际方法

在项目式学习提升口语交际过程中，结合实际和具体生活及活动场景，教给学生一些常用的口语交际方法，提升学生口语交际能力和水平。

设身处地法，是指紧紧围绕语言环境上下文的有效信息，设身处地地理解说话人的言外之意。

言之有"物"法，就是表达内容要具体、完整、简明。让听者一听就明确在何时何地已经发生或者将要发生什么事情，以及事情与自己的关系等信息。

言之有"理"法，劝解式、劝说式最有效的方法是言之有"理"法。言之有"理"法，关键在一个"理"字，是答案的主要内容，即劝说要合情合理、以理服人、易于他人接受。

言之有"节"法，指的是要用凝练、简洁的语言丰富信息，运用言之有"节"法，要能够对信息进行筛选和整合，尽量避免重复。

言之有"礼"法，言之有"礼"的"礼"字说的是说话时要有礼貌、得体，即符合说话的时间、场合、说话人双方的身份。用言之有"礼"法进行的语文口语交际，体现出一个人的文明修养。

师心匠意勤耕耘　启智增慧育桃李

教学有法，但无定法。作为一名语文教师，除了具备较高的语文专业技能和素养，还要在语文教学实践中不断学习新知识、新理念，不断反思、注重创新，注重丰富和积累语文教学经验和智慧，这样才能够胜任语文教学工作，做一名学生喜欢的优秀语文教师。

一、勤奋耕耘，注重引领

1. 做爱的传播者

爱是教育的第一法则，没有爱的教育是缺乏温度的教育。一个有魅力的语文教师必然是一个有爱心的人。一直感动于魏巍先生的那篇《我的老师》，她将一切美好不遗余力地呈现在学生的面前，她既是良师也是益友。

让学生亲近依赖我们，自然会喜欢上我们的课堂，只要心怀爱意对待学生，心怀尊重对待生命，那么，我们也真正做到让学生"亲其师信其道"。

2. 做智慧的引领者

文化底蕴不足的教师，永远成不了"大师"，成不了教育家，充其量只能算是一个"教书匠"。为了充实自己，我利用闲暇时间读书，建构知识体系，丰富精神世界。

无论多么忙，都要有自己的精神家园，哪怕是一块不大的"自留地"。我关注一些阅读的公众号，文学大师抖音账号，关注社会百态……当我吸收完这些文化养分以后，再通过课堂源源不断地输送给学生。

二、立足课堂，培育桃李

1. 立足课堂，反复雕琢

除了认真研读课标，紧扣教材，深入教材，不断提升业务能力之外，课堂也是我们提升教学质量的主阵地。三人行，必有我师焉！我经常向同组教师虚心请教，做一个嘴勤、眼尖、心细的人，每听一堂课，我都积极参加探讨、交流，写出所感所悟。

学而不思则罔。每一节课，从教学计划的制定，到教材的重难点把握，从课前的教学设计，到课堂上教学方法的运用，从班级学情的分析到课堂学生的生成，我都反复雕琢，精益求精，在不断地反思所得、反思所失中汲取教训、弥补不足，不断呈现更好的教学模式。

2. 落实常规，培育素养

（1）培养学习习惯。

在教学中注重培养学生良好的学习习惯，例如：课前预习（会发给学生具体的预习要求，粘贴在语文书的第一页，而且必须要落实预习检查）、圈点批画、归纳积累的习惯等，逐步让学生具有较强的自主学习能力。听课的习惯很重要，要让这40分钟的课堂是有效的，就要关注课堂上的每一位学生。

（2）重视阅读积累。

阅读启迪智慧，智慧点亮人生，由此可见，阅读对人的影响之大。培养学生的阅读习惯，提高阅读能力至关重要。

①好读书。

读万卷书，行万里路。阅读习惯从好读书开始。为了让学生养成读书的好习惯，我从一年级开始就要求学生每天亲子阅读20分钟，并设计有趣的阅读记录手册，每周评选出阅读达人。学生阅读兴致高涨，阅读习惯自然养成，读书打卡蔚然成风，每月阅读之星评比成为常态。

②读好书。

书犹药也，可医愚。利用中午经典诵读时间，在班级群进行好书推荐活动，每位学生将自己读过的好书推荐给同学，这样的推荐更符合学生兴趣，同时让班上爱读书的学生做"好书推荐卡"。一周两次的全班学生共读一本书的活动，就这样让孩子们享受着美好的阅读时光，遨游在知识的海洋里。

③读书好。

都说书中自有黄金屋，书中自有颜如玉。榜样的力量是无穷的。为了让学生更直观地了解读书的好处，我邀请了高年级爱读书的学生讲述读书带来的变化。这样的现身说法，学生更直观了解读书的重要性，读书有了目标，才会更有动力。

（3）强化书写态度。

字如其人。语文学习，书写很重要。首先要做到规范书写。养成"提笔皆练字"的意识。利用云校家"习惯养成"让学生打卡，保证每天练习10分钟；定期评定书写等级。其次是教师范写，范写时让学生先观察生字的间架结构，注意哪点容易写错，需要重点提醒学生。

三、作业创新，赏心悦目

落实"双减"政策，在设计作业时探索学科融合，将多学科知识渗透或者串联，整合成彩色作业，提质增效。如在教学《神话传说》这一单元后，结合单元要素设计了学科融合的作业，学生展开丰富的想象，通过画、说、写等表达方式精彩诠释了对"腾云驾雾"、"神机妙算"、"三头六臂"、"神通广大"等词语的理解。

共享书册漂年级。在班级中成立作业资源库，实行"小组 + 班级"、"统一 + 漂流"的作业共享模式。每份作业首先个人独自完成，再经过小组反思、精改精修、收集成册，最后漂流分享。如在学习诗歌单元时，引导学生们结合语文要素展开，化身为妙笔生花的小小诗人，尝试创作现代诗歌，并完善配图后由小组查阅反思，修改后将诗歌编录在一本独一无二的诗集册中，在班级里和年级组中进行漂流。

以课程标准为依据，实现作业分层、自主选择、注重实践类作业的设计。如：探索浩瀚宇宙，航天点亮梦想。天宫课堂带领孩子走进空间站科学实验室，目睹航天员进行天地通话，看完后自行选择作业完成，可以是手抄报、绘画、录制视频、绘制实验过程或是写出触动心灵之感。也许就是这一次，不仅点燃了孩子们的科学梦，更能在孩子们心中种下一颗爱国的种子。

孩子们每天都会阅读课外书，每天都会阅读打卡。只要阅读，就会写读书笔记。读书笔记形式多样，可以是优美词句的摘抄，可以是读后感，可以是几个问题的设置，甚至是一幅画，哪怕是一两句话的感悟，也是经过思考落在纸上的。

因为随意、随心，所以容易坚持。札记的板块设计也由学生自己决定。"词语天地"、"句子工厂"、"课文再现"、"时光留声机"、"诗情画意"，这些板块名称都是学生自己想的，他们投入了精力，就很乐意去完成这项作业。

四、习作指导，情境创意

我们采用活动教学、情景教学、思维导图教学、技法教学相结合的教学方法。写作教学越贴近学生实际，写作便越能真实发生。体验式作文教学尤其重要。在每篇大作文之前，我都会让学生做充分的准备。

写景作文，一定是亲临景色的，要调动所有感官体验。要看、要听、要摸、要闻、要尝！无论写什么地方，都要抒发真情实感。用平平淡淡的语言，写真真切切的情感。

如在教学习作《介绍一个好地方》时，我尝试依托云平台和云校家，开展了"口语表达助力，文字润心赞山河"活动，让同学们回忆曾经去过的好地方，并且参与云校家活动广场的系列活动，在"推荐一个好地方——我来画"过程中，画出好地方的"好"，在"小小导游我来当——我来说"过程中，说出好地方的"好"，继而写出好地方的"好"，最后在"我想去哪儿——我来想"活动中，明确了在欣赏祖国壮美河山后，内心澎湃不已，也想去看看的心愿。

大作文是要在学校里安安静静写完的，然后反复修改，直至满意。作文点评课也要有仪式感，作文被重视了，被欣赏了，才会触动灵感。

虽然打铁需要硬功夫，但仅凭自己单干是不行的。我们每个人的努力和进步都离不开利通区第七小学这个大团队的关心和支持，我的个人成长也离不开我们年轻活力、充满创造性思维的四年级语文组，有了大团队和小分队的共同发力，我们才能在第七小学这片沃土上快乐地耕耘！

成绩只能属于过去的辉煌，我希望在未来的日子里，继续和大家一起做有温暖、有爱的行动者、传播者、引领者。为学生铸就更有意义、更有价值的童年，为教育贡献更有意义、更有价值的力量。

推进智慧阅读　启智润心促发展

利通区第七小学党支部把稳步推进智慧阅读，创建书香校园作为主题教育推动干事创业的重点事项，强化顶层设计，务实创新、多举措推进智慧阅读，让更多的学生爱读书、读好书、善读书，提升阅读素养，促进学生全面发展。

一、创建阅读体系

学校不断健全"1234+N"智慧阅读模式，创建"教学评"一体化智慧阅读教学体系，通过组织实施整本书精品课程、整本书阅读指导、发布阅读任务、查看阅读测评报告、分级阅读、多元化表达训练及每月一次的智慧阅读分享、好书推荐、主题阅读汇报交流等，激励师生时时读书、处处读书，养成阅读好习惯。目前，利通区第七小学学生阅读认证总本数达到78460册，生均认证册数达到53册。

二、开展评选表彰

学校制定阅读表彰奖励制度，规定在每年读书日、开学典礼、六一国际儿童节，表彰奖励全校智慧阅读活动中涌现出的阅读之星、书香少年、书香教师、书香家庭、书香班级，激励和推动智慧阅读活动常态化深入开展。

三、创新阅读载体

在常态化开展好书推荐、读书分享等阅读活动基础上，不断创新阅读方式和载体创建。新学期，学校推出全校诗词大会、整本书阅读话剧表演、项目式读书等阅读展示及交流方式，引领学生学以致用，以用促学，提升阅读兴趣，提升阅读素养。

四、充分集智纳谏

学校邀请利通区数字化转型专家团队等入校进行"智慧阅读"、整本书阅读等专家引领，重点针对如何有效利用数字化创新应用软件，在智慧作业创新应用、项目式阅读、整本书阅读等方面，结合新课程改革、核心素养目标、新时代教育评价等，进行专业引领和指导，让"数字化应用"为智慧阅读赋能，促进学生全面发展、健康成长。同时，重点就如何打造第七小学智慧阅读、智慧作业、智慧校园等数字化创新应用品牌等，充分聆听、吸取专家团队的指导意见。

在学科实践中启智赋能

教育部新修订颁布的《义务教育课程方案和课程标准（2022年版）》（以下简称"义务教育新课标"）强调：落实立德树人根本任务，强化学科实践，注重"做中学"，引导学生参与学科探究活动，体会学科思想方法，探索与素养目标和课程内容结构化相匹配的学科典型学习方式，推进以学科实践为标志的育人方式的转型。

各学科课标明确指出了学科实践的活动形式和侧重点。如语文新课标指出语文实践活动"包括识字与写字、阅读与鉴赏、表达与交流、梳理与探究"。数学新课标指出综合与实践包括主题活动和项目学习。英语新课标指出语言实践活动包括"感知、体验、积累和运用"。

一、学科实践的基点在"实践"

学科实践强调厘定事实，在主体认知水平和实践水平基础上进行身体运作，倡导学生在亲身实践中建构知识体系，完成技能练习，形成学习体验。此外，意志发动和身体运作是分工而互补的关系。因此，学科实践强调意志发动和身体运作的综合结果，关注实践反馈的有效性。

学科实践是一个主体持续建构的过程，学生对知识进行探究、发现、建构和创造，体现了主体意志，突出了学生的主体性、能动性和创新性。

二、学科实践的特点在"学科"

学科是知识分类形成的知识体系的基本单元，是基础教育阶段学校课程的主要组织形态。新课标中的学科实践是从学科视角出发，利用学科概念、规则、精神，发动意志、运作身体去解决真实情境问题的思维倾向和典型做法。

学科实践以学科体系知识和技能的发展为基础。学科知识的权威性、体系性和完整性决定了学科实践要基于学科的本质、思想方法和特点，关注学科内部的知识结构、能力架构和情意指向。

三、学科实践有助于优化学生的学习方式

学科实践以学生的年龄阶段、接受能力和学习水平为基点，通过师生共同参与、共同实践的方式，将教与学二者紧密结合，是学生进行学科学习的关键途径。

学科实践所追求的社会问题解决反映了完善人性的价值观，学科实践由此着眼于学生的未来生活，帮助学生习得自觉的行为模式，进而关照学生长远的精神世界，帮助学生懂得为人的义务、责任与权利，实现人的尊严，形成知行合一的自觉生活状态。

"专递课堂"启智促教　结对成长促进发展

　　一方屏幕，让科技与教育紧密相连；一线网络，架通多校交流共进的桥梁。"专递课堂"是优质课的快递，实现送教上门，优质教育城乡共享；"专递课堂"也是教育均衡发展的纽带。2024年春季学期，利通区第七小学骨干教师在教务处的部署下，经常开展"专递课堂"落实结对帮扶活动。本次"专递课堂"由原来线下直播托线上互动（1托1）变为与线上直播1+1（七小＋孙家滩中心学校），让老师体验到收获总是在实践中绽放，让孩子感受隔空隔屏不隔情。

　　一、结对安排，统筹"专递课堂"

　　利通区第七小学与孙家滩中心学校在线研讨学生居家如何落实"专递课堂"的教学，激起学生学习欲望，达到提高"专递课堂"的实效性，满足结对学校要求的二年级音乐课与三四年级数学课共6个班的教学，目的让学生享受音乐课的陶醉、数学计算课的方法。为了达成目标，两校教务居家不停"研"，形象地说发送了三个快递：一是校级之间周密安排快递；二是双师之间沟通快递；三是城乡学生之间互动快递。

　　二、线上直播，落实"专递课堂"

　　充分利用"宁教云＋在线直播"，让"专递课堂"旧貌换新颜，让"双师教学"真实有效。在线直播互动课，学生都能清晰看到上课老师的稳定授课画面，老师可以清晰看到每位学生的上课状态、举手人数、上线人数、语言文字回复等，教师不仅能看到学生举手，还能点名进行提问，在班级群的老师都可以打开听课。与学校录播室进行专递课堂教学相比，少了卡顿多了流畅，少了距离感多了亲切感，少了静止多了互动，少了模糊多了清晰。两校不同班级之间不再有主讲老师和助教老师的区分，面对同一个老师，共享同一个资源，体验发现问题、提出问题、分析问题、解决问题全过程。

三、教师实践，提升"专递课堂"

充分利用"宁教云＋在线直播"，让"专递课堂"不仅不受区域限制，而且不受设备限制，不受资源限制。只要有电脑、有手机、有任课教师通知学生上线进入直播即可；只要主讲老师备好课，准备好上课用的各类资源提前放在电脑桌面，并将资源打开放在任务栏，熟悉操作方法便可在上课时根据教学内容设计可随时切换窗口。不同区域学生在同一时间内共享优秀教师课堂学习资源；只要学生举手教师很快就能看到；在班级群的老师都可以打开听课。"互联网＋专递课堂"将不可能变为可能，只有你想不到，没有做不到的。

四、师生体验，丰富"专递课堂"

利通区第七小学音乐教师强浩洁和两个班的孩子们唱起《锣鼓歌》。屏幕那端，孩子们在互动中用筷子敲着小碗，随着欢快的旋律与老师的节拍合奏，别提多高兴了。

尹金梅老师的直播屏幕上不断出现："老师，我做对了！""老师，我也做对了！"……他执教的三年级数学《三位数加三位数》，孙家滩中心学校的孩子在互动中收获了新知。轻松的心理，好奇的表情，写满了下一次的期待！

总之，一群人坚持做共同喜欢的事，让每个人都有所收获，让所做的事情更有意义。"专递课堂",在互动交流中积累经验,在实践中有创新,用实际行动推动教育均衡发展。利通区第七小学将不断探索,加强实践,深入落实"双减"政策,踏踏实实上好每一堂"专递课堂",为共享教育幸福,共创优质教育而努力。

教学启智：思考为轴　用心行走

古语有云：道虽迩，不行不至；事虽小，不为不成。路虽远，行则将至；事虽难，做则必成；坐而冥，不如立而言；立而言，不如速而行。只有教师常思考，学生才会勤思考。只有教师爱思考，学生才会真思考。备课中的思考、上课时的思考、作业里的思考、归纳时的思考等，我用八个字总结就是：思考为轴，用心行走。

一、我这样备课

课标、教学用书是教与学的主要依据。我备课的几个步骤是：依标扣本，认真分析和研究教材，领会教材的编写意图，确定教学目标，并根据教学要求和教材特点，结合学生实际，设计教学过程。做到在教学中抓住关键，突出重点，突破难点，以点带面，有效地提高课堂教学效率。

因此，我每天都会抽时间看教学用书，清楚每个例题、每道练习题中编写者的意图以及所要达到的教学目标。有时候还会多看几遍，每看一遍都会有不同的发现。有时候对于一些重难点不知道该怎样突破时，我会和身边的老师进行讨论，听一听别人的想法，选择适合的教学方法。在利通区第七小学的校园里，周周都有大教研，随处可见微教研。

任教数学以来，为加强备课时效性，我始终保持着听一节上一节的习惯。"一师一优课"比赛活动虽然结束了，但听"一师一优课"平台中的部级优课已经成为我每天必做的事情，每学期我们学校的老师都会准备两本听课本：一本"一师一优课"听课记录本，一本平时的听课记录本。除此之外，参加学校的各项活动、听本校骨干教师课、名师课也丰富着我的课余生活，比如同单元异构教材分析、骨干教师示范课、青年教师汇报课等，学校的每一项活动我都积极参加。将自己看到、听到、学到的好的教学方法运用到课堂中。正是这些方法让我每一天走上讲台，都能有"备"而来。

二、我这样上课——六个"带进"，三个"给"

六个"带进"：把思路带进课堂、把预习带进课堂、把微笑带进课堂、把鼓励带进课堂、把竞争带进课堂、把民主带进课堂。

在数学课堂中培养学生的核心素养。我的做法是三个"给"：把问的权力交给学生，把讲的机会让给学生，把做的过程留给学生。

问的权力——还学生主体地位，充分发扬教学民主。课堂上，多给学生创造动脑、动口、动手的机会，鼓励学生提出数学问题，说出疑惑，会提问的孩子才会思考。

讲的机会——在学校领导的组织下，我们班和其他班级一样，持续开展"我是小讲师，人人可为师"活动，并从课堂延伸到课下，从学校延伸到家庭，由课堂活动拓展为实践作业。

活动主要是围绕课堂中的重点例题、不易理解的课后题等，由学生自选题目，或教师指定题目讲解。讲数学的同时，练了思维，长了智慧，用讲的方式，开启数学探索之旅。

我们的学生从不会讲，到会讲，再到讲会，整个讲的过程既让他们过了一把老师瘾，感受到了数学的精彩与美妙，也在无形之中加深了对知识的理解，真正提升了学生的数学学科素养。

做的过程——在教学中，注重知识的探究过程，运用小组讨论、学生口述、直观演示、实践操作等一些活动，让学生自主探寻知识的规律、建立数学模型。如在教学《三角形的三边关系》一课时，我首先让学生准备不同长度的小棒或者纸条，让学生去拼、去摆，去发现规律，什么样的三条边能围成三角形？什么样的三条边不能围成三角形？在操作中观察，然后思考，最后表达。不仅是这节课，所有可操作的练习题等都为学生提供了动手的机会。

又如在教学四年级综合实践课程《一亿有多大》时，我采取了项目化学习方式，让学生从操作中认识"一亿有多大"。

首先和孩子们一起设计项目化学习单，根据操作内容分为三个小组。

第一小组同学通过实际称一称100粒大米的重量，然后计算1万粒大米的重量，再计算出1亿粒大米的重量。最后得出结论：每人节约1粒大米，全国人民节约的大米的重量加起来就能达到28吨。如果每人每天需吃400克大米，这些大米够一个人吃190多年。

第二组同学借助计时器先计时，一个人数100页纸大约用多长时间，再通过推理计算得知数1亿张纸的时间：一个人不吃不喝不休息需要大约3年才能数完1亿张纸。

第三组同学先测量10枚硬币叠放起来的高度，再推理计算出1亿枚硬币的高度大约为20万米，比中国最高的珠穆朗玛峰还高191156米！通过这些直观的感受，同学们感悟了一亿的大小。

这种实践活动，以主题式学习的形式，让学生感悟生活中的数学，在获取知识的同时，培养学生学习数学的兴趣。让学习不是简单的"告诉"，而是学习者真实的"体验"！学生通过实践、发现、探究，切实得到了自主活动的平台和空间。

我开展的此类实践活动还有很多，如春节期间收集统计自己家中年货花费然后绘制条形统计图、设计轴对称图形等。

三、我这样设计作业

落实"双减"政策，减轻学生课业负担，对作业内容和形式提出了更高的要求。所以我把握了四个原则：精准性，典型性，分层性，拓展性。

例如：将数学小讲师活动拓展为家庭实践作业时，我设计了一星、二星、三星不同难度的题目，供不同层次的学生讲解，这就让作业具备了挑战性。我们班有个叫柴文博的学生，开始不会讲时选择二星级题目，会讲后，天天追着我谈论三星级里面非常有难度的题目，对数学也是越来越感兴趣。这种实践作业的设计，既培养了学生学习的兴趣，又拓展了思维，还提高了学生的表达能力和自信心。

四、我这样归纳

在每个单元结束后，我引导学生归纳概括总结这部分的主要内容，通过绘制思维导图的方法将知识串联起来，引导学生建立清晰的知识体系，形成知识树。

查漏补缺的最好方法就是做题。每周进行知识盘点，有时题目会写满一张 A4 纸，有时是半张纸。做完即批改，尽量面批，对出错较多的题目进行集中讲解，个别出错的个别讲解，讲解后，将出错较多的题目整理出来，在下一周的知识盘点中再次巩固练习。长期坚持，提升学生数学素养，并及时针对个别学生进行一对一单独辅导。

教学启智：深耕细研硕果香

岁聿云暮，流水滔滔，短暂的学期转瞬即逝。利通区第七小学五年级语文组认真落实新课改核心素养目标导向和语文新课标，通过线上线下观课研讨，教研、备课、作业、阅读等常规管理，团结协作、凝心聚力，顺利开展各项教育教学工作任务，圆满完成了各项工作。

一、线上线下促学习

学习最新的教育教学理念，是我们进步的途径之一。

本组老师利用空堂时间和休息时间，观看各种类型的优质课、示范课，通过看视频、听讲座、听专家点评、看评论以及参与评论，参与互动讨论等，学到了很多新知识。

结合学校安排的骨干党员教师示范课、青年教师达标课等，积极调课听课评课，造就了学校青年教师蓬勃向上的精神风貌，并促使他们专业技能快速成长。

我们从新课标的理念出发，对教学课堂进行实践研究。能结合本年段的课程内容，认真设计课堂教学，并在课后进行反思，然后在组内进行交流探讨。力求践行新课标理念，提高学生的语文素养。通过学习、实践与交流，老师们对新课标的理念又有了深一层的理解。

二、教研常规促养成

1. 落实教研活动

平时加强有效教学的交流探讨。2023年秋季学期，我们采用随机教研与定期教研相结合的方式，针对每一单元或者学生较难理解的课，我们会提前沟通，商量怎样上这节课，能让学生较容易接受，也会请教六年级教师。每次测试结束后，我们通过数据对比，对试卷中发现的问题及时沟通，定时、定点、定主题内容，人人发言，从而提高教研的实效性。

2. 落实集体备课

我们组注重资源共享，做到了备课的深度。备教材，备学生，备教学目标、教学策略，备作业，备评价方式。每次的集体备课，都有具体要求：或是单篇课文训练点的落实，或是单元整体的解读，抓实语文要素进行交流，或是习作、说话训练的策略等内容。在放假伊始，备课分工就已经各自认领，假期结束前，每单元修改过几遍的备课已经成型。做到单元集体备课，分工备课，明确讲什么内容，怎么讲，为什么这样讲，再根据班级实际情况进行二次备课，课后反思教学过程，继续优化教案，做到资源共享。

3. 落实设计作业

在集体备课的同时，我们会设计一些有针对性的练习作业和特色作业。本学期我们开展了以"我的阅读手账"为主题的系列读书活动，绘制以"强国脊梁"、"古人谈读书"、"舐犊情深"、"中国民间故事思维导图"为主题的手抄报，用思维导图、人物颁奖礼等展示阅读成果，神奇的想象在飞驰，曲折的情节、多面的人物宛在眼前。

《古人谈读书》让我知道古人读书的方法和态度！

《舐犊情深》让我知道父母之爱是世间唯一能超越生死的爱！

《强国脊梁》让每一个中国人知道大国工匠是中国的脊梁、民族的骄傲！

4. 反思

课后坚持写教学反思，反思自我，反思课堂，反思学生，记录亮点，弥补不足，促进成长。

5. 阅读

"最是书香能致远。"为了进一步激发学生的读书热情，让阅读点亮人生和智慧，本组老师根据课本中的"快乐读书吧"推荐书目，和学生们一起阅读《中国民间故事》《欧洲民间故事》《非洲民间故事》。师生一起读好书，共促成长，荐好书，同沐书香。

同时，结合学校的工作安排，组内老师积极制订阅读计划，在忙碌中用阅读澄澈心境。读专业教育理论书籍，加深对新课标的理解，不断更新教育观念，以最先进的教育理论武装自己。

三、教学研讨促提升

立足课堂，是课堂研究最有效的途径。通过观摩课堂，从中发现问题，找到有效的教学策略，才能更好地研究教学艺术。以马小荣老师的《圆明园的毁灭》为例，在每一次的磨课后，我们都会进行评课。在评课环节，大家各抒己见，结合新课标理念，从教学设计、教学方法、学生表现、知识点的突破等方面进行评价，充分肯定授课中的优点，并能大胆地提出独到的见解，使评课活动真正成为相互交流、取长补短、共同提高的平台。

四、书香浓郁促成长

五年级的同学们通过诵读经典诗词，以诗心养德；诵读现代诗文，做好诗歌书签；中外名著赏析，制作思维导图；读探险故事，做读后感手抄报；还化身好书推荐官，手捧书籍，开卷读书，用好书启迪智慧，润泽心灵，在阅读中遇见更好的自己。

我们在教与学的路上努力前行，辛勤的付出总会带来不经意的惊喜。2023年秋季学期，老师们在研讨中收获，学生们在阅读中成长。收获的不仅仅是一份果实，还是一种奋进的动力。收获的不仅仅是一种快乐，而且是一种充实的思想。

五、反思创新促发展

回顾2023年语文教学工作，有收获，亦有不足。

一是各班语文学习质量存在差异，教学进度有时不够统一。本学期将及时督促本组教师及时调整跟进教学进度；定期开展教育教学小沙龙，请经验丰富的老师做分享，相互借鉴学习各班的优秀教学经验并实践。

二是未能充分调动本组教师教研的积极性，导致部分工作未能按照时间节点保质保量完成。接下来将进一步明确组内制度，合理分工，在组内交流工作方法，确保本组教师都能不掉队地高质量完成学校的各项工作。

回望是为了更好地眺望，总结是为了更好地传承与创新。翘首崭新的2024年，未来之路我们组将攒足精神，聚力生长，继续奋斗，砥砺前行！前行的路上，有领导关怀，有同伴互助，有家长信任，有学生陪伴，我们享受着教育的快乐。

愿我们2024年，春风春雨春灿烂，新年新岁新起点！

德育启智："三动三全"助力学生健康成长

2023年是学习贯彻党的二十大精神关键之年，利通区第七小学德育工作以习近平新时代中国特色社会主义思想为指导，聚集立德树人根本任务，践行"启智润心、立德树人"的办学思想，以"三动三全"为抓手，强化爱国主义教育、理想信念教育、社会主义核心价值观教育、中华优秀传统文化教育、生态文明教育和心理健康教育，切实提升学校德育工作的针对性、实效性，促进第七小学德育工作务实、高效，推动学校高质量发展。

一、阵地先动，全方位育人

学校党支部领导德育工作，积极探索德育管理、文化阵地，形成课堂阵地、环境阵地、社团阵地、实践阵地等全方位育人阵地，为开展德育活动打下了坚实的基础。

1. 建设德育管理阵地

以党建为引领，政教处为依托，少先大队强化实践，强化学校德育管理阵地建设。

（1）强化德育管理。

学校成立以校长为组长的德育工作领导小组，分工明确，责任到人，将德育工作列入学校年度工作计划，制订详细的德育工作方案和明确任务目标。德育管理做到"六同"，与教育教学工作做到"同谋划、同安排、同落实、同检查、同反馈、同总结"。

（2）健全德育工作制度。

学校将德育工作作为重点工作，强化责任担当，扎实履职尽责，健全《学校德育工作实施方案》、《学校德育工作考评细则》、《学校体育卫生制度》等德育管理制度，将德育工作纳入班级评优、教师绩效考核、年终考核之中。

（3）丰富德育文化。

把校园特色文化作为学校德育的特色重要资源，做好学校德育特色文化的传承和拓展。以学校"启智"文化创建为引领，积极创建"七彩"德育文化、"七彩"书香文化，结合红色教育、劳动实践教育、班队主题教育，不断丰富学校德育文化内涵，打造具有鲜明特色的校园环境，发挥环境育人的功能。

2. 建设少先队阵地

结合新时代德育工作主题和学校德育常规落实，不断丰富学校少先大队活动内容。

（1）充分利用周一升旗仪式和周二主题班会的有利时机，教育学生学会保护自己，树立安全意识，从小养成节粮、节水、节电以及文明礼貌的好习惯。

（2）继续做好校园文明监督岗的检查反馈，发挥红领巾争章对学生德育的促进作用。

（3）充分利用班级黑板报、校园宣传橱窗，及时更新教室布置，努力办好校园广播。通过这些平台发挥德育宣传功能。

（4）加强对校田径队、篮球队、足球队、艺术兴趣小组等社团活动的管理和指导，使这些团队对学生的德育起到促进作用。

（5）开展丰富多彩的德育实践活动，如田径运动会、演讲赛、征文活动、主题班会文艺演出、慰问敬老院等。

（6）关注节日教育，发挥少先队阵地，全方位开展德育教育活动。

3. 建设班级德育阵地

（1）注重班主任队伍建设。

班级是德育工作的主阵地，学校实行领导带队，包年级领导负责，年级组长带动，政教处主抓，建成一支家长、师生称赞，具有"奉献精神强、钻研劲头足、适应能力强、专业水平高"管理技能精湛的班主任队伍。

（2）注重班主任素养提升。

政教处定期召开班主任工作研讨会，交流班主任工作经验，研讨班级管理方法，细化学生行为规范，将中小学德育工作的要求贯穿于班级管理的细节之中。引导班主任在班级阵地多采用赏识教育，尊重、信任、理解、关心学生，进一步强化班主任的事业心和责任感。抓好班级工作创新，结合新时代德育工作目标任务，及时引领、捕捉班主任工作创新做法，推广成功经验，增强班主任工作实效性

（3）加强班主任的日常管理。

引导班主任工作"抓在细微处，落在实效中"。抓好主题班队会，进行正面教育，主题队会每学期不少于两次，主题班会每周一次；抓好日常班级管理，深化文明礼仪，注重养成教育，按学段有计划、有步骤培养学生的良好行为习惯和学习习惯；抓班级文化创建，以班级黑板报、班级图书角及班级文化氛围营造等，突出班级文化育人效果。

二、主题带动，全员育人

依据《中小学德育工作指南》，按照方向正确、内容完善、学段衔接、载体丰富、常态化开展的德育主题新要求，积极开展丰富多彩的德育主题教育活动，实现全面育人。

1. 开展党的二十大主题教育

以党的二十大精神为引领，积极开展党的二十大精神"三进"（进校园、

进课堂、进师生头脑）、社会主义核心价值观主题教育、中华优秀传统文化教育、生态文明教育、心理健康教育等五个方面的德育内容，把党的教育方针和党的二十大精神如清风浸润般，融入学校的德育实践工作中，广泛普及社会主义核心价值观，培养学生高尚道德情操和浓厚爱国情感，不断强化师生理想信念教育。

2. 开展传统节日主题教育活动

结合清明节、中秋节、国庆节、元旦、春节等中华民族传统节日，结合党史学习教育、党的二十大精神宣传，结合铸牢中华民族共同体意识宣传教育等，开展学校政教、少先队及班队系列主题教育活动，积极践行社会主义核心价值观，传承中华优秀传统文化，铸牢中华民族共同体意识，增强小学生对中华优秀传统文化的认同，培植爱党、爱人民、爱社会主义祖国的深厚情感。

3. 开展多种形式的德育主题教育

紧扣时代脉搏，结合党的二十大精神和社会主义核心价值观主题教育，积极开展国旗下主题活动、主题班会课、家长"七彩"讲堂、少先队中队主题活动、读书征文、"我的中国梦"等德育主题教育实践等活动。定期开展道德与法治教育、国家安全（国防）教育、心理健康教育，不断创新和拓展德育工作形式，丰富学校德育工作内涵，增强德育工作针对性和实效性。

三、活动拉动，全程育人

以活动育人为有效的德育形式，不断丰富德育活动内容，切实增强学校德育工作时代性、科学性和时效性，实现全程育人。

1. 开展德育常规养成教育活动

组织开展爱国主义、文化传承、习惯养成、安全法治、感恩励志、心理辅导等种类多样的主题教育，厚植爱国情怀，使学生把爱国情、强国志、报国行自觉融入日常学习和生活中。结合学校少先队红领巾奖章活动的开展，组织学生校内外实践活动，引导学生必须做到十结合：结合《小学生守则》、《小学生日常行为规范》，结合养成教育、结合行为规范教育、结合各学科教学活动、结合学校特色活动、结合少先队活动、结合学校社团活动、结合劳动教育、结合家庭教育、结合社区服务。让学生在活动中不断进步，不断完善自我。

2. 开展校园文化宣传活动

充分挖掘校园文化德育资源，开展校园特色品牌文化宣传教育，结合学校"启智"文化、书香文化、"七彩"德育文化等校园文化品牌，通过升旗活动、班队会等多种方式，积极宣传，引导学生积极践行，促进德育文明素养提升；积极开展校风、校训、校徽、校旗、校歌等学校德育制度文化宣传教育，从小处着眼，从细节入手，开展系列宣传教育，培育学生爱校、爱家、爱祖国的情感。

3. 开展志愿服务活动

在3月5日学雷锋日，组织学生走上街头，走进社区、走进留守老党员家中，开展"思政宣讲"等活动，大力宣扬社会各界的感人事迹，充分体现了学生建设社会主义祖国的主人翁意识和责任担当意识。拉动实践育人，通过开展各类实践活动、劳动实践、研学旅行、志愿服务等，增强学生的社会责任感、创新精神和实践能力。

4. 开展劳动教育体验活动

学校开设劳动教育课程，结合校园劳动实践、劳动教育实践、社区志愿服务，对学生进行劳动教育。一是利用校园内"七彩耕园"劳动基地，开展蔬菜播种、施肥、浇水、采摘；二是前往海军生态园、白茇滩国家自然保护区开展的"体验农耕文化"劳动实践活动，培养了学生厉行节约、反对浪费的生活习惯；三是走进社区开展了丰富多彩的志愿者服务活动。

5. 开展体育艺术专项教育活动

强化体育艺术"2+1"专项教育活动，依托"利通区教育局体教融合"和"利通区青少年校园足球联赛"活动，积极推广双节棍武术操、花式跑操、花样跳绳等体育特色项目。结合美术工作坊、书法大厅、校园"七彩"星光大道、器乐进课堂等趣味盎然的课程，陶冶学生情操。

培育"中华情" 绽放"团结花"

——利通区第七小学创建全国民族团结进步示范校纪实

清晨 初升的朝阳在这片土地绽放着灿烂

如纱的晨雾 飘扬的国旗

装扮着这片质朴无华的净土

在这里坐落着一所精致的校园

这里是培育人才的摇篮

这里是展示才华的舞台

这里是放飞梦想的驿站

这里是雄鹰展翅的天空

这里就是扬帆起航的——利通区第七小学

利通区第七小学成立于2019年9月，现有专任教师75人，学生1570人，是宁夏回族自治区民族团结进步示范校。

近年来，学校以习近平新时代中国特色社会主义思想为指导，围绕"培根铸魂、启智润心"的办学目标，将民族团结进步示范校创建工作贯穿于学校党建、教育教学、校园文化、课程思政、社团活动中，贯穿于青少年成长成才的各个阶段，努力让中华民族共同体意识的种子在学生心中生根发芽，茁壮成长。

一、党建引领推动，筑牢思想基础

学校党支部强化党建引领，把铸牢中华民族共同体意识纳入学校党建工作和纳入学校党建工作责任制，重点抓好"三个责任小组"：课程思政建设小组，从教材、课堂、评价等层面，引领学校民族团结进步创建；主题教育活动小组，围绕"中华民族一家亲，民族团结一家人"开展主题教育活动，丰富中华民族一家亲情感体验；"民族团结进步"工作评价小组，对标民族团结进步示范校创建目标任务，定期开展自查自评，推动学校民族团结进步示范校创建工作务实高效进行。

二、主题宣传助力，丰富创建内涵

学校通过"四个坚持"，扎实开展铸牢中华民族共同体意识主题宣传，培根铸魂育新人。坚持文化润心，通过民族团结连环画、"中华民族全家福"、民族特色服装建筑等图片和视频，引导学生感知中华文化的多样性和交融性，感知中华民族形象和中华文化符号；坚持活动联情，积极开展铸牢中华民族共同体意识"十个一"系列教育活动，通过国旗下活动、主题班队会、绘画作品、手抄报、黑板报等多种方式，让师生感受中华民族大家庭的温暖和谐；坚持以爱育人，通过与偏远移民区民族学校——孙家滩中心学校、贵州省贵阳市南明小学开展校际联谊结对及线上"同上一堂课、同唱一首歌、同读一本书"等活动，促进各族青少年交往交流交融；坚持教师先行，通过党员教师主题党日活动、教师专题学习交流、研讨等，不断强化教职工铸牢中华民族共同体意识，"让有信仰的人讲信仰"。

三、载体创新赋能，强化实践育人

学校不断创新铸牢中华民族共同体意识主题教育载体，丰富育人实践，夯基育苗育新人。抓好"教材"、"读本"，用好《道德与法治》教材和《习近平新时代中国特色社会主义思想学生读本》，通过课堂主渠道增强学生中华民族共同体意识；抓好校外实践体验，开展红色研学实践活动，依托利通区铸牢中华民族共同体意识主题教育基地等红色资源，开展多种形式的校外红色研学及实践体验活动；抓好非物质文化传承，把双节棍武术操、花样跳绳列入大课间主要活动，同时在课后延时服务开设缠花编织、剪纸、版画等非物质文化传承社团，开设书法、民族器乐、民族舞蹈等民族艺术社团，让中华优秀传统文化在孩子们心中播下种子，增强中华民族自豪感。

初心如磬，使命在肩。民族团结进步示范校创建工作永远在路上，我们将继续用心、用智、用情、用力做好民族团结进步示范校创建的各项工作，精心育人，全心施教，高质量完成为党育人、为国育才的教育使命，让民族团结之花在校园中绚烂绽放。

教研启智重创新　追求卓越促发展

"培根铸魂、启智润心"，是学校的办学目标，也是教育的神圣使命与核心追求。在这一理念的指引下，学校语文教研组开展了一系列卓有成效的工作。

一、注重学习提升

注重学习是语文教研工作的首要任务。通过加强对课标理论的深入学习，每位教师都明确了要求，并将其运用到教学实践中，同时持续学习教育教学理论并做好笔记。

把阅读作为提升素养的重要途径，教师制订读书计划，进行读书分享，激发读书爱好，培养审美情操，建设学习型教研组，全面提升自身的专业素养与综合素质，推动组内文化蓬勃发展。

二、注重常规落实

落实常规是教研组常抓不懈的工作重点。教研组规范管理体现在对常规教学的监督与指导上，在常规检查中重指导、要质量、求规范、谋效益。通过教师教案和学生作业展览与评比活动，促进教师间相互学习与共同进步。

在课堂规范上，追求高效，每位教师提前备课，确保课堂的有效性。在精心备课过程中，紧扣大单元和核心素养目标，深入研究教材，吃透教材中的题目。在教学分享中，注重教学反思，让教学充满创新活力，组内教师每天探讨上课情况，让语文课变得生动有趣，促进学生个性化成长。

三、注重教研推进

积极主动的教研活动是提升教师素养的关键路径。组织教师认真参与校内听课评课活动，制订详细计划，认真记录，群策群力。集体备课活动扎实有效，为教师提供了更多交流切磋的机会。

在公开课新思路探索上，组内教师发挥集体智慧，毫无保留地出谋划策。诗词大会活动中，教师们献计献策，营造了浓厚的教研氛围，教师业务水平不断提升。三年级教学教研工作更是在抓好常规环节的基础上，坚持新课改核心素养目标导向，积极探究创新策略，引导学生走进项目式学习与整本书阅读，享受素养课堂带来的欢乐。

四、注重务实创新

工作务实创新是我们教研工作的坚守。教研组常态化开展专业理论提升学习，从自身找原因，提高责任心与艺术性，加强组间交流。严抓常规，从上课、批改作业、能力训练入手，不让一个学生掉队。育人育心，树立学生学习自信心，培养学习兴趣与方法，提高核心素养。课余时间，教师们对汉字书写的研究兴趣浓厚，丰富了师生的阅读之旅。

语文教研组以其务实的工作态度和不断创新的精神，在教育教学工作中创新进取、稳步前行，为提升语文教学质量和学生的语文核心素养，重实践、勤探索、出经验、促成长，不断书写更加辉煌的篇章。

"启智"文化育人案例

"五育"融合重启智　全面发展促成长

——利通区第七小学"五育"融合典型案例

党的教育方针强调，"要培养德智体美劳全面发展的社会主义建设者和接班人"。2023年全国教育大会强调，要用习近平新时代中国特色社会主义思想铸魂育人，推动立德树人根本任务取得新的重要进展，加快建立健全促进学生身心健康、全面发展的长效机制。教育部《义务教育课程方案和课程标准（2022年版）》，加强了各学科课程之间的融合，凸显"五育"融合的价值追求。

然而，在教育实践中，由于受到应试教育、功利教育思想影响，智育独大的教育评价观在教师、家长及社会中根深蒂固，基础教育依然存在着"重育分轻育人"及德智体美劳"五育"发展不平衡的问题。

因此，作为基础教育段的中小学教育，更要坚持"五育"并举，促进"五育"融合，认真落实新课改理念，树立核心素养导向，促进学生全面发展，健康快乐成长。近年来，利通区第七小学围绕"培根铸魂、启智润心"的办学目标，在"五育"融合实践上，积极尝试、探究实践，取得了积极成效。

一、健全"五育"融合制度，让教育"大"起来

制度是行动的先导。在学校章程制定及学校三年发展规划等制度计划中，把"五育"融合列入制度规划，在教育教学中稳步推进，逐步落实，让课堂

"大"起来，让教育"大"起来，让发展"大"起来。

1. 学校章程规划中体现"五育"融合

学校章程及发展规划是学校发展的总目标、总要求，是学校制度建设之"纲"。学校在制定章程、三年发展规划中，注重与全面落实党的教育方针相结合，与学校发展基础和未来发展目标方向有机结合，突出"五育"融合，促进全面发展。比如，学校办学目标确定为"培根铸魂、启智润心"，聚焦立德树人，突出"五育"启智。在学校特色文化创建上，以党建引领"启智"文化为导向，融合学校"七彩"德育文化、"七彩"课程文化、"七彩"阅读文化，以"七彩"育人丰富"启智"文化，创办学校《启智》校刊。在办学理念上，强调"让每一个学生都能够出彩"。在教育实践中，让每一个学生都能够享受到幸福的教育，让校园生活的每一天都多姿多彩。学校首先从制度建设层面，坚持"五育"并举，落实立德树人，促进学生德智体美劳全面发展。做到了学校发展的目标导向与党的教育方针一致，措施策略与"五育"融合结合，稳步推进，务实高效。

2. 学校工作部署中落实"五育"融合

在学校课程建设和课堂教学中，坚持"五育"并举，做到开齐课程、开足课时、配强师资、不分主次。同时，结合新课程改革强调的核心素养目标导向及"大单元"、"大主题"、"跨学科"等教学新策略、新要求，学校在教育教学中积极落实新课改理念，在备课、上课及教学评价中，注重学科间横向融合，纵向发展，提倡综合性评价、发展性评价，教师课堂教学评价关注"五育"融合度，关注整体教学观及大课堂、大教育观。学生学习成长注重全面发展，要求"思考有深度，知识有广度，学习有厚度"，切实培育学科素养，提升核心素养，为学生终身健康、幸福成长奠定坚实基础。

3. 学校文化创建中促进"五育"融合

学校围绕"培根铸魂、启智润心"的办学目标，党组织引领创建"启智"

文化，明确提出"五育"启智，规划"七彩"课程，引领教师通过"智之彩、美之彩、雅之彩、健之彩、艺之彩、技之彩、慧之彩"的"七彩"课程，培根铸魂、启智润心，"五育"并举，促进学生的全面发展。党支部把"五育"启智作为学校落实党的教育方针的主要抓手，引领学校"五育"启智与课堂教学有机结合，与课后延时服务、社团活动、校本课程有机结合，融合思政品德教育、生命健康教育、美育美德教育、创新思维教育、综合劳动实践、社区志愿服务等教育实践活动，促进"五育"启智与各类实践类课程、主题教育活动及德育、劳动体验教育融合推进，积极践行社会主义核心价值观，传承红色爱国基因，铸牢中华民族共同体意识，为党育人、为国育才，培育社会主义祖国合格建设者和接班人。

二、推进"五育"融合课堂，让师生"美"起来

"五育"融合是"五育"基础上的融合，是各美其美、美美与共的关系。"五育"是基础，融合是拓展和提升，是推动教育教学高质量的必然选择。因此，学校结合新课程改革核心素养导向、跨学科教学、大单元大主题教学等新理念，教研引路，课堂落实，让教师乐教，学生乐学；让课堂"美"起来，师生的课堂感受"美"起来。

1. 在课堂教学中促进"五育"融合

课堂是"五育"融合的主阵地。学校以贯彻落实新课程改革核心素养理念为导向，明确各学科通过积极落实核心素养三要素：正确价值观、必备品格和关键能力，树立大教学观，实施大单元教学、大主题引领，跨学科融合，不局限于某一课时目标、某一学科界限、某一学段限制。以学生为本，以学科素养、核心素养目标达成为导向，以德润心，以学促智，以练健体，以美培元，以劳育能，"五育"并举，启智润心。让"五育"在启智上融合，在铸魂上融合，在修身养性、意志品格修炼上融合，在美育素养、核心素养提升上融合，为学生全面发展、健康成长打好基础。

2. 在教研活动中引领"五育"融合

学校教研始终坚持"五育"融合方向，校本教研常常以年级组为单位，统筹各学科教育教学任务，整合各学科教学中的问题，让教育教学中存在的个性或共性的问题，通过年级组教研，跨学科、大主题、大团队教研，从学科角度深入挖掘，从跨学科、大主题角度全面拓展，促进学生乐学、善思、会用，丰富学习情感体验，享受学习的乐趣。比如劳动基地植树，有树木名称、价值等知识学习，有土壤、水、肥及成长规律等科学知识，有树木高低、大小、占地面积等数学计算，有栽种方法、技巧等劳动技能培养，还会有观察、绘画中的美育，劳动过程中的品质锻炼，劳动兴趣培养等。这样的教学是真实的，课堂是完整的，学生的成长和发展是全面的。可见，"五育"融合教育，是促进学生全面发展的教育，是真实的、完整的、充满和谐的美的教育。

3. 在教学评价中激励"五育"融合

按照教育部新时代教育评价改革意见和新课程改革核心素养导向等教育教学评价新理念、新要求，学校在教学评价中，改变过去以单一学科、单一分数、单一结果、终端评价作为师生主要成绩、绩效的评价方法，按照新时代教育、新课程改革目标要求，在教育评价中采用多元评价、发展性评价、过程性评价、综合性评价等新评价观，引领教师积极走向跨学科教学，树立大单元思维，提炼大单元主题，设计大教育、大教学课堂，体现学科教学的综合性，课堂教学的完整性，学生成长的主体性，让师生在正确的教育激励评价中共同成长，做完整的人，大写的人。

三、推动"五育"融合家校共育，让教育"合"起来

"五育"融合作为新时代教育、新课程改革、核心素养导向下的新目标、

新要求，需要通过家校合作，加大新课改理念、新教育评价的宣传，形成育人合力，实现家校共育。

1. 确定家校合作"五育"融合项目

在开展家校合作的教育实践中，我们首先确定了家校合作"五育"融合项目：在宣传党的教育方针和新课改理念上合作，在遵循教育教学规律上合作，在关心孩子身心健康上合作，在"五育之星"、"启智之星"等优秀典型选树上合作，在"红石榴爱家乡"劳动教育、智慧阅读等综合实践社团活动上合作。让家校合作在"五育"融合上有目标、有任务、有实践，不断丰富学校与家庭"五育"融合实践合作项目，构建学校与家庭、社会"五育"融合协同机制，形成教育合力，推动学校教育高质量发展。

2. 举办家校合作"五育"融合沙龙

每学期由教务处、政教处适时组织家校"五育"融合教育沙龙，班主任和家长委员会成员充分利用各种家校沟通渠道，调查了解家长在"五育"融合实践中的困惑、关心的热点问题，形成一套主题菜单，按照活动目标和家长的需求，确定家校"五育"融合教育沙龙的主题、时间、形式等。学校家校"五育"融合教育沙龙常常利用家长会、家长开放日等时间进行，有时通过微信群、宁夏教育云平台等互联网平台开展。"五育"融合教育沙龙，让老师和家长之间通过线上线下多种渠道，自由互动、充分交流、合作探究，在项目式学习、家务劳动、研学活动、智慧阅读等教育主题及项目式学习合作中，践行"五育"融合理念，丰富"五育"融合成果，破解"五育"融合难题，凝聚"五育"融合智慧，形成"五育"融合合力，实现了优势互补、平等对话、家校共育的良好育人效果。

3. 丰富家校"五育"融合实践内涵

学校根据教育工作实际，不断拓展家校"五育"融合事项。例如："感受书香、品味经典"、"多彩暑假，快乐成长"、"我是时间管理小能手"、"寻找身边的长度"、"好书推荐"等智慧阅读、劳动实践、项目式学习活动，通过多种形式的家校合作沙龙，聚焦"五育"融合实践，开展家校合作，实现家校共育。同时，我们积极开展"阳光纳谏"活动，及时征求家长对学校"五育"融合育人实践的意见和建议。少先队开展家校牵手活动。由少先队邀请家长参与"同在蓝天下，关爱你我他"家校牵手活动，家委会成员、家长代表与班主任、任课教师通过微信、电话等联系渠道，共同参与个案辅导、心理疏导、志愿服务、矛盾化解、结对帮扶、优秀育人案例分享、好书推荐等活动，不断丰富和拓展"五育"融合实践，丰富家校合作内涵，促进学生全面发展、健康快乐成长。

四、实践反思

1."五育"融合是促进学生全面发展的必然选择

促进"五育"融合，要抓好"三个关键"：一是把好方向。认真落实新时代党的教育方针和科教兴国战略，在学校章程建设、三年发展规划等制度文件中，及时吸收新政策、新理念、新任务，做到目标明确，方向不偏。二是推进改革。扎实推进新课程改革，明确新课程改革"核心素养导向"，推进综合育人、实践育人策略，培养批判性思维、创造性思维、协作性思维和概念性思维，全面提升学生的核心素养。三是全面发展。注重德智体美劳全面发展，树立未来教育观，推进课程的人性化、共同体化、创造化和信息化，以生为本，提升核心素养，防止人的片面发展、不自由发展、不充分发展，夯实学生终身健康成长基础，做到为党育人、为国育才。

2."五育"融合是落实立德树人的基本途径

办好人民满意的教育，首先是立德树人的教育。育人的根本在立德，立德的重点是面向全体学生，核心是立大德、守公德、严私德，关键是促进学生全面发展。作为基础教育，立德树人责任重大，要结合学校课程教学、学校思政育人课程体系建设及学校德育、思想政治教育、党史学习教育等各类教育，全面系统推进，切实在坚定理想信念、加强品德修养、厚植爱国主义情怀等方面，打好基础，培育时代新人。

3."五育"融合是走向教育公平的目标追求

教育公平是办好人民满意的教育的基本要求，也是社会公平的重要基础。学校教育坚持"五育"融合，尊重学生的个性和成长规律，增加学生走向成功和人生出彩的机会，促进教育公平。在"五育"融合实践中，我们形成了三点共识。

一是"五育"融合倡导有教无类，促进教育机会公平。要公平对待每一名学生，关爱特殊家庭孩子的学习成长需求，让每一名孩子都有出彩的机会。

二是"五育"融合注重因材施教，促进了教育过程公平。要遵循教育规律和学生成长规律，尊重学生个性特点和兴趣爱好，注重过程评价、发展性评价、综合性评价，促进学生健康成长。

三是"五育"融合强调各得其所，促进了教育结果公平。学校要尊重教育的多层次、多样化需求，认识到教育校际差距和区域之间的差距，充分了解家长、学生和社会需求，推进教育评价改革；积极回应师生和群众的教育关切，推进家校合作，实现家校共育；建设数字化校园、智慧校园，让互联网平台资源、数字资源赋能教育，共享优质教育资源，促进教育公平。

智慧阅读提素养　启智增慧促成长

——利通区第七小学智慧阅读实践案例

一、案例背景

阅读是人类获取知识、启智增慧、培养道德的重要途径。要提倡多读书，建设书香社会，不断提升人民思想境界、增强人民精神力量。

2023年全国教育工作会议提出：要把开展读书活动作为一件大事来抓，引导学生爱读书、读好书、善读书。

《义务教育语文课程标准（2022年版）》要求："义务教育段要激发学生读书兴趣，要求学生多读书、读好书，读整本书，养成良好的读书习惯，积累整本书阅读经验。"

当前，读书已经成为全社会的共识，教育系统开展读书活动更是发展素质教育、推进教育高质量发展的需要。

智慧阅读，是利通区第七小学党支部根据新课程改革核心素养导向和教育数字化转型服务新趋势，结合第七小学发展实际及时提出，由学校行政全力推进实施的书香校园实践项目。智慧阅读自2022年启动以来，学校围绕"培根铸魂、启智润心"的办学目标，以《全国青少年学生读书行动实施方案》为指导，结合互联网智慧云平台及智能软件应用，积极构建智慧阅读框架、丰富阅读策略，开展项目式阅读、整本书阅读、古诗词诵读比赛等阅读活动，引领师生启智增慧，促进学生润心铸魂、全面发展，养成良好的读书习惯。

近两年的智慧阅读实践，我们不断探索、实践，稳步推进，有收获的喜悦与惊喜，有发展的困惑与思考，更有对数字化赋能、核心素养提升、教育高质量发展的感召与期待。

二、智慧阅读实践

1. 创模式促成长，激发阅读兴趣

（1）建构智慧阅读模式。

学校党支部、教务处积极推动学校智慧阅读项目，制订了利通区第七小学书香校园创建方案，建构了"1234+N"智慧阅读推进模式。

"1234"指：把握好"一个主旨"，阅读启智，书香校园。落实好"两个抓手"，传统节日、法定节日。建设好"三个阵地"，课堂教学、学校空间、家庭空间。管理好"四个层面"，学校层面、教师层面、学生层面、家校层面。"+N"指拓展性阅读活动，学生读书活动、教师读书活动、家庭亲子共读活动等。

（2）搭建"教学评"一体化智慧阅读体系。

在课堂阅读教学中系统开展以"整本书精品课程推荐、整本书阅读策略指导、发布阅读任务、查看阅读测评报告"为主要步骤的"教学评"一体化智慧阅读体系，通过分级阅读、多元化表达训练及每月一次的智慧阅读分享、好书推荐、主题阅读汇报交流等，激励师生时时读书、处处读书，养成阅读好习惯。截至学期末，学校学生阅读认证总本数达到78460册，生均认证册数可达53册。

（3）搭建图书资源网络。

在读书环境网络建构上，充分利用学校图书室、班级图书角、家庭小书房，构建"学校—班级—家庭"图书资源共建共享网络，开展图书漂流、好书推荐等活动；在师生馆藏图书借阅卡使用上，充分整合学校及利通区、吴忠市图书馆"图书借阅系统"，构建了师生图书借阅"一卡通网络"，实现了"一书一网"，方便师生图书借阅，提升公共图书资源使用效率；做到了"一书一册"，为智慧阅读导读课、推进课、交流课提供务实高效的智慧网络服务。

（4）建立智慧阅读表彰机制。

学校建立智慧阅读表彰奖励长效机制，定期开展"阅读之星"评选表彰活动。学校在每年世界读书日、开学典礼、六一国际儿童节时会对全校智慧阅读活动中涌现出的书香少年、书香教师、书香家庭、书香班级进行表彰奖励，激励和推动智慧阅读活动常态化深入开展。

2. 创环境促项目，营造读书氛围

学校在各类功能室紧缺的情况下，不断加大投入，打造阅读园地，激发师生读书兴趣。

（1）建设智慧阅读中心，开展主题项目阅读。

学校规划建设178平方米的智慧阅读中心，构建智慧阅读书屋（走廊），将纸质图书馆升级为数字化图书馆，并加入60台智慧阅读产品，为学生自主阅读、项目式主题阅读和班级阅读教学活动的开展提供了保障。

（2）建设班级图书角，开展班级系列阅读。

班级内依据新课标、不同年级、不同学段阅读要求，通过学校集中购买、学生捐赠及图书室借阅等方式，建立了班级图书角。便于学生根据需要随时翻阅，满足学生阅读需求。目前，学校29个班级均已建成班级图书角。

（3）购置走廊简易书架，开展"七彩"阅读。

学校在楼道里布置相应的简易书架，开展"七彩"阅读（爱国主义教育类、安全教育类、自然生命类、科技创新类、艺术体育类、经典名著类、绘本童趣类），不断以优质的图书，吸引学生读书，增加读书机会，培养读书兴趣，引领学生养成随时随地阅读的好习惯。

目前，学校阅读中心有可供学生借阅书籍15637册，阅读平台有可阅读电子书籍6000册，各班藏书总量不少于4500册，七彩书架书籍2500册，能基本满足学生的阅读要求。

让书籍在校园随处可见，方便学生在阅读课以及闲暇时间阅读，增进读书交流，提升阅读兴趣，让学生更为积极主动地投入到阅读中去。

3. 创载体促创新，培植阅读动能

学校坚持新课改核心素养导向，坚持"五育"融合，积极开展智慧阅读校本实践研究，不断创新智慧阅读载体，推进智慧阅读实践走深走实。

（1）开展项目式阅读实践。

以提升阅读素养为核心，科学设计阅读项目，让语文学科与多个学科相互交叉渗透，将多个学科的知识在一个项目或主题下联结融合。通过融合式、任务式、项目式跨学科阅读，学校打破各学科之间的壁垒，帮助学生在更广阔的视域下开拓新的阅读学习空间，让阅读课程灵动起来。这种尝试既强化了学生的高阶思维能力，还巧妙融入其他学科，达到阅读成效最大化的目的。

（2）开展整本书体验式阅读实践。

在推荐和认领整本书阅读任务之后，注重在教师指导下，学生主动、积极参与阅读的过程性体验，帮助学生通过询问、探索、发现和交流，获得创造性阅读体验。教师在阅读过程中，适度渗透阅读策略指导，引导学生成为熟练的阅读者，帮助学生提高阅读效率；适当融入电影、建筑、戏剧等艺术形式，起到助力的效果；适时融入美育，强化体验，鼓励学生在完成阅读后，用多种方式将阅读"物化"为成果，包括"画一画思维导图、编一编故事剧本、演一演故事角色"等，将美育融入阅读，使阅读变得更加丰富、活泼。

（3）开展混合式"三步走"阅读实践。

学校将"线上线下混合式学习"模式运用到智慧阅读课程中，通过读前翻转指导、读中互助协作、读后梳理整合三个阶段，打造混合式阅读模式，创设互动、互补、互融的学习场。"混合式阅读三步走"模式，让线上网络互动与线下课堂结合起来，让彼此互为补充、支撑、照应，打破了阅读的时空限制，让数字化教育资源最大限度为高效阅读服务。

（4）构建联动式"三合一"阅读生态圈。

"五育"融合背景下的学生阅读更需要积极调动家庭、学校、社会等力量，建立家庭、学校、公共图书馆"三合一"的联动式阅读生态圈。2023年11月29日，利通区图书馆第七小学分馆授牌仪式在学校隆重举行。代表着第七小学正式构建起了"家、校、馆"联动式阅读生态圈，进一步丰富了学校图书资源，拓展了阅读渠道，让优质、经典的书籍走进师生，走进家庭，助力学生的健康成长。在联动式阅读实践中，学校针对学生阅读活动中"不想读"的情况，开展亲子共读，通过亲子共读培养阅读习惯；针对"读不久"的情况，组建阅读共同体，开展阅读分享、阅读交流会，借助团队的力量激发个人的阅读内驱力，提升学生的阅读交流和思考能力；针对"读不深入"的情况，开展多元阅读活动，将阅读过程转化为听、绘、演、说、写等多元形式，让阅读成为一件幸福而快乐的事情。

4. 创情境促激情，培养阅读习惯

（1）创新学生智慧阅读方式。

开展古诗词大赛。古诗词是我国文学宝库中的瑰宝，也是中华优秀传统文化的精髓。学校以"经典记忆，诗心养德"为主题，在全校范围内开展古诗词大赛。在诗词内容上，建立古诗词绿色书架，重点购买和推荐《小学生必背古诗词》《唐诗三百首》，同时以学校图书室、利通区及吴忠市图书馆"一卡通借阅"图书为保障，丰富学生古诗词阅读资源；在比赛形式上，主要以古诗吟诵、上下对句、诗情画意、抽丝剥茧、寻章摘句、飞花令等六个环节为主，由易到难，注重创新，激发学生参与比赛的兴趣；在比赛层级上，主要通过班级个人表演赛、年级晋级赛、全校选拔赛三个层级的比赛，评选出各层级古诗词诵读能手，进行表彰奖励。

开展经典诵读大赛。在世界读书日、六一国际儿童节、中秋节、国家公祭日等重大节日中通过诵古今经典，抒爱国情怀，传承弘扬中华优秀传统文化，彰显中华语言与文化魅力，在学校营造浓郁的经典诵读氛围。各班级通过"小书虫读书卡"记录读书成果，通过"我和书本比身高"活动激发学生读书热情。

开展读书创意摄影。定期开展创意摄影，让学生与不同的书籍合影，将爱书、护书、读书的理念，在点滴中渗透。目前，通过第一期创意摄影大赛，学校征集优秀摄影作品150多幅。

开设图书跳蚤市场。定期开展图书跳蚤市场活动，通过"以书易书"、"以书会友"等形式，交换书籍，获得友谊，在扩展阅读的同时也为孩子的健康成长、处理群体关系做了重要铺垫。

开展户外阅读。利用寒暑假和周末，组织学生进行"农耕文化"、"红色文化"、"科技文化"、"研学旅行"等行走阅读活动，让学生走出校园感受历史风韵，传承革命精神，体验现代文明，不断拓展读书活动成效。第七小学学生深入农业生态园、科技馆、图书馆、初心馆等场所开展系列实践类阅读活动，既读有字书，也读无字书。

开展读书演讲活动。通过录制好书推荐、同读一本书、一起读课文、读书经验交流等视频，多渠道、多途径宣传学生的读书活动，激发学生阅读兴趣。在班级内、年级内、学校内，开展不同主题的读书演讲活动。

（2）激发教师智慧阅读热情。

教师上好阅读指导课。读书贵在得法。智慧阅读，教师先行。学校定期开展教师读书方法交流，引领教师不断从"熟读精思"读书法、"一贵恒、二贵勤、三贵专"等名人读书法及《整本书阅读策略实用手册》等专业书籍中汲取阅读智慧，真正走进阅读，正确指导学生阅读。在第七小学的课堂上，

"快乐读书吧"主题阅读教学，每周开设一节阅读指导课，同时利用延时服务开展阅读交流课，保证了学生每周至少有两节阅读课。在推进整本书阅读项目中，指导教师上好阅读导读课和分享课，教给孩子"三动一习"读书法："三动"即动口、动手、动心，"一习"即交流读书心得要成为习惯。

开展好读书交流活动。积极开展教师好读书分享交流，引导教师走进书中，成为学生好读书的引领者。学校每学期至少开展两期教师阅读分享和好书推荐活动，书籍内容既可以是专业成长书籍，也可以是其他书籍，注重激发老师的阅读兴趣。学校依据阅读类征文、好书推荐视频、教师阅读指导课等，每学期评选教师"阅读之星"。

5. 创机制促发展，开展多元评价

（1）设立平台积分，注重以评促读。

学校建设书香校园，利用阅读平台，记录阅读时长、阅读内容、借阅记录，为师生的阅读提供"脚手架"和"导航仪"，帮助师生借助阅读平台拾级而上。依据阅读平台积分情况，学校定期表彰榜单前十名师生，帮助师生树阅读自信，养阅读习惯。

（2）落实"四全"阅读策略，开展师生阅读能力评价。

①全员阅读。着力构建教师引领学生、学生带动家长、家长影响社会的全员阅读体系，持续推动各级各类学校开展书香班级、书香学生、书香家庭创建。近两年来，学校年评选出"书香少年"500多人次，书香班级和书香家庭100多个，书香教师40多人次。

②全科阅读。推动学科教学与阅读同向同行，打造学科融会贯通的一体化大阅读格局。语文学科开设专门阅读指导课，数学学科用思维导图展现阅读精华，英语学科初级绘本小讲师，科学学科以自然与科技发展读物为准，启迪学生思维。

③全程阅读。广大教师注重把课上阅读与课下阅读有机融合、校内阅读

与校外阅读灵活衔接，让阅读贯穿于学生成长的全过程，逐步使学生养成每天阅读、终身学习的好习惯。学校读书节活动每年设立一个主题，充分展示师生全程阅读的成效与成果。

④全面阅读。引导师生既读学科类、科学类、文史哲等图书，又读思政类原著经典、党史、习近平总书记重要讲话和党的二十大报告等书籍，把读书所学知识运用到生活实践中去，不断提高师生读书素养和综合素质。学校结合二十四节气、重大节日及庆典活动，及时组织线上、线下不同形式的智慧阅读体验活动。

（3）收集阅读数据，开展阅读素养评价。

①收集数据，分析阅读情况。利用数字化技术，收集学生阅读行为数据，在促进阅读推广的同时，通过建立数据分析模型，第一时间分析并掌握学生的阅读现状、阅读兴趣和阅读能力，辅助教师对学生的阅读范围及阅读能力的提升进行指导，引导学生扩大视野，进入深层次阅读。

②阅读认证，评定阅读等级。学生线下阅读书籍后，可以在阅读平台线上对这本书进行认证。通过认证，学生可以自评如自己的阅读方法是否需要改进等基础问题。

③能力测评，提升阅读素养。每学期末开展一次阅读能力测评，从阅读素养层面评价学生一学期阅读方面的收获和成就，通过阅读测评呈现的数据，针对同一年级学生，教师分析原因、总结经验，制订下学期的阅读方案与改进措施。同时，对于通过测评等级的同学，给予一定的奖励。

除此之外，依托智慧阅读系统平台，老师可以轻松实施整本书精品课程、发布阅读任务、查看阅读测评报告等教学；学生可以实现分级阅读，选择喜欢学生阅读的书目，进行多元化表达训练，参与班级圈与师生阅读交流互动等，激发阅读兴趣，提升阅读素养。

三、智慧阅读思考

一是如何让智慧阅读走进教师的生活。智慧阅读，教师先行。当下，教师普遍面临教育教学任务重、参与活动多、时间不够用等现实困境，很多老师常常说自己"没时间读书"。但是，推进智慧阅读，教师是关键，教师是主要引领者。因此，如何激励和促进教师读书，让教师率先走进智慧阅读，爱上智慧阅读，并让智慧阅读成为教师的生活常态，是智慧阅读能否顺利推进、取得预期效果的关键，也是学校要长期做好的一件重要事项。

二是如何借助互联网智慧阅读平台及软件应用，为师生智慧阅读赋能。智慧阅读与以往阅读最大的区别在于"智慧"，重点体现在数字化赋能和阅读载体创新等方面。信息化、智能化、数字化时代，阅读方式、阅读载体都需要与时俱进，务实创新，不断引领学生在阅读中激趣，在阅读中增智，在阅读中促能，从而提升阅读素养，促进学生全面发展。

三是如何让智慧阅读成为师生及家长"增智减负"的启智项目，推动学校教育高质量发展。智慧阅读实践项目的开展，关键在激趣、增智和减负。激趣是目标，更是推进智慧阅读的动力源；增智是让参与智慧阅读的师生有丰富的价值感和获得感体验，促进阅读等核心素养提升；减负是运用数字化智慧阅读软件为阅读赋能，借力数字化智能阅读软件应用，减少操作及管理环节，通过阅读信息数据进行智能采集、智能分析、智能评价等，减轻教师工作量，实现减负增效目标。在当前学校及师生满负荷运转的教育生态环境下，积极探索实践教育数字化、智能化软件应用为师生阅读赋能，是社会发展、教育发展和新课程改革的现实需求和发展趋势。

四是如何有效发挥家长在智慧阅读实践中的积极作用，为学校智慧阅读实践助力。学校教育与高质量发展，家长是不可或缺的重要参与力量。通过家校合作共育机制，积极引领家长参与学校智慧阅读实践项目，与师生一同走进智慧阅读，构建智慧阅读共同体，形成家长、学生、老师共同参与阅读、共同在阅读中成长的良好读书环境和氛围，是推进学校智慧阅读行稳致远的重要力量。

四、智慧阅读展望

我们将以自治区"智慧阅读数字化项目校"等项目创建为契机，在现有智慧阅读实践成果经验基础上，结合数字化转型赋能、新课改核心素养导向与学校实际，务实创新、开拓进取，重点在以下方面实现新突破。

1. 基于阅读课堂进行学生阅读策略训练

（1）构建整本书阅读课程。

通过有效的阅读指导课和班级读书活动，依托推荐书目，包括童诗、童谣、绘本、童话、科普、艺术、民间故事、古诗词、古典名著、世界名著、哲学等多个类别，形成"一书一网"阅读教学资源库，根据书册内容、教学难度、学情，按照整本书导读、推进、交流等课型制作课程，充分保证学校每周一节的整本书阅读课精品教学资源。

（2）建设整本书阅读教学平台。

整本书阅读教学平台主要提供与智慧阅读书目匹配的阅读教学设计与课件，并提供教师使用说明，同时为学生提供阅读方法及策略指导，解决老师上阅读课难以开发课程和制作相应教学设计的困境，使老师的智慧阅读导读课、探讨课、表达课更加优质、便捷、高效。

（3）开发整本书阅读教学视频。

结合阅读指导手册及整本书阅读课程建设，及时开发整本书阅读视频，便于学生随时反复学习，弥补教师数量短板。通过线上教学和线下互动结合的"双师"模式，既可以保证阅读教学质量，又大大减轻了教师的阅读教学负担。

（4）用好《整本书阅读策略实用手册》。

借助手册应用，提高学生对文本的理解、运用、评价、反思和参与能力。手册可作为寒暑假自主阅读、校内课后延时服务以及整本书阅读校本课程的辅助学习材料。用好手册可解决智慧阅读辅导广度不足等问题，为不同程度的学生提供个性化阅读指导服务。

2. 基于阅读活动提升综合素养

（1）开展学生多样化阅读活动。

阅读活动作为激发学生阅读兴趣、培养阅读能力的重要手段，鼓励学生"每天阅读1小时"，采用多种形式的阅读活动调动学生的积极性，如：阅读之星评比活动、名著争霸赛、古诗词大赛等。邀请名师专家入校园，开展名师见面会、请名师做讲座，让学生对阅读有直观的认识，拓宽阅读的深度和广度。

（2）开展教师阅读素养提升活动。

在学校阅读活动开展过程中，根据教师实际情况，采用线上线下相结合的方式对教师开展阅读素养提升、阅读教学技能培训、阅读教学研讨会、阅读教学专家示范课、观摩课等多种形式的培训，切实提高学校教师阅读素养。

（3）开展亲子共读活动。

通过亲子共读活动，激发学生阅读兴趣，学校组织不同形式的家庭教育指导活动，邀请家庭教育领域的专家入校或进行线上指导，以讲座、培训等多种形式开展，助力智慧阅读，实现家校共育。

3. 基于图书检索系统建构分级阅读体系

（1）基于学生认知规律，建立分级阅读书库。

学校从思想性、权威性、目标性、科学性、趣味性、经典性、均衡性选书原则出发，参考教育部指导编制的《全国中小学图书馆（室）推荐书目》

以及国内外图书分级研究，按照学生成长发展规律及阅读规律，将图书进行分级，以社会主义核心价值观为导向，以培养学生核心素养为目标，结合各个学科阅读的主题，将所有图书进行分类。为学生提供个性化阅读书目推荐，为教师进行书目选择提供参考。

（2）基于校园文化和育人理念，拟定校本阅读书单。

在学生阅读能力水平测试和调研基础上，结合学校办学理念和育人目标，拟定校本阅读书单。

利用图书检索系统，健全校本阅读书单，分为学生精读书单、学生泛读书单和教师阅读书单。精读书单主要由教师带领学生进行阅读和赏析；泛读书单主要是让学生自主阅读时使用；教师书单则结合教育理论、教学实践、教师成长、心理德育、人文科学等主题为教师阅读和成长提供支持的帮助。

（3）基于核心素养，建立通识篇章阅读资源库。

学校精选文学、人文、科学、艺术、新闻等领域的优质篇章，建立一套通识篇章阅读资源库，为学生全面发展做好积累，提供多维视角，培养学生阅读与思考的能力。

4.基于阅读终端建立多元图书配备模式

（1）创设多元阅读空间，为学生提供良好阅读氛围。

改造提升智慧阅读中心的软环境及文化氛围，成为学生课间、课后集中活动区域。将智慧阅读中心打造成集阅览、故事会分享、阅读课授课、绘本剧演出等多功能于一体的新型学习空间。

（2）利用阅读终端建立多元配备机制。

以智慧阅读平台为基础支撑，包含资源支撑、功能支撑、服务支撑、硬件选配和应用场景5个层面的建设内容，整合优质阅读资源，构建新型阅读护眼课堂，追踪个人阅读成长数据，为学校、家庭提供智能绿色的智慧阅读。

（3）建立图书配备分级管理机制。

学校根据实际情况，实行图书配备分级管理机制。用于阅读课程教学的精读书目复本量以班级为单位进行配备，泛读书目复本量以年级为单位进行配备，同时学校还配备了一定的电子书及阅读器。开设图书漂流捐赠活动，倡议全校学生献爱心，捐赠图书，丰富校园书目。在区域层面，联合图书馆、班级图书角，实现图书最大限度流通共享。

5. 基于阅读数据建构智慧阅读素养评估体系

（1）阅读素养摸底评估。

在智慧阅读实施之前，通过系统化评价指标和量化的评估工具，对学生阅读能力水平进行整体评估，对影响学生阅读能力的各项因素进行全面摸底。评估的结果可以作为参考，方便为学生进行有针对性的分级书目推荐和制订适合的阅读计划，帮助老师发现学生在阅读过程中的能力短板，并有针对性地选择相关课程进行指导和学习，为学校整体开展阅读规划提供参考。

（2）阅读过程追踪评估。

在学生阅读过程中通过线下阅读，线上实时记录学生阅读动态，跟踪学生的阅读行为，实时掌握学生的阅读数据。对于"读了什么"、"读的效果如何"、"读后多元化表达情况如何"等进行充分了解，利用大数据解析每个学生的阅读量、阅读偏好、阅读参与度等情况，形成学生个人阅读档案。同时，学校可直观查看校园阅读整体数据分析结果，有针对性地进行干预、指导具体的校园阅读工作。

（3）阅读课程与教学评价。

在整本书教学结束后，教师可以利用整本书测评任务开展整本书阅读评价，通过大数据了解学生阅读作品的具体情况，最终实现整本书阅读教学"学—教—练—测"的闭环。

（4）阅读积分运用。

利用阅读积分兑换柜，手动领取兑换币，在积分兑换柜中兑换奖品。形成积分获取、积分兑换、物品领取完整闭环，有效激发学生阅读兴趣，培养阅读习惯，提升阅读素养。

总之，智慧阅读实践任重而道远。读书作为一件大事，赋予了新时代教书育人的新任务、新内涵。校园，本是读书的地方；教育，原是育人的事业。我们将坚持不懈、久久为功，扎实推动智慧阅读实践行稳致远，切实"把开展读书活动作为一件大事来抓，引导学生爱读书、读好书、善读书"，以此全面提升学生阅读素养，促进学生全面发展，推动学校内涵发展、科学发展和高质量发展。

党建引领 铸魂启智推动学校教育高质量发展

一、案例背景

近年来，利通区第七小学党支部坚持以习近平新时代中国特色社会主义思想铸魂育人，聚焦立德树人根本任务，围绕"培根铸魂、启智润心"的办学目标，创建"启智"文化、师德师风示范校、全国民族团结进步示范校，积极推进新课程改革，抓好课后延时服务，构建校园治理体系，提升校园治理能力，推进星级党支部建设、平安和谐校园建设及书香校园、智慧阅读、生态校园、五育融合等特色亮点工作取得积极成效，推动了学校规范发展、科学发展、内涵发展和高质量发展。

二、案例实践

1. 聚焦工作部署，强管理抓落实

（1）加强党组织政治领导力。

一是强化政治引领。对上级党组织批转的各类文件，做到第一时间批阅，第一时间组织学习，对文件任务及要求，及时做出安排部署。同时强化"学习强国"等学习平台的学习，做到党员教师全覆盖。二是用习近平新时代中国特色社会主义思想铸魂育人。结合党史学习教育、课程思政建设及学习《习近平新时代中国特色社会主义思想学生读本》，通过开展党课讲座、专题学习、课堂教学研讨、课题研究引领等多种方式，坚持用习近平新时代中国特色社会主义思想培根铸魂、启智润心，不忘教书育人、立德树人初心，坚守为党育人、为国育才使命。

（2）学习贯彻党的二十大精神。

把学习贯彻党的二十大精神作为工作重点。一是集中学、全面学。全面系统学习《党的二十大文件汇编》等推荐读本，邀请利通区委党的二十大精神宣讲团成员进行专题讲座，开展党支部书记、委员讲党课6场次，通过集中学习、要点摘抄、分享学习体会等，全面学习领会党的二十大精神。二是重点学，深入学。重点学习《党的二十大党章修正案学习问答》及党的二十大关于教育工作的重要论述，开展知识问答、专题研讨，党员骨干教师结合学习重点和工作实际，进行微党课分享合计8人次。三是实践学，研讨学。结合新时代党的教育方针的贯彻落实、结合新课程改革等目标任务，开展"学习党的二十大，做新时代四有好老师"等实践研讨；少先队每周升旗活动进行"党的二十大精神微宣讲"合计10场次。做到以学习促实践，以实践促思想政治素养提升。

（3）铸牢中华民族共同体意识。

把习近平新时代中国特色社会主义思想进教材、进课堂、进师生头脑的"三进"工作纳入学校教育教学全过程，通过党建引领、课堂讲解、德育渗透、主题融入，做到党员、教师、学生全员覆盖。学校充分发挥功能党小组的政治功能，积极构建"三驾马车"，即：第一功能党小组以教务处人员和学科带头人为主要力量，以小学道德与法治课为基础，充分挖掘、渗透其他学科中的思政元素，将学校思政课程与课程思政建设有机结合，深度融合，引领学校教育"用习近平新时代中国特色社会主义思想铸魂育人"，学校被确定为"吴忠市道德与法治学科教研基地校"。第二功能党小组以政教处人员和班主任为主要力量，以班队会课为阵地，重点学习党的二十大精神，学习党史，开展"请党放心，强国有我"、"红领巾心向党"等主题教育活动，培育学生爱党爱国情感，引领学生争做新时代好少年。第三功能党小组以综合学科骨干人员为主,坚持"五育"并举,以综合实践活动为依托,积极开展音乐、体育、美术和劳动教育社团活动,组织学生充分利用利通区初心馆、利通区农耕博物馆和学校"七彩耕园"、青少年活动中心等实践阵地,开展丰富多彩的校外教育体验活动,积极践行习近平总书记教育思想,为党育人、为国育才,促进学生全面发展,健康成长。2023年2月28日自治区交通运输厅第二调研组李小为一行,3月19日自治区党委宣传部调研组,对学校铸牢中华民族共同体意识进行专题调研。5月,利通区第七小学被吴忠市委统战部推荐为"全国民族团结进步示范校"。

(4)加强治理体系和治理能力建设。

一是提升党组织领导力。通过党建引领学校制度建设、"启智"文化创建、新课程改革、校园治理体系建设等,完成学校章程、三年发展规划的制定,健全完善学校各类管理制度16个,创办第七小学首期《启智》校刊,完成"启智"文化创建手册,全面提升学校党组织领导力。二是提升党风廉政建设质量。结合主题党日活动、结合师德师风建设、结合教育行业作风建设及相关问题整改等工作,通过民主生活会、组织生活会、党风廉政建设"回头看"等,开展党员教师党风廉政风险点查找及"四风"问题、师德师风问题自查自纠,开展"讲师德、铸师魂,做新时代好老师"论坛、演讲活动,选树表彰"四有"好老师28名。三是提升重大安全风险防范化解能力。牢固树立安全第一、安全无小事思想,在校园安全管理、预防校园欺凌、师生心理健康疏导教育及防震、防溺水、防交通事故、防火灾等各项安全教育工作中,做到党建引领、班子带头、制订预案、科学演练,以求防患于未然。四是提升教育改革及发展质量。认真落实新时代教育评价改革、新课程改革等新课改理念,在课程思政体系建设、教育评价、课后延时服务等工作中务实创新、与时俱进。党支部结合新时代新课程改革目标任务,认真落实大思政课程体系建设,全力构建全员、全程、全课程育人格局,重点解决"培养什么人、怎样培养人、为谁培养人"的问题。通过创新生活化"小课堂"、拓展社会化"大课堂"、搭建网络化"云课堂"、开发系列化"微课堂",形成大思政课协同效应,有效提升了思政课教学和育人质量。近三年来,学校骨干教师梯队建设顺利推进,教师在区市优质课、精品课等各级各类教育教学竞赛中获奖合计26人次,学校教育教学质量稳居市区学校前列。

2. 聚焦作风建设,强师德重服务

(1) 落实全面从严治党主体责任。

一是抓政策落实。学校设立党建办,具体负责上级组织批转文件的学习、贯彻和落实工作。同时结合党的二十大精神、党史学习教育等常态化、制度化学习,聚集学校发展中存在的问题,形成以政策落实推动教育高质量发展的工作机制和良好习惯。二是抓党建引领。充分发挥党组织把方向、管大局、作决策等领导职责,以坚强有力的党建引领,推动学校"启智"文化创建、新课程改革、民族团结进步示范校创建、师德师风示范校创建等工作规范、科学、高效进行,促进学校内涵发展,提升学校品牌文化创建质量。三是抓警示教育。以《中小学教师职业行为十项准则》为师德红线,以"四有"好老师标准为目标,结合教育部、教育厅等各级教育主管部门通报的违反师德问题典型案例,常态化开展师德师风警示教育、最美教师评选、新时代"四有"好老师演讲比赛等活动,做到警钟长鸣,不碰师德红线,不断壮大好老师队伍。2022年,学校被吴忠市教育局授予"师德师风示范校"荣誉称号。近三年来,学校选树和表彰"四有"好老师共计36名。

(2) 落实领导班子"一岗双责"。

学校党支部把党风廉政建设与教育教学、师德师风、校园安全等工作有机结合起来,严格落实领导班子"一岗双责"责任制。每年度通过班子成员职责分工表、领导班子"一岗双责"责任台账及校级领导落实"一岗双责"情况汇报等,让"一岗双责"责任机制进头脑、促工作,成为学校管理的习惯和常态。一是党风廉政工作与教育教学工作"同步安排"。学校党支部将党风廉政建设责任制工作纳入党组工作的重要议事日程，纳入各级岗位目标责任体系，将党风廉政建设与业务工作一起研究，一起部署。二是党风廉政工作与教育教学重点工作"同步检查"。学校党支部不断强化工作措施，推进"一岗双责"的落实，确保取得实效。成立了以党支部书记为组长的"一岗双责"责任制领导小组，领导小组成员带头落实"一岗双责"责任制，一年召开两次专题会议，分析、研究和总结"一岗双责"责任制工作，党支部将班子成员"双责"落实情况纳入党员干部的业绩考核，作为绩效工资发放的主要依据，促进"一岗双责"真正落到实处。三是党风廉政工作与教育教学评价"同步考核"。主要采用"两个结合"，对党员干部的"一岗双责"进行同时评议、同时考核。首先与岗位目标绩效考核相结合。学期末每位党员干部都要按照岗位目标考核的要求，自查自评并汇报教育教学工作完成情况和廉政教育、执行廉政纪律等的情况。其次与党员干部晋级、绩效考核相结合。凡党员干部提升职级，都要进行个人述职述廉，对德、能、勤、绩、廉各方面进行阶段性总结，并进行群众评议，由学校党支部对拟晋升人员廉政状况进行专项考核，将此作为党员干部任用、晋级的必备条件。

（3）注重作风建设。

学校党支部对照"四风"问题，结合教育系统侵害群众利益综合整治活动，结合师德师风建设，聚集问题，建章立制，坚决纠治形式主义、官僚主义等"四风"问题，强化服务，促进工作，建立长效机制。做到"三个结合"：一是与教育教学工作相结合。要求全体党员积极创先争优，做到在业务上创优，争当教学先锋；在干劲上创优，争当敬业先锋；在学习上创优，争当读书先锋；在爱心上创优，争当爱生先锋；在形象上创优，争当师德先锋。在党员教师中开展优秀班主任、优秀辅导员、最美教师及文明组室、优秀共产党员等评选活动，使党员教师能够以良好的精神面貌和强烈的责任意识，积极投入工作，与时俱进，扎实工作，展现了党员的良好形象。二是与党风廉政建设相结合。反对"四风"，强化服务，倡导"智慧党建"、"阳光党务"、"阳光政务"；结合"批评和自我批评"，认真查找、深度挖掘班子成员中存在的问题，确保领导班子"思想阳光""作风阳光""队伍阳光"，积极推进党务、政务、校务、财务、业务公开。三是与师德师风建设相结合。将师德建设放在党员教师队伍建设的突出地位，以"强师德、铸师魂，争做新时代好老师"为主题，"立师德、铸师魂"，开展"师德论坛"、"党员示范岗"、"四有"好老师和"最美教师"评选等活动，选树师德典型。强化师德问题整改，重点整治教师有偿家教、有偿补课、乱订教辅资料、收受家长礼品礼金及利用婚丧嫁娶违规敛财等行为。让党员教师学会负责、学会感恩、学会珍惜，做到爱岗敬业，为人师表。

3. 聚焦党组织建设，强党建促发展

（1）发挥领导班子表率作用。

学校领导班子发挥政策引领、业务引领、师德引领作用。一是带头坚持"五育"融合发展。党支部书记、委员带头承担校园"启智"文化创建工作，构建"五育"启智框架图，通过制度建设、课堂实践、教研引领、评价激励及家校合作共育等，推进"五育"融合发展，促进学生德智体美劳全面发展。二是带头引领"课程思政"建设。积极落实全学科、全方位、全员"三全"育人策略，由教务处功能党小组牵头，党员骨干教师引领，以道德与法治课为基础，结合主题教育、班队会活动、社团活动等活动类课程，完成学校思政精品课16节，以党员骨干教师为主体培养学校思政骨干教师9名。三是带头引领师德师风建设。以吴忠市"师德师风示范校"创建为抓手，以《中小学教师职业行为十项准则》为底线，带头宣传全国十佳教师典型事迹，宣传全区及身边的师德典型，及时发现身边的好老师典型事迹，通过学校教师微信群、《启智》校刊进行宣传，弘扬师德正能量，为学校高质量发展提供师德保障。

（2）引领学校品牌文化创建。

充分发挥学校党组织文化领导力，促进学校内涵发展。一是创建学校"启智"文化品牌。围绕"培根铸魂、启智润心"的办学目标，创建学校"启智"文化品牌，创办学校首期《启智》校刊，融合学校"五育"课堂文化、"七彩"课程文化、"七彩"德育文化，推动学校科学发展、内涵发展。二是创建智慧阅读品牌。结合书香校园、数字校园、智慧校园建设，通过书香家庭、书香班级、书香少年等创建、引导学生爱读书、读好书、善读书。三是创建"七彩"课程品牌。党组织积极引领学校教学团队创建"七彩"课程文化，以"智之彩、美之彩、雅之彩、健之彩、艺之彩、技之彩、慧之彩"为主要目标，结合国家课程、校本课程及教育"双减"服务，不断丰富各类学生社团活动项目和内容，为每一个孩子的健康成长创造出彩的机会。

（3）坚持"五育"联动促成长。

党支部聚焦"立德树人"根本任务，引领学校教育树立大教育观，教育整体观，坚持"五育"并举，实施"五育"联动，通过生活"育德"、课堂"育智"、健身"育体"、文化"育美"、劳动"育心"等创新举措，促进"五育"融合，促进学生全面发展，健康快乐成长。目前，学校"五育"开放书架展示师生"五育"融合发展专题23个，各类活动图片380幅，六一国际儿童节表彰"五育"之星504名。学校承担自治区教育厅"美育与各学科融合实践研究"课题，在教育厅中期调研推进会上获得充分肯定。在参加第37届宁夏青少年科技创新大赛（吴忠赛区）比赛中，学校有两项创新成果首次在该类比赛中荣获二等奖。

（4）积极创先争优促发展。

充分发挥基层党组织战斗堡垒作用和党员先锋模范作用，增强党组织凝聚力、向心力。一是文化品牌创建取得积极成果。党支部以党的二十大精神为指引，以落实新时代党的教育方针、新课程改革理念为目标，引领创建利通区第七小学"启智"文化品牌，规划文化创建思维导图7张，创办《启智》校刊，培根铸魂、启智润心，凸显了党建智慧，提升了党组织的领导力和创新力。二是新课程改革稳步推进。学校以教务处功能党小组为依托，引领各教研组、年级组、学科组，开展新课改理念学习研讨、连片教研、党员骨干教师示范课、教师读书论坛、"七彩"课程建设等活动，扎实推动新课程改革理念在课堂生根，在校园落地。三是课后延时服务赢得师生和家长支持。自课后延时服务开展以来，党组织积极规划课后延时服务项目，党员骨干教师带头承担课后延时服务任务，带头申报组建学生社团服务活动，学校课后延时服务项目达到30个，服务项目不断拓展，质量不断提升，群众满意率不断提升，学生参与率达到95%。

（5）建章立制提升治理能力。

学校党支部抓大事、定制度、管长远，为学校可持续发展、高质量发展定位把脉，提供制度保障。一是制定完善学校党政议事规则。党支部根据上级党组织关于党组织领导的校长负责制相关政策文件，结合学校实际，及时制定完善《第七小学党支部会议议事规则》、《第七小学校长办公会议议事规则》，规范权力运行，提高工作效能，提升校园治理能力。二是制定完善学校章程及发展规划。根据新时代教育改革新目标新任务和学校发展实际，及时制定完善《第七小学章程》、《第七小学三年发展规划（2023—2025年）》，强化顶层设计，为学校规范化发展、科学发展超前谋划，定标定位。三是制定完善学校教育教学管理各项制度。根据学校教育改革及发展新要求，及时制定完善《第七小学师德师风建设方案》、《第七小学清风校园创建方案》及课后延时服务、文明校园创建、智慧阅读、生态校园、劳动实践等各类制度方案，为学校内涵发展、高质量发展提供制度保障。

三、案例反思

学校加强党对教育工作的领导，要聚焦立德树人根本任务，围绕"培根铸魂、启智润心"的办学目标，切实推动教育高质量发展。

1. 强党建、聚人心，增强党组织凝聚力

认真落实党组织"把方向、管大局、作决策、抓班子、带队伍、保落实"的领导职责，加强党对教育工作的全面领导，结合师德师风建设，班子成员做到"四心"聚力促发展。一是以爱党之心，树牢一面旗。充分发挥党员骨干、党员名师示范、引领和带动作用，结合利通区教育工委"两个带头人"工程，通过党员名师工作室、示范课、微党课及优秀党员骨干选树等，树标杆，促工作，积极创先争优。二是以为民之心，立起一杆秤。结合教育系统侵害群众利益不正之风专项整治活动，开展班子成员群众访谈、讲党课、岗位创优、联谊结对、志愿服务、牵头功能组室"六项"服务，以高质量的教育及管理服务，凝心聚力促发展。三是以团结之心，拧成一股绳。通过主题党日、主题教育、课题引领、教研驱动及家校合作共育等，形成育人合力。四是以敬畏之心，心存一把尺。结合师德师风示范校创建，定期开展师德警示教育，做到常抓警示教育，让警钟长鸣。积极引领教师自觉坚守师德底线，学标杆，铸师魂，争做新时代"四有"好老师。

2. 抓治理、促内涵，推动"五育"融合发展

认真落实党的二十大精神，在校园治理体系建设中，强化"五育"并举，促进学生全面发展。一是学校章程规划中体现"五育"融合。在制定学校章程、三年发展规划中，注重与全面落实党的教育方针相结合，与学校发展基础和未来发展目标方向有机结合，突出"五育"融合，促进全面发展。二是在管理中促进"五育"融合。在学校课程建设和课堂教学中，坚持德智体美劳"五育"并举，开齐课程、开足课时、配强师资，夯实"五育"融合发展基础。三是在课堂教学中落实"五育"融合。以"核心素养导向下的课堂教学"

为实践课题，开展项目式学习论坛、项目上学习教学设计、案例分析，结合劳动实践、体育锻炼、书香阅读、智慧教育等，促进"五育"融合。四是在教育评价中激励"五育"融合。在教学评价中，改变过去以单一学科、单一分数、单一结果、终端评价作为师生主要成绩、绩效的评价方法，提倡以多元性评价、发展性评价、过程性评价、综合性评价等新评价观进行评价，体现学科教学的综合性，课堂教学的完整性，学生成长的主体性，让师生在正确的教育激励评价中共同成长。

3. 抓"双减"、重服务，提升教育服务质量

积极落实教育"双减"政策，不断丰富和拓展各类社团服务活动，全面提升课后延时服务质量。一是稳基础。对师资稳定、学生喜欢的体育、美术、科技小制作、烹饪等社团活动项目，进行正确引导、注重激励、科学评价，做到稳定队伍。二是扩队伍。对双节棍武术操、跳绳、篮球、乒乓球、版画、缠花、剪纸等优势项目，根据学生发展需求，及时加大投资，充实师资，扩充队伍，以便做大做强。三是提质量。积极创造条件，对承担社团活动的教师进行校本培训和外出提升培训。对社团活动师资短缺的项目，如魔方、武术、围棋等，外聘优质师资任教。不断以高素质的教师队伍保障社团活动的高质量发展。

4. 抓合作、聚合力，实现家校共育

以提升教育服务质量、拓展"双减"服务项目为目标，积极开展家校合作，实现家校共育。一是平台合作。成立校级、班级家委会，搭建线上、线下家校合作平台，通过家长会、亲子共读、项目式学习合作等，引领家长了解"双减"政策，熟悉学校"双减"服务项目，积极参加学校"双减"志愿服务活动。二是习惯养成合作。积极引导家长加强对孩子良好习惯的养成，加强对孩子身心健康的培育，如生活习惯、学习习惯、劳动习惯等，珍视和保护孩子的好奇心和探索欲，营造和谐的家庭氛围，以更好地陪伴促进孩子健康成长。三是实践

活动合作。引导家长多带孩子走向大自然，陪伴孩子一起探索世界，追寻未知；注重培养孩子健全的人格和动手能力，带孩子融入社会，让孩子在游戏中学习，在劳动中锻炼，在实践中探索，在合作中成长。

5. 建品牌、创特色，推动学校高质量发展

把学校品牌建设、特色亮点工作经验推广作为推动学校科学发展、内涵发展和高质量发展的重要目标任务，常抓常新，常抓不懈。

一是创建星级党支部。2022年，学校党支部被利通区委授予五星级党组织。我们将继续不断巩固星级党组织创建成果，稳步推进党组织领导的校长负责制各项工作，在党建引领、师德师风建设、新课程改革、教育"双减"服务及特色发展等各方面不断取得新成果，切实用习近平新时代中国特色社会主义思想铸魂育人，促进学校教育高质量发展。

二是创建"启智"文化。通过党建引领、发展驱动、特色助力，在"五育"启智、"五育"融合及内涵发展等方面，不断深化、创新和拓展，取得新成果，形成新亮点。

三是创建书香校园。持续开展"智慧阅读"，按照"1234+N"阅读模式，优化管理，培养兴趣，提升能力，引领学生爱读书、善读书、读好书。

四是创建"全国民族团结进步示范校"。以"全国民族团结进步示范校"创建为契机，以铸牢中华民族共同体意识为主线，通过"三个融合"、"四项联动"、"四个坚持"及民族团结进步"十个一"等活动，不断增强师生对中华民族大家庭的认同感、自豪感，让中华民族共同体意识在学生心中生根发芽。

五是构建"大思政"课堂体系。落实新课程改革理念，积极构建全员、全程、全课程育人格局，将各类课程与思想政治课同向同行，形成课程思政建设协同效应，通过"四个课堂"：创新社会化"小课堂"、拓展社会化"大课堂"、搭建网络化"云课堂"、开发系列化"微课堂"，落实立德树人根本任务，促进学生全面发展。

项目式学习　启智润心提素养

2022年，教育部颁布的义务教育课程方案及新课程标准最大的亮点就是提出发展学生核心素养，在新课程背景下，改变育人方式是必然选择，教与学方式的转变是新课程的重要内容，项目式学习无疑是符合新时代要求的教与学的方式之一。

项目式学习是基于真实情景以解决问题为导向的学习方式，围绕学科核心素养，学生自主获取知识和学习技能，将所学的知识直接运用到实际当中，从而培养学生自主学习、团队合作等综合能力。

一、以生为本，丰富"微项目"

利通区第七小学现有学生1462人，拥有一支平均年龄39岁、年轻、有活力的教师团队。在办学过程中我们遵循党的教育方针，以立德树人为目标，秉承让每个学生都出彩的办学理念，以"培根铸魂、启智润心"为办学目标，站位新时代，努力谋发展。教学过程中，我们以生为本，以学定教，认真落实新课改核心素养目标导向，积极探究项目式学习实践，形成微项目48个。

二、注重研修，教师走在前

1. 自主研修

学校为每位教师购买一本具有前瞻性的项目式学习案例的书籍供老师学习，同时教师利用零碎时间搜集一些关于项目式学习的链接、公众号、书籍进行自主学习。

2. 集中研修

各教研组利用每周一第二时段由教研组长组织带领学习、研究一些 PBL 项目式学习的典型案例，并尝试制定各组的项目方案或计划，全体教师在初体验之后，对项目式学习有了更深的认识。

三、全学科推进，跨学科实施

利通区第七小学全体教师以项目经理、核心成员、参与者、观察者等不同的角色加入不同的项目中，形成了11个跨学科项目，在推进项目式学习的过程中积累了经验，形成了典型案例。

案例一：二年级语文组聚焦语文核心素养，设计了"寻汉字起源 展汉字之美"项目式活动，以"汉字到底是怎么来的？汉字的演变过程又是怎样的？"为驱动问题，让学生通过自主学习、自主阅读，了解汉字的特点、演变和历史。同时，选择自己感兴趣的汉字，查找相关资料，阅读相关书籍，加深对汉字的理解；再将收集到的资料进行整理，形成一幅幅汉字绘画、一个个汉字故事、一张张书法作品……这一系列活动，融合了语文、美术、音乐、信息技术等学科，使汉字呈现的内容更加丰富多彩，不仅提升了学生的综合素养，并且加深了学生对汉字的了解，也让他们更加热爱中华优秀文化。

案例二：四年级同学在春节期间巧用《条形统计图》的知识，开展了购买年货小调查的真实实践，以"如何将春节期间购买不同年货花的钱制成条形统计图"为驱动性问题，通过学生自己制定活动方案、带着数学的眼光实地调查，寻找数据、根据搜集的信息用条形统计图展现了年货的不同价格、通过条形统计图，孩子们直观地发现年货因种类不同，价格差异很大。

案例三：五年级美术组认真研读新课标并从美育的角度出发，思考与探索美术五大核心素养在美育中的表达。围绕美育目标设计湘美版五年级上册

《皮影戏》学习项目计划，以"皮影戏是什么？"为驱动问题，学生在老师的指导下进行说皮影、看皮影、画皮影、制皮影、演皮影等一系列的驱动任务。该活动让孩子在真实情境下有创造性地学习、感受中国传统国粹文化，增强了孩子的文化自信。

这样的项目既能锻炼学生敏锐的好奇心、观察力、审美能力、动手实践能力，又能培养他们的语言表达能力。

项目之美，非实践不知其味。只有沉下心学习、设计方案、指导学生、评价学生、收获成果，才会感受到项目给老师带来的成就感，给学生带来的获得感。

四、全过程跟进，常态化分享

1. 过程性管理跟进

学校包年级领导从前期集体教研到实施，以共同学习的姿态全程参与到各年级项目式学习的过程中。

2. 亮点成果常展示

学期最后一个月进行师生项目式学习成果汇报展示。从学生的角度来看，没有什么比在现实世界的学习更能激发他们的学习潜能，提高学生的高阶思维。同时，经历了一个个项目后，我们欣喜地听到一些老师谈论项目式学习的收获，发现孩子们的潜力真的是无限大，大到让老师感到骄傲和震撼。

3. 典型案例常分享

老师们自己撰写的一些案例，常常在教研活动、教师微信群分享，同时发表在《启智》校刊上。

五、以评促学，提质增效

我们在推进项目的过程中，采取了形成性评价和终结性评价两种评价方法。

形成性评价重在从学生参与度、合作力、思维力三方面评价。评价多元化，包括自我评价、生生评价、小组评价、家长老师评价等。同时，特别关注学生是否能多角度、多侧面、多方向看待和处理问题，鼓励学生以开放性、独创性的思维解决问题。

终结性评价则是对学生的学习成果进行评价。随着项目的实施，本学期进一步延伸了以学生为中心的"七小小讲师、七小演讲者"等"微创新"项目。特别是"小讲师"项目，贯穿课上和课下，老师把课堂交给了学生，每天家庭作业必有一项就是让学生讲当天知识的重难点。现在第七小学培养了很多"小老师"，形成了"人人可为师、处处都能讲"的良好学习氛围。

针对学习成果，我们采取量化评价，分为习作评价、学习研究自评等。在量规推动下，评价学生的活动、让学习活动向高标准推进。

每一个成功的项目就像一次美好的旅程，会给我们留下生动、深刻、难忘的印象。希望所有的老师都能积极参与、引领项目式学习，与项目式学习结缘，享受学生健康成长、幸福完整的教育生活。

美育如何有效融入语文教学

——美育融入学科教学案例

美育，一般被定义为审美教育或美感教育，它通过各种艺术以及自然界和社会生活中美好的事物进行。可以培养学生认识美、爱好美和创造美的能力。但是，真正的美育是将美学原则渗透于各科教学后形成的教育。

美育能丰富审美的感情，对小学生进行美育教育能带给他们的情绪及乐观精神。美育也是培养小学生感受美的能力，充分感受健康的、进步的事物的美的教育。

如今，大多数父母对孩子溺爱有加，大部分学生身上不同程度存在着蛮横、骄纵、暴力、说脏话等的现象。如何用美的光辉驱逐未成年人心中的阴霾，让美的种子在未成年人心中生根，开出真善之花，结出真善之果，这是摆在我们教师面前的一个严峻的问题。

语文教师应该树立美育观念，在语文教学中，充分挖掘教材美育资源，渗透美育教育，把美育融入整个教学中，使他们不断地得到美感的熏陶，逐渐形成认识、追求美，逐渐树立起美的理想，养成美的情操，形成美的人格。培养学生健康高尚的审美观和感受美、欣赏美、创造美的能力。

作为语文教师，在教学中如何让学生感受、体验这些以教材内容为本的审美内容呢？

一、引导学生感受和体验自然美

小学语文教材中，诸多篇章都歌颂了祖国的秀丽山川、神奇美景。这一篇篇、一课课，都充满着诗情画意。通过教师的"精彩演出"，使学生有身临其境之感，能引导学生奇思妙想，从中产生愉快和美感，养成学生高尚的思想品德和丰富的情趣爱好。这对小学生的品德修养、阅历增强无疑有着重要作用。

教学《望庐山瀑布》时，我让学生站在电子屏的庐山瀑布前，让学生面对画面，边听音乐边展开想象的翅膀：巍峨的庐山，瀑布从天而降……一幅气势磅礴，引人入胜的大自然画卷展现在学生眼前。这样，使学生深刻地体会到祖国山河的无比壮观，从而产生了强烈的爱国情怀。

二、引导学生感受和体会科学美

科学美指的是从人工创造的各种形体及自然现象、科学现象过程中展现出的美。

《小蝌蚪找妈妈》一文，通过形象有趣的故事介绍了青蛙的发育过程；《植物妈妈有办法》一文中不直接介绍植物种子传播的方法，而说植物妈妈有办法。这些课文都是寓科学于生活、寓科学于故事、寓科学于形象。既利于小学生理解，又易于小学生接受，充分体现了情趣美、科学美。这些课文轻而易举地使学生学科学、爱科学、用科学，对开发学生智慧具有非常重要的作用。教师通过对这些课文的讲解，能使学生在潜移默化中感知科学之美。

三、引导学生感受和体会艺术美

艺术美是一种综合的美。艺术之美包括很多方面，如结构的美，语言的美、意境的美、选择的美等。在教学中教师要善于抓住整体，引导学生探索、感悟文章中产生艺术魅力的因素，这对于高年级的学生尤为重要。

在语文教学中渗透音乐之美。如果说文学作品是用语言文字给人以美的熏陶，那么音乐便是用音符震撼人们的心灵。在语文教学中将音乐有机融入课堂教学，往往会产生异常美妙的效果。在教学过程中，引导学生欣赏、吟唱，会让学生更深刻地领悟诗词所要描绘的意境。

在学习了苏轼的《题西林壁》一诗后，我和学生共同根据诗歌的思想内涵、语言风格选择合适的音乐，然后让学生自己配着音乐练习朗诵，让其尽情展示。这样不仅提高了学生的参与意识，也锻炼了学生的朗诵水平。

有人说王维的诗是"诗中有画，画中有诗"。其实有很多古诗都是一幅幅美丽的画，在学习了柳宗元的《江雪》之后，我让学生根据自己对于诗的理解进行想象作画。学生纷纷画出了一幅幅《独钓寒江图》，用一笔笔浓墨重彩地渲染，将垂钓者的郁闷和寂寥表达得淋漓尽致。学生在这样的学习活动中也真正体会到了"诗中有画，画中有诗"的深刻意蕴。

四、引导学生感受和体验社会美

社会美指的是人类社会中的美，能够包括个体的美和群体的美。小学语文教材虽然篇幅短小，内容浅显，但包罗万象、丰富多彩，为孩子们描绘出一幅幅具有审美价值的绚丽图画。

《刘胡兰》一文，刘胡兰为人民的解放事业英勇献身的崇高精神、舍身为国的高贵品质使学生的心灵受到了震撼；《小马过河》则以儿童们喜闻乐见的形式说明了自己不去动脑筋，光听别人说，不亲自实践是不行的道理。同时，课文中的岳飞、方志敏等历史人物，也有助于培养学生的爱国主义情感。教学中，我充分利用教材中生动的形象，通过对比、引申、形象化的表演等，将课文中的哲理美展示给学生。"文以载道"，这是中国古代文学家在长期的文学探索、实践中提炼出的精粹。文学作品不仅是"美"的产物，更是传播"美"的工具。

在小学语文教学中，灵活运用各种教学资源，采用各种巧妙的方法，将美育充分渗透到教学的每个环节，不断激发学生的兴趣，挖掘学生的知识潜能，培养学生的审美能力、实践能力。这样，才能够让语文课堂上洋溢着美的旋律，启智润心，使学生感受美、欣赏美、创造美。

转变教与学方式　启智增慧提质量

作为义务教育段学校，全面贯彻落实党的教育方针，落实立德树人根本任务，实现教育高质量发展，就必须坚持核心素养导向，积极转变教育观念，改进教学方式，构建高效课堂、智慧课堂、素养课堂，提升学生核心素养，促进学生全面发展、健康成长。

核心素养是学生通过课程学习逐步形成的正确价值观、必备品格和关键能力，是课程育人价值的集中体现。中国学生发展核心素养，主要体现在"三个方面"、"六个核心"、"十个具体要点"。

核心素养是党的教育方针的具体化，是连接宏观教育理念、培养目标与具体教育教学实践的中间环节。党的教育方针通过核心素养这一桥梁，可转化为教育教学实践可用的、教育工作者易于理解的具体要求，明确学生应具备的品格和关键能力，从而深入回答"立什么德，树什么人"的根本问题。

近年来，学校围绕"培根铸魂、启智润心"的办学目标，积极构建以学科素养为中心的素养课堂、以智慧阅读为载体的智慧课堂、以校本作业优化为落脚点的实践体验课堂，引领学生启智增慧、润心铸魂、全面发展，有力推动了学校教育教学质量的全面提升。

一、以"教与学方式变革"为支点，撬动学校高质量发展

学校以核心素养目标为导向，立足课堂，扎实推进教与学方式变革，抓好"五个课堂"，实现"五个转变"，积极构建"高效素养课堂"。

1. 抓好"五个课堂"

课堂是教学的主阵地，抓好"五个课堂"，促教学方式转变，让核心素养目标落地。

（1）示范课——自悟。

坚持核心素养目标导向，践行新课标理念，转变教与学方式，实现自我提升。

（2）照镜子课——自查。

组织青年教师在录播室上常态课，并录制课堂全过程。通过观课、议课、改进、提升等环节，让做课教师拥有自信、看到成功，享受自我提升后的精彩。

（3）达标课——自明。

注重课堂教学管理，做到评、议、帮、导、查结合，要求每位老师的常态课，必须是达标课。

（4）展示课——自信。

学校搭建平台，教师自主参与，展示学科素养课堂，提升课堂教学质量。

（5）精品课——打磨。

打磨精品课，聚焦核心素养目标导向，精心打磨教学目标精准、教与学方式转变、学习能力提升及知识应用、课堂质疑、难点突破、兴趣培养、价值观提升等方面，对标新课程标准和核心素养导向目标，打造高质量素养课堂。

2. 强化"五个转变"

提问是思考的前提，提问比回答更有力量。在教与学方式转变中，学校要求教师以新课改核心素养目标为导向，以学生为本，以学定教，在课堂上给学生思考的时间、实践体验的时间、合作及讨论的时间，让学生在思考中学习、发现、质疑、消化、整合知识，在"发现问题、分析问题、实践验证、解决问题"的过程中，学会思考，学会学习。在课堂教学实践中，学校重点落实"五个转变"：变"快思考"为"慢思考"——留给学生思考的时间；变"闹思考"为"静思考"——营造学生积极思考的氛围；变"浅思考"为"深思考"——引导学生运用思、议、探、剖、用等学习方式解决问题和探究学习；变"独思考"为"共思考"——引领学生在对话交流、共思共议中体验交融互惠、相辅相成的乐趣；变"怕思考"为"乐思考"——引领学生在实践、探索、收获及知识应用、能力提升的过程中养成思考的习惯。

3. 构建"高效素养课堂"

以效率的最大化和效益的最优化作为追求目标，积极构建"一抓手、三智慧、四环节"高效素养课堂模式。

"一抓手"：指"小组合作＋学科核心素养"，这是学生完成自主、合作、探究学习的主要组织形式。

"三智慧"：体现在各学科与信息技术的高度融合中、教学推进过程的思维碰撞和智慧生成中、情感价值观的深度融合中。

"四环节"：包括预习指导、合作交流、总结点评、达标测试四个基本流程。

在高效素养课堂实践中，教师按"一抓手、三智慧、四环节"模式上实验课，总结改进后，在学科组、年级组教师中上研讨课，最后再推出面向全校教师的公开课。

在多层面、循序渐进的磨课过程中，教师课堂教学技能和专业水平快速提升，素养课堂质量稳步提高。

随着"高效素养课堂"的纵深推进，教师的探究热情被激发，同时也越发凸显教师的教学个性。不同年级、不同学科、不同课型的素养课堂，呈现出"各美其美，美美与共"的喜人局面。

二、以"智慧阅读创新"为切入点，推动教育高质量发展

1. 创新阅读教学模式，激发阅读兴趣

把阅读作为推动全学科素养提升的最有效手段，不断推进阅读教学创新，构建智慧阅读教学模式，培养读书兴趣，提升阅读质量。

（1）建构智慧阅读模式。

学校积极推动智慧阅读项目，制订了利通区第七小学书香校园创建方案，建构了"1234+N"智慧阅读推进模式。"1234"指：把握好"一个主旨"，阅读启智，书香校园；落实好"两个抓手"，传统节日、法定节日；建设好"三个阵地"，课堂教学、学校空间、家庭空间阵地；管理好"四个层面"，学校层面、教师层面、学生层面、家校社层面的读书交流活动。"+N"指拓展性阅读活动，例如整本书阅读、项目式读书、实践体验式读书、家庭亲子共读活动等。

（2）构建"教学评"一体化智慧阅读系统。

在智慧阅读教学中，开展以"整本书精品课推荐、整本书阅读策略指导、发布阅读任务、查看阅读测评报告"为主要步骤的"教学评"一体化智慧阅读系统，实现"教学评"的一致性。

（3）搭建学校整体阅读课程体系。

学校每周安排固定的课时，组织开展阅读教学，教师以提升学生阅读素养为核心，明确各年龄段学生阅读学习目标，结合阅读教学评估框架，建设阅读教学资源，搭建学校整体阅读课程体系。

在读书环境网络建构上，充分利用学校图书室、班级

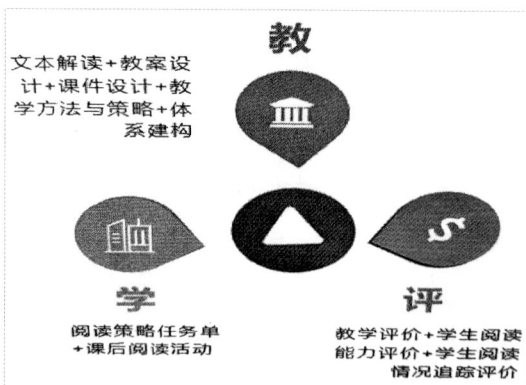

教
文本解读+教案设计+课件设计+教学方法与策略+体系建构

学
阅读策略任务单+课后阅读活动

评
教学评价+学生阅读能力评价+学生阅读情况追踪评价

图书角、家庭小书房，构建"学校—班级—家庭"图书资源共建共享网络，开展图书漂流、好书推荐等活动；在师生馆藏图书借阅卡使用上，充分整合学校及利通区、吴忠市图书馆图书借阅系统，构建师生图书借阅"一卡通网络"，实现了"一书一网"，方便师生图书借阅，提升公共图书资源使用效率，做到了"一书一册"，为智慧阅读导读课、推进课、交流课提供务实高效的智慧网络服务。

（4）开展整本书阅读策略指导。

用好《整本书阅读策略实用手册》，通过"整书扫描、阅读建议、阅读闯关、整书测评"等环节，落实整本书阅读"10大策略"，全面提升学生的阅读能力和阅读素养。通过分级阅读、多元化表达训练及每月一次的智慧阅读分享、好书推荐、主题阅读汇报交流等，激励师生时时读书、处处读书，养成阅读好习惯。截至学期末，学校学生阅读认证总册数达到78460册，生均认证册数可达53册。

2.创新阅读创载体，培植阅读动能

把阅读载体创新作为提升学生阅读素养、核心素养，促进"五

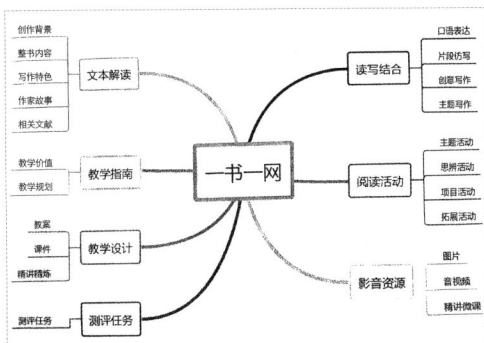

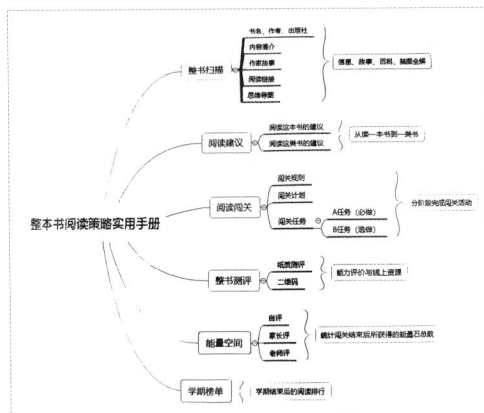

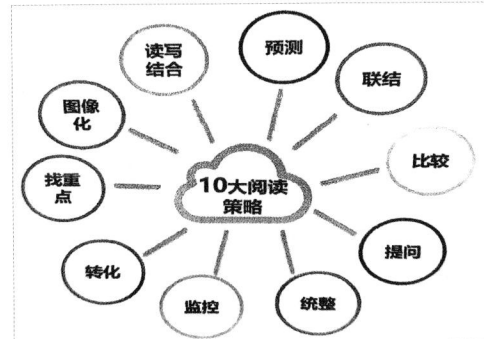

育"融合、全面发展的关键，通过线上线下"两条线"，家庭学校"两促进"，推动各类兴趣阅读及比赛活动有序、高效开展。

（1）开展古诗词大赛。

以"经典记忆，诗心养德"为主题，在全校范围内开展古诗词大赛。在诗词内容上，建立古诗词绿色书架，重点购买和推荐《小学生必背古诗词》、《唐诗三百首》，同时以学校图书室、利通区及吴忠市图书馆"一卡通借阅"图书为保障，丰富学生古诗词阅读资源；在比赛形式上，以古诗吟诵、上下对句、诗情画意、抽丝剥茧、寻章摘句、飞花令等六个环节为主，由易到难，注重创新，激发学生参与比赛的兴趣；在比赛层级上，通过班级个人表演赛、年级晋级赛、全校选拔赛三个层级比赛，评选出各层级古诗词诵读能手，进行表彰奖励。

（2）开展项目式阅读实践。

以提升阅读素养为核心，科学设计阅读项目，让语文学科与多个学科相互交叉渗透，将多个学科的知识在一个项目或主题下进行联结融合。通过融合式、任务式、项目式跨学科阅读，学校打破各学科之间的壁垒，帮助学生在更广阔的学习视域下开拓新的阅读学习空间，让阅读课程灵动起来。这种尝试既强化了学生的高阶思维能力，还巧妙融入了其他学科，达到阅读成效最大化的目的。

（3）开展经典诵读及读书创意大赛。

结合世界读书日、六一国际儿童节、中秋节、国家公祭日等重大节日，开展经典诵读展演及比赛活动，传承中华优秀传统文化，抒发爱国情怀，体验中华语言与文化魅力，引领师生读经典、爱经典，走近中华经典文化，浸润身心，健康成长。各班级通过"小书虫读书卡"记录读书成果，在"我和书本比身高"活动中激发学生读书热情。学校定期开展读书创意摄影活动，让学生与不同的书籍合影，建立爱书、护书、读书的理念。2023年，在学校第一期读书创意摄影大赛中，征集优秀摄影作品150多幅。

（4）开设图书跳蚤市场。

定期开展"图书跳蚤市场"读书活动，通过"以书易书"、"以书会友"等形式，让孩子们交换书籍，获得友谊，在激发孩子们读书兴趣的同时，为他们读书交友、读书联谊、学会合作相处做了重要的铺垫。

3. 健全阅读评价机制，开展多元评价

把多元评价作为促进智慧阅读、提升核心素养、提高教育教学质量的重要举措，务实创新，建立机制，稳步推进。

（1）建立阅读策略，提升阅读效能。

在推进智慧阅读过程中，学校及时总结经验，提出"四全"阅读有效策略，推动智慧阅读务实高效。

全员阅读。着力构建教师引领学生、学生带动家长、家长影响社会的全员阅读体系，持续推动书香班级、书香学生、书香家庭创建。近两年来学校评选出"书香少年"500多人次，书香班级和书香家庭100多个，书香教师40多人次。

全科阅读。推动学科教学与阅读同向同行，打造学科融会贯通的一体化阅读大格局。语文学科开设专门阅读指导课；数学学科用思维导图展现阅读精华；英语学科举行"初级绘本小讲师"活动；科学学科以自然与科技发展读物为准，启迪学生思维。

全程阅读。教师注重把课上课下阅读与线上线下阅读有机融合、校内阅读与校外阅读灵活衔接，让阅读贯穿于学生成长的全过程、全方位，促使学生养成每天阅读、终身学习的好习惯。学校世界读书日活动，每年设立一个校级主题，充分展示师生全程阅读的成效与成果。

全面阅读。通过读书分享、好书推荐、读书演讲及重大节日读书、二十四节气读书等多种形式的读书体验活动，引导师生既读学科类、科学类、文史哲等图书，又读思政类原著经典、党史、习近平总书记重要讲话和党的二十大报告等书籍，帮助学生把读书所学知识运用到生活实践中去，不断提高师生阅读素养和综合素质。

（2）收集阅读数据，开展阅读素养评价。

收集数据，分析阅读情况。利用数字化技术，收集学生阅读行为数据，在促进阅读推广的同时，通过建立数据分析模型，第一时间分析并掌握学生的阅读现状、阅读兴趣和阅读能力，辅助教师对学生的阅读范围及阅读能力的提升进行指导，引导学生扩大视野，进入深层次阅读。

阅读认证，评定阅读等级。学生线下阅读书籍后，可以在智慧阅读平台进行线上评价和阅读认证。

能力测评，提升阅读素养。每学期末开展一次阅读能力测评，从阅读素养层面评价学生该学期阅读方面的收获和成就，通过阅读测评呈现的数据，年级组进行同年级智慧阅读质量分析，制定下学期的阅读方案。同时，对于测评等级优秀的同学，按照学校智慧阅读表彰奖励制度，开展"阅读之星"评选表彰活动。学校在每年世界读书日、开学典礼、六一国际儿童节对全校智慧阅读活动中涌现出的书香少年、书香教师、书香家庭、书香班级进行表彰奖励，激励和推动智慧阅读常态化深入开展。

三、以"校本作业优化"为落脚点，推动教育高质量发展

1. 作业管理科学化

将作业纳入教研体系，以作业设计与管理作为切入点，重构教师的"教"和学生的"学"。以保障课堂教学质量为前提，开展教学研究，在教学与作业设计中努力实现"四个转变"：从"单一"向"综合"转变、由"有用"向"增趣"转变、从"浅层思考"向"深度学习"转变、由"解题"向"解决问题"转变。

2. 作业布置分层化

（1）日常作业，自然分层。

每课作业根据学生"会与不会"进行自然分层，增强作业的针对性和实效性。

（2）每周作业，对错分层。

每周以错题为主，设计布置纠错性作业，抓重点，补短板。

（3）补充作业，自主选择。

对一些学有余力的学生，老师推荐一些书目或者习题作为补充作业，让学有余力的学生"吃得饱"。

（4）阶段作业和假期作业，自主探究。

对阶段性作业和假期作业，根据具体学情和综合能力，进行自主探究。作业以复习整理作业和实践体验式、主题式、项目式学习作业为主，不设统一标准。

3. 作业形式多样化

（1）学科类作业，"五育"并举。

德育作业系列化，与时俱进突出教育性；体育、美育类作业家庭化，因地制宜凸显特色性；劳动技术教育类作业经常化，学习技能注重体验性。

（2）实践类作业，跨学科融合。

让作业从书本回到生活，将问题置于有趣的问题情境之中，加强作业的实践性。如"红石榴爱家乡"红色研学、"七彩星光大道"才艺展演、"七彩耕园"劳动实践、"我爱做家务"劳动技能展示等实践性、体验性作业，做到培根铸魂，夯基育苗。

（3）研究性作业，促进深度学习。

如"感受书香，品味经典"、"家乡特产我知道"、"二十四节气"等项目式、主题式作业，引领学生从多学科、多角度进行实践体验、成果交流展示，提升学生核心素养。

（4）开放性作业，提升思维品质。

如学习数学《轴对称》一课后，让学生根据轴对称图形的性质，设计喜欢的图案。让学生在设计中体验数学来源于生活，感受数学的美，从而拓宽学生的视野，发展学生的思维。

（5）特色性作业，提升学科素养。

如语文学科的课本剧表演、绘制课文结构导图；道德与法治学科的新闻联播、探究传统文化；科学学科的观察与实验；英语的配音与朗读；数学的数据分析、图表设计等。特色性作业做到基于学科素养，凸显学科特色。

此外，还要求校本作业反馈人文文化，注重全员反馈、及时反馈、精准反馈、指导型反馈和激励型反馈；作业质量效能化，遵循少、精、活原则，重视参与性、过程性、实践性，坚持多维度、多层次、多元化，确保"量"少"质"优。作业批改全员化，做到基础性作业，全批全改，保质保量，让学生吃得"饱"；拓展性和特色性作业，分层分类，多维度评价，让学生吃得"好"。

落实核心素养目标导向任重而道远，提升教育教学质量是学校永恒的话题。校园，本是读书的地方；教育，原是育人的事业。我们将坚持不懈、久久为功，不断转变教学方式，构建高效课堂、智慧课堂、实践课堂，全面提升学生核心素养，促进学生全面发展，推动学校的内涵发展和高质量发展。

培根铸魂　启智润心

——扣好铸牢中华民族共同体意识的第一粒扣子

利通区第七小学成立于2019年9月，现有学生1570名，专任教师75人，高级教师11名，是自治区民族团结进步示范校、全国民族团结进步示范校。

近年来，学校以习近平新时代中国特色社会主义思想为指导，围绕"培根铸魂、启智润心"的办学目标，按照铸牢中华民族共同体意识"3456+N"创建模式，将民族团结进步示范校创建工作贯穿于学校党建、教育教学、校园文化、课程思政、社团活动中，贯穿于青少年成长成才的各个阶段，努力让中华民族共同体意识的种子在学生心中生根发芽，茁壮成长。

一、党建引领推动，筑牢思想基础

学校党支部强化党建引领，把铸牢中华民族共同体意识纳入学校党建工作和纳入学校党建工作责任制，重点抓好"三个责任小组"：课程思政建设小组，从教材、课堂、评价等层面，引领学校民族团结进步创建；主题教育活动小组，围绕"中华民族一家亲、民族团结一家人"开展主题教育活动，丰富中华民族一家亲情感体验；"民族团结进步"工作评价小组，对标民族团结进步示范校创建目标任务，定期开展自查自评，推动学校民族团结进步示范校创建工作务实高效进行。

二、主题宣传助力，丰富创建内涵

学校扎实开展铸牢中华民族共同体意识主题宣传，通过"四个坚持"，培根铸魂育新人。一是坚持思想铸魂。通过"党的二十大微宣讲"、"红石榴心向党"、"英雄模范先进事迹进课堂"等教育活动，弘扬红色文化，传承红色基因，增强学生爱国爱家乡情感；通过党员教师主题党日活动、教师专题学习交流、研讨等，不断强化教职工铸牢中华民族共同体意识。二是坚持实践引领。积极开展铸牢中华民族共同体意识"+N"系列主题实践活动，通过"红石榴爱家乡"研学体验活动、"中华民族一家亲"国旗下活动、主题班队会，"民族团结一家人"等活动，利用绘画作品、手抄报、黑板报等多种方式，让师生深切感受中华民族大家庭的温暖和谐。三是坚持融情聚力。利通区第七小学与利通区孙家滩中心学校、贵州省贵阳市南明小学定期开展校际联谊结对及线上"同上一堂课、同唱一首歌、同读一本书"等活动，促进各族青少年交往交流交融；组织师生观看"中华民族全家福"、民族特色建筑等图片视频，引导学生感知中华文化的多样性和交融性，感知中华民族形象和中华文化符号，厚植中华民族大家庭情感。四是坚持发展赋能。学校不断巩固和提升"民族团结进步示范校"创建成果，把铸牢中华民族共同体意识教育与学校"启智"文化创建相结合，在"五育"启智、"七彩"启智中，培根铸魂、启智润心，促进学生全面发展。把铸牢中华民族共同体意识教育与德育思政、"七彩"课程、主题教育活动及师生生活、课题研究等深度融合，形成推动学校科学发展、和谐发展的思想合力和内生动力，为学校高质量发展赋能。2023年，学校荣获全国民族团结进步示范校、自治区教育工作先进集体、自治区教育系统先进基层党组织等荣誉称号。

三、坚持"五育"融合，促进全面发展

学校以铸牢中华民族共同体意识"夯基育苗"，推动"五育"融合，培

根铸魂，促进学生德智体美劳全面发展。

1. "德育"融合重导航

把铸牢中华民族共同体意识教育融入学校"启智"文化创建，融入学生思想政治教育、道德与法治教育、社会主义核心价值观主题教育。积极开展"学习二十大，永远跟党走，奋进新征程"、"红领巾心向党"等主题教育，积极开展党史学习教育、心理健康教育、"红石榴一家亲"主题研学实践活动，教育引导小学生铸牢爱国基因、传承红色文化，铸牢中华民族共同体意识。

2. "智育"融合打基础

充分挖掘各学科教材中铸牢中华民族共同体意识相关内容，教育学生在学科学习中构筑中华民族共有精神家园，引导学生在全面、系统掌握各学科基础知识的同时，不断深化对铸牢中华民族共同体意识的科学内涵、重要原则和实践要求的认识，夯实思想根基，为学生终身发展、健康成长夯实基础。

3. "体育"融合育身心

学校以体育课教学为依托，以"快乐大课间"、"阳光体育运动"、体育社团活动为载体，有机融入中华优秀传统体育文化、体育精神元素，常态化、创造性地开展跳绳、艺术操、篮球、足球、乒乓球、武术等中华优秀传统体育项目的技能训练与文化传承，培育和厚植民族情感。

4. "美育"融合提素养

以美术课、音乐课为基础，开设缠花、剪纸、版画等非物质文化艺术传承项目课程，让学生在学习相关技能技艺中，培育民族情感，增强对民族传统艺术文化的热爱与自信。让铸牢中华民族共同体意识在美育理念中蕴含，在美育课堂中传播，在美育实践活动中渗透，在最美教师、美德少年等榜样力量中推广，在师生生活中弘扬。实现"中华民族一家亲"在校园处处能显现，处处能育人的良好育人效果。

5. "劳动"融合促实践

以弘扬中华民族勤劳智慧、劳动最光荣、劳动最伟大等传统美德文化为目标,依托利通区第七小学"七彩耕园"、"生态种植园"及校外劳动教育活动,开展"红石榴爱劳动"、"二十四节气"感知体验等活动,增强小学生对中华民族劳动文明和智慧的情感认知,培育学生民族自豪感,厚植民族情感,传承中华民族勤劳智慧等精神文化。

四、注重"六个融入",工作扎实推进

把铸牢中华民族共同体意识全面融入学校教育教学教研及管理工作,做到全方位融入,全过程推进。

1. 融入制度文化

把铸牢中华民族共同体意识融入学校章程、学校三年发展规划及学校文化建设、年度工作计划,促进铸牢中华民族共同体意识"三进"工作制度化、常态化。

2. 融入德育活动

充分利用学校德育阵地及利通区初心馆、王兰花社区爱心小组、吴忠市文化馆等校内外德育资源,创建"五个课堂",即"德育常规讲堂、良好家风讲堂、校长育人讲堂、法治教育讲堂、党课及队会讲堂",讲好新时代民族交往交流交融的好故事,教育引领各族学生打好中华民族文化底色。

3. 融入课程思政

坚持全学科育人,把铸牢中华民族共同体意识教育融入国家课程、地方课程、校本课程三大体系,精心设置课程安排,组织学生深入学习《道德与法治》和《习近平新时代中国特色社会主义思想学生读本》。与孙家滩中心学校、扁担沟中心学校等学校教研协同,开展校际联谊结对"同上一堂课、同唱一首歌、同读一本书"等活动,与贵州省贵阳市南明小学及贵州省从江

县丙妹镇大歹小学共建交流，通过"云连线"的方式，开展"红石榴手拉手，宁贵学子共传情"主题活动。

4. 融入主题教育

开展红色研学实践活动，依托吴忠市博物馆、利通区"铸牢中华民族共同体意识主题教育基地"、利通区初心馆、利通区涝河桥烈士陵园、灵武白芨滩国家沙漠公园等社会人文教育资源，组织学生开展红色主题教育、劳动实践体验、社会小调查、社区志愿服务等多种形式的红色研学及实践体验活动，丰富德育教育内涵。

5. 融入师生生活

通过开展非遗项目（缠花编织、剪纸、版画）及书法、花样跳绳、双节棍武术操、民族器乐、舞蹈等民族艺术手工、传统舞蹈和体育健身活动，传承非物质文化遗产，巧妙地将习近平新时代中国特色社会主义思想、中华优秀传统文化融入其中，教育引导学生充分认识到中华优秀传统文化是各民族共同创造的，让中华民族的灿烂文化在孩子们的心中播下种子，增强中华民族归属感、认同感和自豪感。

6. 融入课题研究

承担自治区教育厅2023年度教育政策研究课题《学校教育中铸牢中华民族共同体意识策略研究》，以课题研究引领正确方向，不断积累经验，丰富创建成果。学校铸牢中华民族共同体意识教育实践论文《在铸牢中华民族共同体意识中培育学生的"中华情"》在《宁夏教育科研》2023年第二期发表。

五、载体创新赋能，强化实践育人

不断丰富铸牢中华民族共同体意识活动载体，开展"+N"系列"十个一"活动。即"举办一次教职工学习民族政策会、一次国旗下活动、一次主题班队会、撰写一篇主题征文、一场知识竞赛、创作一幅绘画作品、设计一份手抄小报、出一期黑板报、排练一个民族文艺节目、学唱一首民族歌曲"系列活动，让学生们在丰富的民族团结进步创建活动中，从小感受到中华民族一家亲的和睦氛围，铸牢中华民族共同体意识。

初心如磐，使命在肩。"民族团结进步示范校"创建工作永远在路上，我们将继续用心、用智、用情、用力做好"民族团结进步示范校"创建的各项工作，精心育人，全心施教，高质量完成为党育人、为国育才的教育使命，让民族团结之花在校园中绚烂绽放。

落实"双减"服务　启智润心促发展

一、背景分析

"双减"政策主要是减轻学生作业负担、减轻学生校外培训负担，是新时代教育改革的主要举措。教育"双减"政策体现了学校教育主体的回归，即学校教育的主体是学生，学校教育的主旨是"一切为了学生，为了学生的一切。"

开展教育"双减"服务，是家长和社会对教育的期盼，是推进新课程改革、提升学校教育教学质量、办好人民满意的教育的时代要求，更是激发学校办学活力的政策保障和动力源泉。在"双减"政策有效落地的大背景下，如何有效激发学校办学活力，成为新时代推动学校高质量发展需要面对和重点研究解决的课题。

二、解决问题的思路及实践尝试

自"双减"政策实施以来，利通区第七小学积极贯彻"双减"政策具体要求，充分挖掘"双减"政策红利，结合学校教育实际，采取多种有效举措，激发学校办学活力，不断提升学校"双减"服务质量。

1.以学校自主管理激发办学活力

党组织领导的校长负责制明确了党组织"把方向、管大局、做决策、抓班子、带队伍、保落实"的领导职责，同时赋予校长具体负责落实的教育及管理事项。

学校领导班子把教育"双减"服务作为提高班子领导力的重要使命，务实创新，积极担责，不断提升校园治理能力，培养和壮大好老师队伍，促进学生全面健康成长。

校领导按照学校的发展规划、办学理念和育人目标，做好学校发展的顶层设计规划，协助各部门按照学校"培根铸魂、启智润心"的办学目标，按照党组织领导的校长负责制运行机制，高效率实现学校发展规划、学校章程、学校发展愿景，成功创建了学校"启智"文化，创办了《启智》校刊。同时，结合德育、教学工作，创建了"七彩"德育文化、"七彩"课程文化、"七彩"阅读文化，开展智慧阅读、书香校园、智慧校园创建活动，不断丰富学校"双减"成果。让大家都能切实享受到教育"双减"带来的成功与乐趣，教育活力因"双减"而有效激发。

2. 以师生的自觉实践激发办学活力

学校积极宣传"双减"政策，从学生健康成长、师生共同发展的角度，深挖"双减"政策红利，充分调动和激发师生投身"双减"的积极性和生命活力。主要体现在学校管理者如何与师生交往互动，如何做到尊重与信任每一位教师，尊重和关爱每一个与众不同的生命，善于以情感和专业的同理心去发现高尚的品质、真实的问题。

比如，学校班子成员每天深入师生群体之中，或进课堂听课，参与校本研修；或开展教师读书交流，培养各级种子教师；或积极关注师生心理健康，提升师生幸福感等。这些关注师生、充满暖意的教育管理措施与服务，有利于激发教师爱岗敬业、热爱学校、热爱教育工作的情感，激励教师自觉做好本职工作。

同样，老师的教育热情和专业成长，会加倍回报在学生身上，优质的师资、不断壮大的好老师队伍，必然奉献更多优质的课堂、优质的教育，培养和引领更多学生健康快乐成长。

3. 以学生的健康成长激发办学活力

学校把"双减"政策的落脚点放在促进学生健康成长上,"一切为了孩子,为了孩子的一切",让广大教师树立正确的评价观,充分认识到,教育的成败,最终是以孩子的健康快乐成长为评判标准。

教育"双减",为孩子们健康快乐成长提供了政策保障。学校结合教育"双减",在课程优化、课堂教学改革、师资配置、师德师风建设等方面下功夫,坚持"五育"并举,促进"五育"融合,开齐、开足课时,不断强化"科学实验课"、"劳动实践课"教学,增加学校音体美及科学实验室等功能室,建设"七彩耕园"劳动实践基地等,不断丰富并用足用好学校的教育教学设备资源,用足学生在校时间,充分调动广大教师的积极性和创造性,提升课堂"含金量",让孩子们在校内享受优质教育,培育好他们的好奇心和创造力。

4. 以有效的家校共育,激发办学活力

教育"双减"政策落地,也是家长们的热切期盼。因此,学校以提升"双减"服务质量、拓展"双减"服务项目为目标,积极开展家校合作,实现家校共育。学校成立校级、班级家委会,搭建线上、线下家校合作平台,通过家长会、亲子共读、项目式学习合作等,引领家长了解"双减"政策,熟悉学校"双减"服务项目,积极参加学校"双减"志愿服务活动。同时,积极引导家长们加强对孩子良好习惯的养成,加强对孩子身心健康的培育,如生活习惯、学习习惯、劳动习惯等。珍视和保护孩子的好奇心和探索欲,营造和谐的家庭氛围,以更好地陪伴促进孩子健康成长。

引导家长多带孩子走进大自然,陪伴孩子一起探索世界,追寻未知;注重培养孩子健全的人格和动手能力,带孩子融入社会,让孩子在游戏中学习,在劳动中锻炼,在实践中探索,在合作中成长。

生活即课堂,处处皆教育。家校合作,家校共育,让"双减"政策与教育改革同频共振,做好孩子成长的"加法",打开更多新场景,为孩子们快乐学习、健康成长创造更好的条件。让孩子们的生命活力和健康快乐成长，成为激发学校办学活力的不竭动力和智慧源泉。

三、案例反思

加强学校党组织的领导力，加大学校自主管理力度，是激发学校办学活力的关键。学校党组织按照"双减"政策新要求，结合学校教育工作实际和学生健康成长需要，及时制定出台学校落实"双减"政策的有效制度和措施办法。务实创新，积极落实，既能有效保障"双减"政策落地，同时以"双减"服务提升学校教育服务能力，激发办学活力，推动了学校高质量发展。

有效激发师生的生命活力是激发办学活力的重要基础。教育"双减"服务效果如何，关键在教师，落地在学生。因此，学校从政策宣传、制度创新、管理服务等方面，有效激发教师投入"双减"服务的积极性和创造性；从创设学生音体美社团活动、校内外劳动体验及实践活动、"七彩"课程文化及"七彩"阅读文化创建等活动项目拓展创新层面，为学生健康成长服务，让教师感受到教育实践和付出后的获得感、成就感及幸福感，让学生享受到成长的快乐，体验到校园生活的乐趣，教育活力就会充分激发和显现出来。

提升校园治理能力　启智增慧促发展

市域社会治理现代化试点工作开展以来，利通区第七小学党支部以习近平总书记"培根铸魂、启智润心"为指引，聚焦立德树人根本任务，扎实推进党组织领导的校长负责制、推进习近平新时代中国特色社会主义思想"三进"工作、推进校园治理保障体系建设工作，强化党史学习教育、思想政治教育、校园安全防范及心理健康教育，积极打造"启智"文化，融合学校书香文化、好老师文化、美育文化、绿色生态文化、生命健康文化、廉洁文化及中华民族共同体文化，引领学生"相伴美好童年，奠基幸福人生"，促进学生德智体美劳全面发展。

一、健全学校党组织领导体制机制

学校党支部全面落实党组织领导的校长负责制，认真履行"把方向、管大局、做决策、抓班子、带队伍、保落实"的领导职责，加强党对教育工作的全面领导。

1. 健全体制机制

制定完善《第七小学党支部议事规则》和《校长办公会议事规则》，全面落实党组织领导的校长负责制各项工作。学校党支部注重制度创新，牵头制定《第七小学三年发展规划》《吴忠市师德师风示范校建设方案》及"启智"文化创建方案、财务内审制度、清风校园创建、书香校园创建、"五育"启智文化创建等制度创新12项。不断强化学校党组织在顶层设计、校园治理、文化创建等方面的决策能力和领导力。

2. 强化党组织自身建设

积极开展五星级党组织创建工作，不断强化党组织自身建设，抓好班子队伍、党员队伍、教师队伍建设，强化党风廉政、师德师风建设。2023年度，组织开展主题党日活动12次，制作党建主题宣传美篇25篇，参与党的二十大学习体会分享、启智论坛、师德分享23人次。

3. 抓好教师队伍建设

抓好班子队伍、党员队伍和教师队伍建设，抓好教师队伍的思想政治教育及管理。结合吴忠市级师德师风示范校创建，开展"好老师"优秀事迹宣讲、典型育人案例评选、红烛先锋创建、师德演讲、好老师评选等活动，壮大"四有"好老师队伍；结合"学习强国"、主题党日活动、党的二十大精神学习分享等常态化政治理论学习，不断提升党员教师思想政治理论素养。

4. 做好发展党员工作

严把党员入口质量关，扎实做好入党积极分子的思想教育及过程性管理工作，做到成熟一个，发展一个。做好预备党员转正工作，同时积极吸纳建党积极分子，不断为学校党组织输送新鲜血液。2022年，党组织吸纳预备党员1名，新培养入党积极分子2名。

二、坚持立德树人

学校全面贯彻党的教育方针，坚持"五育"并举，为党育人、为国育才，促进全面发展，培育时代新人。

1. 在学校管理中推进"五育"融合

在学校课程建设和课堂教学中，坚持德智体美劳"五育"并举，开齐课程、开足课时、配强师资、不分主次。学校围绕新课程改革，通过线上线下多种方式，开展专题培训6场次，展示课改精品课8节。

2. 在课堂教学中落实"五育"融合

以"核心素养导向下的课堂教学"为实践课题，开展项目式学习论坛、项目上学习教学设计、案例分析，结合劳动实践、体育锻炼、书香阅读、智慧教育等开发项目式学习专题12个，录制"五育"融合精品课14节，制作"五育"课堂美篇18篇，学校"美育与教学融合实践研究课题"被自治区教育厅立项。

3. 在教学评价中激励"五育"融合

在教学评价中，改变过去以单一学科、单一分数、单一结果、终端评价作为师生主要成绩、绩效的评价方法，提倡多元性评价、发展性评价、过程性评价、综合性评价等新评价观，体现学科教学的综合性，课堂教学的完整性，学生成长的主体性，让师生在正确的教育激励评价中共同成长。

4. 在学校社团活动中强化"五育"融合

学校不断丰富和拓展社团活动项目和内容。一是开设足球、篮球、花样跳绳等体育健康类社团；二是开设音乐、舞蹈、绘画、剪纸、缠花、版画等文化艺术类社团；三是开设虚拟机器人、电脑编程等科普素养社团；四是开设服装设计、劳动实践等劳动素养社团；五是开设"七彩"阅读、经典诵读、课本剧等阅读社团；六是依托利通区初心馆、农耕文化馆等校外爱国主义教育基地，开设红色研学综合实践教育社团活动，不断丰富学校课后服务项目，增强学校教育服务能力，促进学生德智体美劳全面发展。

5. 在劳动教育中升华"五育"融合

上好劳动课程，配强劳动学科教师，开启开足劳动课程，以课堂为主渠道，对学生进行全面系统的劳动观念教育、劳动兴趣和技能培养，培养学生从小崇尚劳动、热爱劳动，健康快乐成长。充分利用学校劳动教育种植基地，种植各类花草、蔬菜、果树等，以年级、中队为单位开辟班队种植园，由班主任组织学生、家长志愿者共同种植菜豆、韭菜、小白菜、玉米、小麦等各种农作物。各班队结合种植劳动，开展种植节、赏花节、收获节等劳动教育活动，培养学生热爱劳动、热爱大自然、珍爱生命的情感，为学生健康成长打好生命底色。

三、加强学校思想政治教育

把思想政治教育作为学校提高政治站位、落实立德树人的重要任务，抓学习、重教育、促发展，夯实为党育人、为国育才教育基础。

1. 做好习近平新时代中国特色社会主义思想"三进"工作

认真落实习近平新时代中国特色社会主义思想进教材、进课堂、进师生头脑的"三进"工作。一是用好现有教材。用好《习近平新时代中国特色社会主义思想读本》，做到有师资、有教材、有课时安排，同时结合学校课程思政建设、升旗活动、班队会课、社团活动，有机融入习近平新时代中国特色社会主义思想教育。二是用活教辅读本。选用一批适合学生阅读的"三进"教材作为教师和学生的必读书目，引导师生阅读《习近平的知青岁月》《习近平在宁德》，观看《习"语"近人——习近平总书记用典》等系列电视节目，通过做读书札记、写读书心得等，发挥教辅读本的教育作用。三是抓好道德与法治学科骨干教师队伍建设。第七小学被确定为"吴忠市道德与法治学科基地校"，更应充分发挥学校党员教师、学科骨干教师和班主任、少先队辅导员的主体作用，配强配全学校"三进"师资9人，做到专兼结合、优势互补。四是抓好综合教育实践活动。将习近平新时代中国特色社会主义思想纳入学校综合实践活动，以利通区青少年活动中心、心理健康辅导站、利通区初心馆、利通区涝河桥烈士陵园等为重点，组织师生参与党史学习教育、志愿服务、红色研学等多种形式的社会实践活动，增进师生对"三进"工作的情感认同。五是抓好"三进"工作教研。以利通区教研共同体、学校名师工作室为载体，结合学校"三进"推进工作，积极开展教学研讨、集体备课、教师培训等活动,提升"三进"育人质量。六是打造"三进"精品课堂。依托学习强国、宁教云以及利通区教育局学科建设联盟,建设"三进"在线精品课程,开展"三进"主题班队会比赛,扩大"三进"工作覆盖面和影响力。

2. 认真学习贯彻党的二十大精神

学校党支部、政教处把学习宣传党的二十大精神作为当前和今后一个时期重要的政治任务。一是收看党的二十大直播盛况。及时组织全体党员教师认真收看党的二十大开幕会和闭幕会,分享观感留言60余条,撰写心得体会23篇。二是各功能党小组开展线上交流。将精选的优秀心得体会进行线上视频交流,同时以"学习党的二十大精神,推动教育工作高质量发展"为题,结合学校工作和各自岗位,谈体会,讲思路,提建议。交流发言人员18人次,收集有关学校发展建议12条。三是制订学习计划。党支部结合党的二十大报告关于党章修改、教育工作论述等重点内容,定目标、定任务、定主题,及时召开线上线下专题讲座、学习体会交流6场次,从强化政治学习、促进工作落实、提升师德师风、推动高质量发展等方面,推动党的二十大精神进校园、进课堂、进师生头脑,在校园落地生根。

3. 强化思想政治和师德师风建设

一是开展思想大讨论。以"大学习、大讨论、大宣传、大实践"活动为契机,结合学习贯彻党的二十大精神,结合师德师风示范校创建,不断加强全体党员、教职工思想政治理论素养和师德素养,不断巩固提升党史学习教育成果,夯实教师队伍思想政治和师德建设根基。二是进行党课及课题引领。校领导、党员教师带头承担党课讲座、启智论坛8次,承担自治区教育厅"五育"融合、"美育与教学融合"课题2项,吴忠市级课题2项,党员教师、各级骨干教师完成各类教育教学专题论文36篇,并在校刊等刊物发表。三是做好"双培双带"工作。党支部积极做好双培双带工作,在教研教改、师德建设等方面发挥党员骨干的示范引领作用,2023年度有28名党员骨干、优秀青年教师在"共产党员示范岗"、"名师工作室"、"青蓝工程"等工作中承担线上精品课、骨干教师示范课、线上研讨、教研共同体发言人等工作，争做师德模范，促进学校高质量发展。

四、加强校园安全防范

牢固树立安全第一、安全无小事意识，做到安全工作常抓常新，安全教育警钟长鸣，确保学校安全"零事故"。

1. 注重校园安全管理

学校严格按照安全管理规范化建设的要求建立健全各项安全制度、岗位职责、操作流程，编撰《利通区第七小学安全管理规范化建设指导手册》，并按照要求进行落实执行。落实巡查，建立台账制度。学校要求保安做好白天校园消防安全巡查，放学校门口滞留学生巡查，预防校门口欺凌事件和安全隐患的发生。门卫做好晚上校园安全巡查，并做好检查记录台账。强化联防联控机制。学校与利通区教育局、市疾控中心、乡镇卫生院、社区服务站、交通管理部门、工商管理部门等建立了联防联控机制，共同为确保校园安全、师生身体健康保驾护航。

2. 强化安全防范与演练

学校坚持"以防为主"的方针，按照"以人为本，防范严密，控制有力，全面设防"的要求，全面提高"人防"、"物防"、"技防"的立体网格化管理。一是加强各岗位人员的管理与培训。学校定期对保安、门卫、各功能室负责人、班主任等重要岗位管理人员进行培训与指导，提高安全防范能力和意识。二是开展防震减灾应急演练，定期开展防震减灾、防溺水、防交通事故、防火等安全常识宣传，开展防震、防火灾等预警演练，增强师生的安全减灾意识和安全防护技能水平。

3.注重化解矛盾纠纷

学校建立健全校园矛盾纠纷化解机制，建立家长意见信箱，重视家长信访接待工作。关注校园欺凌现象，严禁教师体罚和变相体罚学生，师生矛盾做到及时发现，及时沟通，让矛盾化解在萌芽状态；建立学校心理健康疏导功能室，定期开展心理健康疏导教育，及时排查、及时发现各类心理安全隐患，科学化解校园矛盾纠纷，做到校园各类矛盾"早发现、能化解，善控制、处理好"，积极构建平安和谐校园。

4.开展国家安全观教育

不断深化和拓展安全教育内涵，开展国家安全观主题教育，通过升旗活动、学生手抄报、班级板报、主题班队会、知识竞赛等多种形式，教育引导学生学习了解以人民安全为宗旨的总体国家安全观基本内容，从小树立国家安全观意识，培养家国情怀。

五、提升师生服务管理水平

提升师生服务管理水平关键在育人能力的提升。学校通过"三航"工程（起航、领航、导航），为党员教师、骨干教师、青年教师搭台子、引路子、压担子，促进教师全面提升、共同成长进步。

1.抓细"三航"工程，促教师个人成长

一是提高"三航"教师全员培训实效性。通过开展教材分析竞赛活动、党员、骨干教师上"示范课"、"教学沙龙"活动及教师案例、论文的撰写，提高教师把握教材的能力。二是教师携手结对促成长。通过"引路子"，对新调入、新上岗教师逐步引导帮助他们学会课堂管理、备课、辅导学生、批改作业。"照镜子"，自省自悟，使青年教师在驾驭课标、教材、学生等方面快速成长。"勤反思"，起航教师通过写听课反思或教学随笔，做到在反思中改进，在改进中成长。"汇报课"，促进起航教师业务提高。三是继续做好统

编教材的学习培训。充分利用网络资源，组织教师参加学习培训，参加各级与新教材培训工作相关的业务培训与教学研讨活动。邀请专家到学校讲座，进行课堂教学引领。四是强化"八个一"教师成长档案制度。每位教师都应在教学业务档案中建立"八个一"（读一本好书；写一篇有质量的教学反思／论文；编一份较高水平的期末试卷；设计一节优秀教案；上一堂优质课；一份教师培训记录；一份师德师风考核记录；一份教育教学工作总结）教师专业成长专档。

2. 抓实教研，促教师团队成长

一是深化校本研训，促进教师的专业化发展。以走出去、请进来等多种方式为途径，努力提高教师的整体水平和能力；以课堂教学为抓手，以课例为载体，教师分层（起航型、领航型、导航型）制订专业成长计划；开展教师读书分享活动，努力提高校本教研水平。二是落实组本教研。各年级、各学科，申报小课题研究；开展"案例教研"，及时将问题变成研究的小课题加以解决，营造人人参与教科研的氛围。三是开展"连片教研"活动，整合片区优质教育资源，最大限度地发挥各级骨干教师的示范和辐射作用，积极开展新课程标准下的有效课堂学研究，让资源利用最大化。四是扎实推进课题研究。积极承担自治区教育厅、吴忠市级各类教育科研课题，努力让课题研究引领一批青年教师，锤炼一批骨干教师。

3. 搭建"三个平台"，促进教师专业成长

（1）智慧交流平台。学校党支部创办《启智》校刊，汇集学校管理及教师育人智慧，传递师德师风正能量，引领教师培根铸魂、启智润心，做新时代"四有"好老师。

（2）专业引领平台。采用导航教师讲（经验讲座或课堂教学展示）和"走出去""请进来"的专家讲座，大力挖掘校本资源，充分发挥学校现有学科带头人、骨干教师等骨干力量的引领作用，开展课堂研讨、专题讲座、教

师座谈等校本培训活动。

（3）教学展示平台。本学期将针对学校实际情况，结合教育局的评优活动，结合连片教研共同体活动、晒课活动、教学开放日活动及各种优质课、优秀论文评选活动，采取灵活多样的形式开展相应的评选活动，在活动的开展中促进教师的成长。

六、完善校园治理保障体系

校园治理的关键在保障。学校党支部在研究确定"三重一大"事项中，结合学校发展规划、结合教育局关于校园治理重点目标任务，加大电子白板、录播室、智慧教室、师生电脑更新、桌凳更新等教育教学器材设备的资金投入，科学规划预算，强化后勤服务保障，促进学校高质量发展。

1. 科学管理使用各类现代化教学设施设备

充分发挥学校录播室的远程教育及互联互通、多元共享功能，丰富"互联网＋教育"实践项目，更好服务师生成长。积极做好学校电子白板等设备及软件的管理、使用及更新维护工作，做到科学管理、充分运用、效果明显，确保学校各类现代化教学设备设施物尽其用，管理精细，充分发挥作用。

2. 严格执行财务预算制度

重视财务预算，规范财务支出，做到精打细算、科学合理，切实提高学校教育经费的使用效益。要加强对水、电、办公用品的管理和学校物品采购、保管、发放等环节的管理，指定专人负责采购，专人负责保管，专人负责发放；所需物品的添置继续实行"申报—审批—采购—再审批"的流程，坚决杜绝随意采购、保管及使用不当等浪费现象。

3. 不断提升后勤服务保障水平

牢固树立服务师生、服务教学、服务学校发展的思想，统筹学校重点项目建设和日常项目支出，及时根据学校发展，提供及时高效的后勤服务保障。

统筹协调，务实创新，强化自觉服务、主动服务意识，做到后勤先行，降本增效，开源节流，不断提升后勤管理及服务水平，确保学校教育教学、安全管理等各项工作务实高效、同步有序开展。

今后，我们将继续以市域社会治理现代化创建工作为推动，健全校园治理体系，提升校园治理能力，培根铸魂、启智润心，落实立德树人，推进学校各项工作，推动学校规范发展、和谐发展、内涵发展和高质量发展。

铸魂启智 "五育"融合 提升学校教育质量

党的二十大报告提出："坚持以人民为中心发展教育，加快建设高质量教育体系，发展素质教育，促进教育公平。"自治区"四大提升行动"明确提出"基础教育质量提升"行动。

利通区第七小学作为一所群众期望值很高的新建学校，在特色品牌创建、领军教师培养等方面起步晚、底子薄，学校发展更要提高政治站位，强化使命担当，以党的二十大报告和习近平总书记重要讲话精神为指引，以自治区基础教育质量提升行动为动力，不断解放思想，转变观念，落实"双减"政策，实施未来教育，提升学生核心素养，推进新课程改革，不断提升教育教学质量。

一、创建"启智"文化 推动特色发展

习近平总书记强调，培养什么人，是教育的首要问题。学校党支部按照习近平总书记"培根铸魂、启智润心"的教育新要求，把学校特色文化创建作为党组织领导力的发力点，引领打造学校"启智"文化品牌，助力学校内涵发展和高质量发展。

一是党建引领"启智"文化创建。党支部把"启智"文化作为学校品牌文化，聚焦立德树人办学目标。党支部按照新时代党的教育方针和新课程改革及教育进入核心素养时代的新要求，确定"培根铸魂、启智润心"为学校办学目标，确定"启智"文化为学校文化品牌，聚焦立德树人根本任务，融

合拓展学校"七彩"文化基础，以"五育"启智、"七彩"育人文化为支撑，以"七彩"课程文化、"七彩"阅读文化为拓展，启智尚美、立德树人，打造智慧校园，提升核心素养，促进学生全面发展、健康快乐成长。

二是党建引领"七彩"育人文化创建。党支部把"七彩"育人作为学校落实立德树人根本任务的重要保障，为党育人、为国育才。党组织融合学校德育文化、"四有"好老师等文化创建基础，结合新时代教育改革新要求，确定了"七彩"德育文化，通过"七彩"德育文化培根铸魂，践行社会主义核心价值观，传承红色爱国基因，铸牢中华民族共同体意识，培育社会主义的合格建设者和接班人。

三是党建引领"七彩"课程文化创建。在学校"启智"文化品牌创建过程中，党支部按照"让每一个学生都健康成长，让每一个孩子都有人生出彩的机会"等教育观念，引领学校教学团队创建"七彩"课程文化，以"智之彩、美之彩、雅之彩、健之彩、艺之彩、技之彩、慧之彩"为主要目标，结合国家课程、校本课程和各类社团活动类课程实施，为每一个孩子的健康成长创造公平的机会，营造和谐的氛围。同时，学校积极创建书香校园，按照"厚德、启智、尚美、善思、悦读、创新、树人"等"七彩"阅读目标，引领学生爱读书、善读书、读好书，读书筑梦，读书成长，在读书中提升核心素养，在读书中成就人生梦想，构建"七彩"幸福人生。

二、坚持"五育"并举　促进全面发展

党的二十大报告提出，要促进教育公平，加快义务教育优质均衡发展。因此，我们要全面贯彻党的教育方针，牢记为党育人、为国育才的使命，坚持"五育"并举，促进全面发展，培育时代新人。

一是在教学管理中促进"五育"融合。在学校课程建设和课堂教学中，坚持德智体美劳"五育"并举，开齐课程、开足课时、配强师资、不分主次。

学校围绕新课程改革，通过线上线下多种方式，开展专题培训6场次，参加启智教育教学论坛12人次，展示课改精品课8节，制作并印发"启智"文化宣传册40本。

二是在课堂教学中落实"五育"融合。以"核心素养导向下的课堂教学"为实践课题，开展项目式学习论坛、项目上学习教学设计、案例分析，结合劳动实践、体育锻炼、书香阅读、智慧教育等开发项目式学习专题12个，录制"五育"融合精品课14节，制作校园"五育"开放书架6个，设计制作"五育"宣传彩页48张，制作"五育"课堂美篇18篇，学校"美育与教学融合实践研究课题"被自治区教育厅立项。

三是在教学评价中激励"五育"融合。在教学评价中，改变过去以单一学科、单一分数、单一结果、终端评价作为师生主要成绩、绩效的评价方法，提倡多元性评价、发展性评价、过程性评价、综合性评价等新评价观，体现学科教学的综合性、课堂教学的完整性、学生成长的主体性，让师生在正确的教育激励评价中共同成长。

蓝图令人鼓舞，使命催人奋进。在党的二十大精神鼓舞下，我们有信心不断解放思想、守初心、担使命，砥砺前行，推动学校高质量发展。

坚持"五育"融合　启智扩优促发展

对基础教育学校而言，全面提升教育质量，就要以党的二十大精神和新时代党的教育方针政策为指引，将学校高质量发展的目标任务和要求，转化为具体的思路和举措，落实到办学治校、教书育人的各个环节之中，为每一名学生提供适当的教育，启智扩优，促进学生全面而有个性地发展，办好人民满意的教育。

一、以核心素养目标为导向，推动教育高质量发展

核心素养目标是新时代基础教育改革发展的重要导向。学校主要通过"四个注重"，发展学生核心素养，推动教育高质量发展。

一是注重"五育"联动。党支部聚焦"立德树人"根本任务，引领学校教育树立大教育观，教育整体观，坚持"五育"并举，实施"五育"联动，通过生活"育德"、课堂"育智"、健身"育体"、文化"育美"、劳动"育心"等创新举措，切实把核心素养的目标要求落实到每一学科、每一节课中，做好不同学科、不同学段教育的有效衔接和深度融合，整体推进核心素养导向目标的有效落实，促进学生全面发展，健康快乐成长。

二是注重发挥课程的育人功能。充分发挥课程育人的主渠道功能，积极构建全员、全程、全课程育人格局，形成课程思政建设协同效应，通过"四个课堂"：创新社会化"小课堂"、拓展社会化"大课堂"、搭建网络化"云课堂"、开发系列化"微课堂"，扎实做好党的二十大精神微宣讲、铸牢中华

民族共同体意识及道德模范、师德典型宣传，落实立德树人根本任务，促进学生全面发展。

三是注重项目式学习推动。以"核心素养导向下的课堂教学"为实践课题，把项目学习落实到日常教学中，围绕核心问题，精讲精练，设计活动；由老师深度引领，培养学生深度参与、深度思考、解决问题的能力；加强师生的跨学科意识，增强学科开放度，促进学科间知识的拓展与融合，把四五年级"BYOD"项目纳入项目组实施整体管理和推进，丰富课堂样态，促进课堂学习方式的创新，提高学生课堂学习的兴趣和效率。

四是注重"启智"文化创建。党支部以"培根铸魂、启智润心"为目标，通过"培"字导向、"铸"字导行、"启"字导育、"润"字导教，把好"启智"文化创建方向，积极创建"四种"基础文化："七彩"德育文化、"七彩"课程文化、"七彩"阅读文化、"五育"启智文化，不断丰富和拓展学校"启智"文化内涵，推动教育科学发展。

二、以教育教学质量提升为目标，推动教育高质量发展

对标新时代教育评价改革、教育"双减"服务、新课程改革等教育改革新政策、新目标、新任务，聚焦立德树人，转观念、促改革、求发展，全面提升教育教学质量。

一是聚焦教学规定，规范教学行为。坚持"教学工作不放松、质量意识不动摇、规范管理不松手、严格考核不松口"的管理理念，突出教学质量中心，进一步完善教育教学常规管理制度，细化过程管理，教学管理做到"四个坚持"：坚持推门听常态课，及时点评引导，让师生少走弯路；坚持引导青年教师上"照镜子课"进行自主反思，同时加强团队合作，让老师体验成功增强自信心；坚持善用国家智慧教育平台优质资源，激励党员名师骨干上好示范课，发挥辐射引领作用；坚持引导青年教师每学期至少上一节达标课。

课堂教学做到"三个交给"：把问的权利交给学生，把讲的机会让给学生，把做的过程放给学生。

二是向作业管理要质量。学生作业管理做到"四个优化"，即作业"即时生成"创新化、"限时巩固"高效化、"及时总结"系统化、"按时探究"实践化，不断优化作业设置，尊重学生个体差异，进行分层帮扶，根据学生的学习能力，制定一班一案、一生一策。提倡作业设计多样化、多元化和多层次的作业，充分调动学生作业兴趣和学习积极性，促进学生个性化发展。

三是向"互联网＋教育"应用要质量。积极推进"专递课堂、互动课堂、名师课堂"常态化，构建大数据动态应用和互联互通、资源共享的应用生态。以"赛"促教，面向全校教师开展"互联网＋创新素养"优质课评比，通过互动课堂、教学设计、教学展示及实践应用反思、论文等展评活动，激励教师形成"互联网＋创新素养教育"应用新常态，促进信息化应用赋能课堂教学质量提升。

四是向"课后服务"要质量。在课后服务中落实"五育"并举，课程设计满足学生阶段发展个性需求，突出启智、健体、尚美、崇劳，将普惠性课程与个性化发展课程相结合，低年级的魔方、围棋，每周一节的阅读、写字课程，以及中高年级的大课间双节棍武术操、分段式花样跳绳及版画、缠花、合唱社团、武术社团、军事素养、跆拳、书法社、英文小剧场、英语配音、心理剧社、辩论社、舌尖上的地理、奇妙的生物等33个社团，通过外聘专业教师，发展在校教师个性特长，极大地提升了课后延时服务质量，增强了师生和群众满意度。

五是向智慧阅读要质量。学校以"智慧校园"、"书香校园"创建为抓手，制定智慧阅读方案，构建"1234＋N"智慧阅读策略体系，搭建"教学评"一体化智慧阅读教学体系，通过组织实施整本书精品课程、发布阅读任务、查看阅读测评报告、分级阅读、多元化表达训练及整本书阅读指导及每月一次的智慧阅读分享、主题汇报交流等，激励师生时时读书、处处读书，养成阅读习惯，目前学生阅读认证总册数达到78460册，生均认证册数可达53册，切实做到"把读书当作一件大事来抓"。

教育高质量发展的号角已经吹响，在迈向第二个百年奋斗目标的新征程上，在学校高质量发展跃升的时间轴上，让我们以课程应答素养，以课堂展现品质，用我们扎实的教研教学功底、开阔长远的教育视野格局，用学校学子健康自信的学风学貌、厚德天下的品行情怀、志铎未来的眼界能力，迎接美好未来，交出新时代教育的高质量答卷。

智慧教育启智赋能 推动教育高质量发展

学校认真落实自治区教育厅及吴忠利通区教育局关于智慧教育、互联网平台应用政策文件，积极推进基础教育信息化，稳步推进学校智慧教育建设和应用行动计划，构建以宁夏智慧教育应用平台应用为基础的学校智慧教育创新应用生态。

一、强化管理，推动智慧教育平台应用赋能

学校加大对智慧课堂教学系统常态应用的指导及过程性应用评价力度，教务处专设学校信息技术办公室，及时安排、指导、收集智慧教育平台使用及创新应用相关信息和案例，从信息技术专业骨干教师队伍中选拔分管智慧教育平台的副主任一名，具体负责学校信息技术设备应用及管理、智慧教育平台创新应用等工作，全面提高设备利用率，促进教学过程优化，让智慧教育平台赋能教育教学，提升教育教学质量。学校每学期开展智慧教育平台应用创新案例和智慧课堂示范课展评活动，邀请利通区教研室专家进行点评指导，促进学校智慧教育信息化应用专业化、常态化、制度化。

二、网络教研，引领智慧教育平台应用升级

学校通过开展"智慧教育平台赋能学科教学"网络教研活动、智慧课堂教学线上培训及开设线上直播课堂、开展智慧课堂教学线上同课异构活动等，全面强化教师智慧平台应用普及工作。学校与孙家滩中心学校多次开展线上

智慧教研、同课异构活动，促进城乡教育共同发展；2023年6月16日，利通区第七小学联合贵州省贵阳市南明小学、贵州省从江县丙妹镇大歹小学，以云端连线的方式开展"'红石榴手拉手，宁贵学子共传情'铸牢中华民族共同体意识"活动，让宁贵两地的学生通过线上联谊的方式，结成手拉手伙伴，树立起"手足相亲、守望相助"的中华民族一家亲意识，实现了智能环境下的区域教育资源共建、共用、共享。

三、创新驱动，推进智慧教育信息化应用增效

活动搭台，驱动应用。学校积极参加并组织开展信息技术应用、智慧教育平台应用等研讨交流及比赛活动，扎实推进教育信息化应用工作，全面提升师生信息化应用水平。

一是以赛促教，提高智慧教育管理综合技能水平。学校积极参加利通区教育局组织开展的教师信息技术应用技能大赛，助推信息技术应用赋能教育教学；参加区市科协举办的中小学机器人创客竞赛活动，7名学生获得一、二等奖；参加宁夏青少年科技创新大赛，2名学生获得二等奖；学校定期组织开展"智慧教育平台应用赋能素养课堂"研讨交流及名师工作室线上交流活动等。这些活动的开展，有效提升了学校智慧教育平台创新应用及实践应用水平，促进了信息技术智能教育的健康发展。

二是以研促用，开展智慧教育平台应用小课题研究。学校教务处信息技术办结合学校教师信息技术、智慧教育平台应用中存在的问题，设立小课题，及时开展智慧课堂"小课题"教研，推进现代教育技术走进学校、贴近教师、深入课堂，通过课题平台，引领信息技术应用融合创新。2023年，学校《启智》校刊收录教师信息技术智慧平台应用小课题研究论文及案例成果7篇，另有3篇在《今日头条》发布。智慧教育平台应用小课题研究，促进了教育技术与课堂教学实际应用的深度融合。

　　三是以评促教，提高师生信息技术素养。在积极开展教师信息技术应用技能提升培训、智慧教育平台应用展评活动的同时，学校积极开展学生信息技术素养提升评价。组织开展学生信息素养提升实践活动，通过信息技术课堂、信息技术社团活动、遥控飞行器社团、电脑绘画、电脑动画智能机器人等教学项目及社团活动，引领学生在数字创作、计算思维和科创实践智慧教育素养提升方面，不断取得新突破。2023年，学校3名教师在吴忠市"互联网＋教育"教师信息素养提升竞赛活动中获得融合创新应用教学案例奖，1名教师荣获全区"互联网＋教育"应用大赛奖；在学生参加的各类信息素养提升行动竞赛中，有26名学生获奖。通过形式多样的信息技术素养提升竞赛活动，激发了学生的兴趣，开阔了眼界，培养了师生的创新意识、逻辑思维和实践能力。

"发展性"评价启智赋能　促进师生共同成长

一、背景分析

"发展性"课堂教学评价凸显教学评价的"发展性"。通过了解学生在课堂上如何讨论、交流、合作、思考及如何获取知识等过程和行为表现等，评价课堂教学的成败，重在充分发挥课堂评价的激励导向作用，关注学生在课堂上的学习状态，激发学生的潜能，使课堂评价体现"以学论教"的新课程评价特点，有利于促进全体学生全面、健康、主动、和谐地发展。

新课改要求"改变传统课程过于注重知识传授的倾向，强调形成积极主动的学习态度，使获得基础知识与基本技能的过程同时成为学生学会学习和形成正确价值观的过程"。为了实现新课改目标，学校以改革课堂教学评价方式为抓手，积极推行"发展性"课堂教学评价，有力地推动了新课改，促进了师生的共同发展。

二、发展性评价实践

1. 与新课改目标相统一，注重"以学论教"

传统的课堂评价都是以教师为关注点，看教师的课堂表现，即教师是怎么讲的，讲的怎样。课堂评价的过程中，关注的是教师的教学设计是否结构合理、详略得当，教师的教学思路是否清晰，教学方法是否得当，情感投入是否具有感染力以及言语是否流畅、板书设计是否合理等等，这种评价关注了教师，忽视了真正的主体——学生，与新课程改革所强调的"促进每位学生的发展"、"关注学生在课堂教学中的表现"、"以学论教"等新课改要求不符。

"发展性"课堂教学评价凸显教学评价的"发展性"。通过了解学生在课堂上如何讨论、交流、合作、思考及如何获取知识的过程、行为表现等，评价课堂教学的成败。发展性课堂教学评价不是终结性的，而是形成性的、诊断性的，重在充分发挥课堂评价的激励导向作用，激发学生的潜能，对学生的健康成长负责。在"发展性"课堂教学评价中，学生成为课堂评价的主体，学生在课堂上的表现成为课堂教学评价的主要内容，从而使评价者与被评价者有了共同的关注点——课堂上学生的学习状态。这样的课堂评价体现了"以学论教"的新课程评价特点，重点关注"学生的学"，关注教师如何组织学生合作、讨论，如何激励学生学习、探究，教师课堂行为价值是通过学生"学"的价值来体现的，实现了知识与技能、过程与方法、情感态度与价值观三维目标的和谐发展，有利于促进全体学生全面、健康、主动、和谐地发展。

2. 关注学生的课堂状态，注重"多维度"评判

"发展性"课堂教学评价以生为本，更关注学生的课堂状态。因此，可以根据课堂上学生的表现，从以下"五个维度"进行评判。

（1）参与维度。

把"教"与"学"的角色有机结合起来，既看学生是否全员参与"学"，又要看是否有学生主动参与"教"。重视学生主动参与、乐于探究、勤于动手能力的培养，注重学生潜能的开发。

（2）交往维度。

通过观察学生在课堂上如何讨论、交流、合作、思考等行为表现，看课堂上是否有丰富多样的信息交流活动，是否有良好的合作氛围，从而有效地把握学生课堂交流互动的情况和学生发展程度。

（3）思维维度。

强调"以学论教"，更加关注学生在课堂上做了些什么、说了些什么、想了些什么、学会些什么和感受到什么等等，更加注重学生思维的碰撞，看学生是否敢于提出问题、发表见解，看问题与见解是否有挑战性和独创性，把学生的主动创新看作是课堂教学中最令人激动的一道风景。

（4）情绪维度。

观察学生在课堂上是否有适度的紧张感和愉悦感，看学生能否自我控制和调节学习情绪，看教师是否及时将学生的学习情绪调控到最佳状态。注重以良好的情绪状态激发学生学习的主动性和积极性。

（5）发展维度。

评判学生发展情况，一看学生是否各尽所能，感到满足；二看学生是否对后面的学习更有信心，充满学习的欲望，为今后的发展打下基础。提倡课堂教学要面向全体学生，促进学生全面、健康、可持续发展。

三、发展性评价反思

发展性评价推动新课改，注重师生和谐发展、共同发展。

1.改变了教师教的方式和学生学的方式

"发展性"课堂教学评价要求教师遵循学生发展的需要和状况设计课堂教学，教师的"教"是为了更好地促进学生的"学"，教师成为学习情境的创设者、组织者和学生学习活动的参与者、促进者，从而有效落实新课改倡导的新学习方式，以自主、合作和探究为主，营造了更为民主、平等的师生关系。

2.改变了教师课前准备的关注点和备课的方式

"发展性"课堂评价使教师更多地关注学生在课堂上的可能反应，并思考相应的对策，促使教师转变以往"只见教材不见学生"的备课方式，注重花时间去琢磨学生、琢磨活生生的课堂，注重提高教学能力，而不是在课堂上简单地再现教材。因此，教师在备课前需要走进学生中间，了解学生对即将讲解内容的兴趣、知识储备和他们所关心的话题，做到真正了解学生。在设计教案时，应同时设计"教师教学行为"和"学生学习行为"两大部分，体现"以学论教"。还应设计"学情分析"或"课后追记"等内容，便于教师在课前分析思考，课后总结补充，凸显教案的实用性。

3. 改变了教师对教学能力的认识

"发展性"课堂教学评价重心转移到关注学生的"学"，将促使教师重新反思一堂"好"课要求教师具备的教学能力是什么。也许一个板书并不漂亮、口语表达并不是很利落的教师也能上出一堂好课。只要教师给予学生充分自主学习、探究的机会，学生在课堂上获得了充分的发展，板书也许是由学生来写，总结也许是由学生来说，但这依然是一堂好课，一堂学生"学"得好的课。

"发展性"课堂教学评价促使教师对"教学能力"有了新的思考和认识：对教材的把握能力依然是必要的，但不能满足于此。自主实践将会引发学生形形色色的问题，这就需要教师储备相关学科领域的知识，学会"用教材"而不是"教教材"。课堂管理能力依然是必要的，但又有些不同，安静无法满足学生的自主学习，热闹又是课堂纪律的大敌，如何能让学习在"热闹"中"有序"地进行是教师课堂管理的新课题。课堂环节的设计能力依然是必要的，但又有了新要求，不能完全按事先设计的环节进行，要富有弹性，以便根据学生课堂学习情况灵活调整，更关注的是教师的随堂发挥。总之，以往对教师教学能力的要求，其内涵正在一点点发生着"重心的转移"和变化。

从关注教师的"教"到关注学生的"学"，体现了新课程改革中课程功能的变化，也是课堂教学评价改革的方向。实践证明，"发展性"课堂教学评价具有促进学生发展和教师专业成长的双重功能，在给学生开拓一片快乐成长的学习园地、促进学生全面发展的同时，也在激励广大教师走进新课程、迎接新挑战、实现新突破。

后 记

当我终于放下手中的笔，静静凝视着这本历经无数日夜方才诞生的《启智》时，心中犹如泛起层层波澜，感慨万千。

在这段漫长的创作之旅中，每一个字符似乎都跳动着知识的脉搏，每一句话语仿佛都承载着思想的重量。这本书，犹如一座知识的宝库，我小心翼翼地将智慧的珍宝逐一放入其中，期望它能为读者开启一扇通往广阔知识世界的大门。

回想创作的过程，那是一段充满挑战与惊喜的时光。无数个清晨，我在第一缕阳光的陪伴下，打开电脑，沉浸在知识的海洋中，努力捕捉那些稍纵即逝的灵感。为了确保内容的准确性和权威性，我查阅了大量的文献资料，从古老的经典著作到最新的学术研究成果，每一个观点都经过反复斟酌和考证。

在撰写案例分析部分时，我深入实际，常常深入学校班级和教师当中，与师生们交流谈心，观察他们在"启智"文化氛围中的教育教学、学习与生活。我看到孩子们在智慧阅读中绽放的专注眼神，感受到他们在新课程改革下的积极探索，体会到他们在"五育"融合中的全面成长。这些真实的场景，如同一个个生动的画面，展现在我的眼前，让我更加深刻地理解了"启智"文化的力量和价值。

为了更好地呈现学校"启智"文化创建的全貌，我多次与学校领导班子成员、班主任及任课教师进行深入研讨，倾听他们的故事和经验。他们对教育的热情与执着，对"启智"文化的深刻理解，为这本书注入了源源不断的活力。

这本书的诞生，绝非一人之功。在这里，我要衷心感谢那些在我创作过程中始终给予我坚定鼓励和宝贵建议的老师们、朋友们。每当我的创作遭遇瓶颈时，你们的创新实践、热情激励，就如同一束温暖的阳光，驱散我心中的阴霾，激发我继续前行的勇气。你们的智慧如同璀璨的星辰，照亮了我在知识海洋中前行的道路。

同时，我也深深感激那些为我慷慨提供素材和生动案例的同事、教育界朋友和专家们。你们的专业知识如同一座座巍峨的山峰，让我在攀登知识高峰的过程中有了坚实的依靠；你们丰富的经验恰似一湾湾清澈的溪流，为这本书注入了源源不断的活力。

"启智"二字，蕴含着深刻的使命与责任。我渴望这本书能够成为读者手中一把神奇的钥匙，轻轻一转，便能开启那扇神秘的智慧之门。引领大家在知识的浩瀚宇宙中尽情探索，不断成长，让每一个人都能发现属于自己的知识宝藏。

在这个飞速发展、日新月异的时代，知识的更新换代如同疾驰的列车。我深知，这本书或许只是知识海洋中微不足道的一滴水，但我坚信，只要每一滴水都能绽放出自己独特的光芒，都能发挥出应有的价值，那么它们必将汇聚成波澜壮阔的智慧洪流，推动着人类不断前进。

亲爱的读者们，当你们翻开这本书的时候，就开启了一段独特的知识之旅。我真诚地希望你们能在书中找到共鸣，获得启发。在阅读的过程中，如果你们有任何的想法、感悟或者疑问，欢迎随时与我交流。可以通过电子邮件或者在社交媒体上留言，让我们一起探讨知识的奥秘，共同成长。

最后，我诚挚地希望读者们能够从这本书中汲取丰富的营养，获得深刻的启发和满满的收获。让我们一同在知识的广阔天空中自由翱翔，携手创造更加璀璨美好的未来。

刘贵丽

2024 年 10 月 10 日